中国社会科学院创新工程学术出版资助项目

国家高端智库

NIFD
国家金融与发展实验室
National Institution for Finance & Development

中国上市公司质量评价报告
（2015~2016）

中国社会科学院金融研究所
特华博士后科研工作站
合作成果

主　编／张跃文　王　力
副主编／姚　云　于换军

社会科学文献出版社
SOCIAL SCIENCES ACADEMIC PRESS (CHINA)

本书学术委员会

主任委员 李　扬

委　　员（按姓氏笔画排序）：

马庆泉　王国刚　王爱俭　安青松　李光荣　李茂生
何德旭　陈卫东　周道炯　郭润伟　黄湘平　黄群慧

课题组成员

课题负责人

张跃文　中国社会科学院金融研究所公司金融研究室主任、研究员
王　力　特华博士后科研工作站执行站长

课题组成员（按姓氏笔画排序）

于换军　中国社会科学院世界经济与政治研究所助理研究员
吕　峻　中国社会科学院数量经济与技术经济研究所副研究员
何　敬　北京国家会计学院副教授
姚　云　中国社会科学院金融研究所助理研究员
胡　洁　中国社会科学院数量经济与技术经济研究所副研究员
徐　枫　中国社会科学院金融研究所助理研究员

摘　要

本报告继承了上一年度报告的上市公司质量评价思路和评价方法并进行优化，对2400余家A股非金融类上市公司的整体质量和价值创造能力、价值管理能力及价值分配能力进行全面评价。评价结果表明，上市公司的整体质量与上一年度相比基本持平，但三项能力的表现有所区别：价值创造能力有所增强，价值分配能力表现偏弱，价值管理能力变化不大。分小项看，上市公司在公司治理和财务质量方面的提升比较明显，在创新能力、股价维护、股利政策、投资者保护和企业社会责任方面的表现有待改善。创业板上市公司质量仍然保持领先，中小板市场上市公司紧随其后，主板市场上市公司质量偏弱。软件信息、环保、汽车和机械设备行业的上市公司质量相对较好。

Abstract

Adopting the same logic and methodology of last annual report, this report with some optimization index, including value creating, managing and distributing, evaluates the quality of over 2400 non-financial listed firms in China's A share market. Although it seems that the overall quality of listed firms holds at the same level as last year, three abilities have been evolving differently: the value-managing ability has not changed much, the value-creating ability and the value-distributing ability has been enhancing and weakening respectively. Specifically, corporate governance and financial quality have improved more obviously, while innovation, market value maintenance, dividend policy, investor protection and social responsibility are to be enhanced. Result also shows the overall quality of firms on growth enterprise board ranks the top, followed by SMEs board, while the main board remains at the bottom. From industry perspective, firms in the industries of software and information, environmental protection, automobile industry, and machinery equipment have higher quality.

序　言

2015年股票市场上最重要的事件，无疑是6月份以来的市场剧烈震荡。"千股涨停"与"千股跌停"交相呈现，"强制平仓"与"踩踏事件"频频发生，市场秩序一度陷入混乱。央行和监管层出台多项措施稳定股市，证券"国家队"积极入市，持续数月的异常波动才渐趋平静。

本轮市场震荡是2007年以来幅度最大、持续时间最长的一次。关于震荡的原因说法很多：诸如宏观经济走势不明、前期涨幅过高、市场做空机制不完善、违规交易猖獗等。关于我国宏观经济走势与股市波动的关系，理论界已有很多研究成果，总体看法趋于一致：即前者对后者的影响有限。将如此剧烈的震荡仅仅归因于实体经济显然有些牵强。至于市场方面的因素则更难厘清，各方观点不一，官方说法更倾向于追究违规交易者的责任。作为研究者，我们并不过分关注具体是谁触发了导火索，而是将重点放在市场震荡产生的基础性因素上。在宏观意义上并没有发生系统性风险且流动性总体宽松的情况下，发生如此剧烈的股市波动甚至"千股跌停"的情况，说明市场的股票定价功能短暂失灵以及投资者情绪失控，个股基本面信息对股价的影响微乎其微。

股票市场就是信息市场，基本面信息是影响股票价格的决定性因素，这是数百年来全球股票市场的实践结论，也是中国股票市场创立的基石之一。如果多数上市公司的基本面变化不能在股票价格上得到反映，那么基本可以断定股市的核心运行机制已经出现了问题。无奈的是，长期以来中国股市定价机制中的基本面因素始终不够明显，炒题材、炒概念，甚至炒公司名字，短期持股，频繁换手，在股市中屡见不鲜，有时甚至占据主流。历来市场上就有关于中国股市的"赌场论""推倒重来论"，尽管有些偏激，但却有一定的道理。本轮市场震荡可以说是对股市参与者的一次警告：再不确立基本面信息主导的股票定价机制、明确"优质优价"原则，中国股市的下一次震荡也将为时不远。

强化基本面信息的股票定价功能，需要提高信息质量和投资者的信息处理能力。在互联网时代之前，信息缺失的问题比较突出；而在互联网普及之后出现的"信息爆炸"，又使得投资者面对纷繁芜杂、真假难辨的巨量信息而无所适从。投资者需要了解哪些信息是真实有效并且可以对股价产生明显影响的。理论界研究表明，高质量上市公司的信息更加可靠。而衡量上市公司质量的根本标准，就是上市公司管理层能否忠诚地为股东服务。只有忠于全体股东的上市公司，才可能更多、更好地为股东创造价值、管理资产和分配财富，才可能及时、准确和完整地发布公司基本面信息。

2015年是我们第二次发布A股上市公司质量评价报告。科研团队优化了上年的评价指标体系，在保持原有体系框架不变的前提下调整了少量基础指标，以提高评价结果的科学性和数据的可得性。囿于篇幅，本报告除去了各省区市上市公司质量评价报告，因为上市公司广泛的跨区域经营，已经使得依据注册地而进行的区域分析变得不那么重要。同时，应广大读者要求，我们加强了对重点行业上市公司质量的分析，将行业数量增加到17个，基本覆盖了股市热点行业。行业分析报告还增加了对行业运行情况的分析以及前景展望，希望这些内容能够成为股市投资者的有益参考。作为一项多方合作的研究成果，自2015年起本报告荣幸入选"国家金融与发展实验室"年度报告。由中国社会科学院原副院长、学部委员李扬教授领导的这一国家智库，将为本项研究注入宝贵的宏观智力元素。

本报告的写作分工如下，张跃文编写了总报告；何敬承担了各市场上市公司质量评价报告的编写工作；于换军负责行业分报告的统稿工作，并撰写了房地产业、建筑业和建材行业三个行业的质量评价报告；胡洁撰写了计算机、通信与电子行业，信息传输、软件和信息技术服务业，传媒行业和环保行业四个行业的质量评价报告；吕峻撰写了化工行业、医药行业、食品饮料行业和航天军工业四个行业的质量评价报告；姚云撰写了机械设备行业、电气设备行业和汽车行业三个行业的质量评价报告；徐枫撰写了公用事业、交通运输业以及批发和零售业三个行业的质量评价报告。另外，中国社会科学院金融专业硕士研究生董武、万轩宁和刘彪搜集了部分数据，姚云、于换军和何敬承担了数据处理工作，王国刚和王力参加了课题讨论，并对研究工作提出了有价值的建议。感谢本书学术委员会各位委员的支持；感谢各位科研团队成员及家人的支持；感谢特华博士后科研工作站的支持；最后，感谢广大读者的支持以及对我们工作中或有失误的理解与包容。提高我国上市公司质量长路漫漫，我们将努力前行！

编　者

2015年10月

目　录

总　报　告

波涛下的基石——上市公司质量评价 …………………………… 001
  一　导言 ………………………………………………………………… 001
  二　本年度报告的改进 ………………………………………………… 002
  三　上市公司质量总体评价 …………………………………………… 010
  四　分板块上市公司质量评价 ………………………………………… 018
  五　重点行业上市公司质量评价 ……………………………………… 022
  六　总结与展望 ………………………………………………………… 025

分　报　告

分报告一　各市场上市公司质量评价 ……………………………… 027
  一　主板上市公司质量评价 …………………………………………… 027
  二　中小板上市公司质量评价 ………………………………………… 039

三　创业板上市公司质量评价 ……………………………… 051

分报告二　重点行业上市公司质量评价 ……………………… 062
一　食品饮料行业 …………………………………………… 062
二　医药行业 ………………………………………………… 070
三　航天军工业 ……………………………………………… 079
四　化工行业 ………………………………………………… 088
五　计算机、通信与电子行业 ……………………………… 096
六　信息传输、软件和信息技术服务业 …………………… 102
七　传媒行业 ………………………………………………… 110
八　环保行业 ………………………………………………… 120
九　房地产业 ………………………………………………… 127
十　建筑业 …………………………………………………… 134
十一　建材行业 ……………………………………………… 141
十二　公用事业 ……………………………………………… 148
十三　交通运输业 …………………………………………… 157
十四　批发和零售业 ………………………………………… 165
十五　汽车行业 ……………………………………………… 172
十六　机械设备行业 ………………………………………… 178
十七　电气设备行业 ………………………………………… 185

附录　2015年A股上市公司质量速查表 ………………………… 191

CONTENTS

General Report

The Footstone of the Fluctuation: the Quality Evaluation of Listed Firms / 001
Introduction / 001
Improvement of the Report / 002
Evaluation on the Quality of All Non-financial Listed Firms / 010
Evaluation on the Quality of Listed Firms on Different Boards / 018
Evaluation on the Quality of Listed Firms in Key Industries / 022
Summary and Outlook / 025

Sub-reports

Sub-report 1 Quality Evaluation of Different Boards / 027
Evaluation on the Quality of Listed Firms on Main Board / 027
Evaluation on the Quality of Listed Firms on SMEs Board / 039
Evaluation on the Quality of Listed Firms on Growth Enterprise Board / 051

Sub-report 2 Quality Evaluation of Key Industries / 062
Food and Beverage Industry / 062
Pharmaceutical Industry / 070

Aerospace and Military Industry / 079
Chemical Industry / 088
Computer, Communication and Electronics Industry / 096
Information Transmission, Software and Information Service Industry / 102
Media Industry / 110
Environmental Protection Industry / 120
Real Estate Industry / 127
Construction Industry / 134
Building Material Industry / 141
Public Utility Industry / 148
Transportation Industry / 157
Wholesale and Retail Trade Industry / 165
Automobile Industry / 172
Machinery Equipment Industry / 178
Electric Industry / 185

Appendix Score Table of Evaluation on the Quality of Non-financial Listed Firms in China's A Share Market of 2015 / 191

总 报 告

波涛下的基石
——上市公司质量评价

一 导言

2015年以来，我国经济增速放缓，投资、消费和出口"三驾马车"对于经济的拉动作用有所减弱，国际金融市场和国内股市出现较大波动。此外，我国产业结构调整步伐加快，中央稳增长、调结构、促改革、惠民生的一系列方针政策效果逐步显现，"大众创业，万众创新"和国家对中小企业的积极扶持，对于激发经济活力、培育经济长期稳定增长的基础开始发挥作用。客观地看，我国经济正在从高速增长阶段向中高速增长阶段转变，从注重总量增长向更加注重增长效率和效益转变，从单纯依靠资源投入的增长模式向以人力资本为核心的创新增长模式转变。中央所提出的经济新常态,不仅反映了市场供需双方的结构性变化,更表明传统的生产组织形式和生产过程面对资源环境约束、劳动力成本上升、竞争对手技术领先和全球化的严峻挑战。生产者要克服上述困难,需要增加研发投入,积极调整生产组织形式和生产过程,重塑企业核心竞争力。

作为中国企业代表性力量的上市公司群体,是引领中国经济走向创新发展道路的核心企业群体。中国经济转型能否成功,很大程度上取决于上市公司能否迅速适应经济新常态,深化内部改革,构筑创新优势,切实提升核心竞争力。本报告以坚实的理论研究成果为基础,系统构建上市公司全面质量评价体系,利用我国上市公司最新的财务和非财务信息,力求对上市公司质量做出科学评价,并对上市公司切实提高自身质量提出建议。接下来对以下问题进行了阐释:一是介绍本年度报告同上一年度报告相比的改进之处,其中主要涉及部分被调整的基础指标;二是概述本次评价的全部上市公司的质量状况;三是总结主板、中小板和创业板上市公司的总体质量状况;四是从行业角度分析上市公司的质量状况;五是对报告整体进行总结,并对我国上市公司质量的未来发展趋势进行展望。

二 本年度报告的改进

本年度报告系统地继承了上一年度报告的评价思路和指标体系主框架,从价值创造能力、价值管理能力和价值分配能力三个方面综合考察上市公司质量,并根据新的研究发现和上一年度报告发布后读者反馈的信息,对少量基础性指标(或其评分方法)进行了调整,以更加全面和准确地反映目前我国上市公司的质量状况。报告所使用的财务数据是 2014 年上市公司年报数据,非财务数据的截止时间是 2015 年 6 月 30 日。数据主要来自万德数据库和国泰安数据库,少量数据以手工方式搜集。涉及修订的指标包括原指标体系中的 10 项指标,其中删除 4 项、分解 1 项、合并 2 项,以及调整了 3 项指标的内容。此外,新增了 3 项指标,改变了 2 项指标的评分方法。涉及修订的原指标所占总权重约为 18%,因此虽然指标修订不影响前后两个年度报告主要结论的比较,但是具体指标值比较的准确性可能会受到影响。

(一)衡量价值创造能力的指标修订

1. "公司治理"项下的指标修订

将原指标 4 "董事会成员有无持股",分立为 "董事会成员有无持股(除总经理外)" 和 "总经理有无持股" 两项指标,以分别体现董事会持股和总经理持股对于公司治理的积极影响。对于原指标 5 "监事会成员有无持股",由于上市公司中监事会成员持股的情况并不普遍,而且现有研究对于监事会成员持股的治理效果缺乏一致性的研究结论,因此我们将该指标删除。对于原指标 6 "当年公司是否实施股权激励计划",尽管通常认为股权激励对于公司治理的改善效果比较明显,但此指标仅对正在实施股权激励计划的上市公司给予正面评价,对于已经实施股权激励的上市公司评价不足,无法准确刻画股权激励对于公司治理的长期影响,故我们将该指标删除,以免产生误导。此外,鉴于机构投资者对于公司治理的激励和促进作用,我们引入了 "机构投资者持股情况" 指标,并采用功效系数法进行赋值评分。同时将原指标 1 "年度股东大会股东出席比例" 和原指标 3 "董事会中独立董事人数所占比例"统一改为以功效系数法进行评分。

2. "创新能力"项下的指标修订

鉴于多数上市公司已在资产负债表中将"无形资产"与"商誉"分别列示，因此原指标21"无形资产减去商誉的增长率"不能准确反映上市公司技术创新产出，故将其修订为"无形资产增长率"。需要强调的是，无形资产并不仅仅包括上市公司通过创新活动形成的专利权、非专利技术和著作权等，还包括商标权、特许经营权和土地使用权等非知识产权类资产。限于数据的可得性，目前我们只能用无形资产增长率部分地代表上市公司的创新产出。

（二）衡量价值管理能力的指标修订

"信息披露"项下的指标修订。对于原指标34"当年是否发布更正公告或补充公告"，经查相当一部分上市公司发布的更正公告或补充公告是针对本报告考察期前一年的信息公告，而考察期内信息公告的准确性需要通过查阅考察期后一年也就是报告写作年份的全部更正公告和补充公告来确定，这将大大延后报告写作和出版时间，出于及时性的考虑，我们将该指标删除。为了弥补此项缺失，我们增加了新指标"公司是否交叉上市"，将交叉上市视为保障上市公司信息披露质量的重要手段，此结论已被国内外诸多研究所证实。

（三）衡量价值分配能力的指标修订

1. "股利政策"项下的指标修订

根据证监会2013年发布的《上市公司监管指引第3号——上市公司现金分红》文件精神，具备实施现金分红条件但未分红的上市公司除说明原因外，还需要独立董事发表同意意见。据此，我们将原指标42"是否说明未分红原因"和原指标43"独立董事是否对未进行现金分红的合理性发表独立意见"合并成1个新指标"是否详细说明未分红原因且独立董事发表同意意见"，以体现上市公司股利政策评价的严谨性。

2."投资者保护"项下的指标修订

对于原指标44"是否建立了公开可查的投资者关系管理制度"，由于信息来源复杂且评定标准难以客观量化，我们将该指标删除，代之以新指标"是否组织投资者活动"，以反映上市公司在投资者保护方面的实际行动。为强调累积投票制在中小投资者保护方面的积极作用，我们扩大了其适用范围，将原指标46"董事、监事选举是否实行累积投票制"修订为"股东大会是否实行累积投票制"。此外，对于原指标47"实际控制人控制权与现金流权分离度"，由于多数上市公司的分离度比较接近，分类意义不明显，将其修订为"实际控制人控制权与现金流权是否分离"。

经修订的上市公司质量评价指标体系见表1。

表1 经修订的上市公司质量评价指标体系

一级指标	二级指标	三级指标	占上级对应指标权重	评分标准
价值创造能力(1/2)	公司治理(1/3)	1. 年度股东大会股东出席比例	(1/6)	采用功效系数法评分
		2. 董事长与总经理是否由一人兼任	(1/6)	两职合一的0分；分开的100分
		3. 董事会中独立董事人数所占比例	(1/6)	采用功效系数法评分
		4. 董事会成员有无持股（除总经理外）*	(1/6)	没有持股为0分，有持股为100分

续表

一级指标	二级指标	三级指标	占上级对应指标权重	评分标准
价值创造能力(1/2)	公司治理(1/3)	5. 总经理有无持股*	(1/6)	没有持股为0分,有持股100分
		6. 机构投资者持股情况*	(1/6)	采用功效系数法评分
	财务质量(1/3)	盈利能力(34%)	7. 净资产收益率ROE(平均)	(1/4)	所有财务指标均采用功效系数法评分
			8. 销售净利率	(1/4)	
			9. 经营活动产生的现金流量净额/营业收入	(1/4)	
			10. 主营业务比率	(1/4)	
		偿债能力(22%)	11. 资产负债率	(1/3)	
			12. 息税折旧摊销前利润/负债合计	(1/3)	
			13. 非筹资性现金净流量与流动负债的比率	(1/3)	
		营运能力(22%)	14. 流动资产周转率	(1/2)	
			15. 总资产周转率	(1/2)	
		成长能力(22%)	16. 营业收入同比增长率	(1/4)	
			17. 营业利润同比增长率	(1/4)	
			18. 归属母公司股东的净利润同比增长率	(1/4)	
			19. 总资产同比增长率	(1/4)	

续表

一级指标	二级指标	三级指标	占上级对应指标权重	评分标准
价值创造能力(1/2)	创新能力(1/3)	20. 研发投入占主营业务收入的比例	(1/2)	创新指标使用功效系数法评分
		21. 无形资产增长率*	(1/2)	
价值管理能力(1/4)	内部控制(1/3)	22. 发现内部控制缺陷情况(注:针对最高级别缺陷评分)	(1/6)	重大缺陷为0分;重要缺陷为25分;有缺陷但未披露类型为50分;一般缺陷为75分;没有缺陷为100分
		23. 整改情况(注:针对最高级别缺陷的整改情况评分)	(1/6)	存在缺陷但未提及整改情况为0分;存在缺陷未整改为25分;存在缺陷部分整改为50分;得到整改为75分;没有缺陷为100分
		24. 审核内部控制评价报告的会计师事务所行业排名	(1/6)	会计师事务所在中国注册会计师协会的"2014年会计师事务所百家排名"中居前5位的为100分;排名第6至第10位的为80分;排名第11至第20位的为60分;排名第21至第30位的为40分;排名第31至第40位的为20分;排名在第40位以后的为0分
		25. 内部控制审计意见	(1/6)	持否定意见加说明段0分;无法发表意见25分;保留意见加事项段50分;无保留意见加事项段75分;标准无保留意见100分

续表

一级指标	二级指标	三级指标	占上级对应指标权重	评分标准
价值管理能力（1/4）	内部控制（1/3）	26. 上市公司（及相关方）是否违规	(1/6)	是为0分，否为100分
		27. 接受处罚类型（注：针对最高处罚进行评分）	(1/6)	"市场禁入"为0分；"取消营业许可（责令关闭）"为25分；"罚款、没收非法所得"为50分；"警告、批评、谴责、其他"为75分；"无处罚"为100分
	信息披露（1/3）	28. 一季度报告的及时性	(1/6)	在4月30日（不含30日）之后的为0分；之前的为100分
		29. 中期报告的及时性	(1/6)	在8月31日（不含31日）之后的为0分；之前的为100分
		30. 三季度报告的及时性	(1/6)	在10月31日（不含31日）之后的为0分；其他为100分
		31. 年度报告的及时性	(1/6)	在4月30日（不含30日）之后的为0分；其他为100分
		32. 会计师事务所审计意见	(1/6)	意见为"否定"的得0分；"无法发表"的得20分；"保留带强调"的得40分；"保留"的得60分；"无保留带强调"的得80分；"标准无保留"的得100分
		33. 公司是否交叉上市*	(1/6)	是为100分，否为50分
	股价维护（1/3）	34. 第一大股东是否增持股份	(1/3)	是为100分，否为50分
		35. 管理层是否增持股份	(1/3)	是为100分，否为50分
		36. 公司是否回购股份	(1/3)	是为100分，否为50分

续表

一级指标	二级指标	三级指标	占上级对应指标权重	评分标准
价值分配能力(1/4)	股利政策(1/3)	37. 最近三年总现金股利是否大于等于平均利润的30%	(1/4)	是为100分,否为50分,未分红为0分
		38. 公司章程中是否有股东回报规划或现金分红政策	(1/4)	是为100分,否为0分
		39. 当年是否有分红预案	(1/4)	是为100分,否为0分
		40. 是否详细说明未分红原因且独立董事发表同意意见*	(1/4)	说明未分红原因并获得独董同意的为100分,否为0分
	投资者保护(1/3)	41. 股东大会是否实行网络投票制	(1/4)	是为100分,否为0分
		42. 股东大会是否实行累积投票制*	(1/4)	是为100分,否为0分
		43. 实际控制人控制权与现金流权是否分离*	(1/4)	是为0分,否为100分
		44. 是否组织投资者活动*	(1/4)	是为100分,否为0分
	企业社会责任(1/3)	45. 是否披露企业社会责任报告	(1/4)	是为100分,否为0分
		46. 在企业社会责任报告中是否披露环境和可持续发展事宜	(1/4)	是为100分,否为0分
		47. 在企业社会责任报告中是否披露公共关系和社会公益事业事宜	(1/4)	是为100分,否为0分
		48. 在企业社会责任报告中是否披露公司履行社会责任方面存在的不足	(1/4)	是为0分,否为100分

注:标注 * 的指标为调整后的新指标。

三 上市公司质量总体评价

全部参评的上市公司均为非金融类上市公司，共2417家，分布在我国A股主板、中小板和创业板市场的60余个行业中。由于各家公司所处的行业、公司运营规范化和成熟度不同，因此质量评分差异较大。整体质量最好的福耀玻璃（600660）得分为85.93分，与最差公司的差距达到约65分。全部上市公司的质量平均得分为60.41分（见表2）。

表2 上市公司质量评分情况

项目	最大值(分)	最小值(分)	平均值(分)	中值(分)	标准差
综合质量评分	85.93	30.71	60.41	60.34	8.38
1. 价值创造能力	96.00	18.46	61.69	60.26	13.37
1.1 公司治理	98.45	10.24	62.12	64.60	16.20
1.2 财务质量	100.00	16.58	65.32	62.95	16.60
1.3 创新能力	100.00	0.00	57.62	52.30	22.82
2. 价值管理能力	97.22	50.28	78.47	79.34	4.77
2.1 内部控制	100.00	15.83	90.30	93.33	11.15
2.2 信息披露	100.00	68.33	91.70	91.67	1.96
2.3 股价维护	100.00	50.00	53.42	50.00	7.60
3. 价值分配能力	87.50	8.33	39.80	37.50	13.22
3.1 股利政策	75.00	0.00	54.24	62.50	17.67
3.2 投资者保护	100.00	0.00	54.89	50.00	19.22
3.3 企业社会责任	100.00	0.00	10.27	0.00	26.46

从构成上市公司质量的3项能力表现来看，就平均值而言，价值管理能力比较突出，达到78.47分；价值创造能力稍逊

(61.69分)，价值分配能力最弱（39.80分）。价值创造能力在上市公司整体质量评分中占有50%的权重，是3项能力中最重要的一项。本次上市公司价值创造能力的评分结果同上年相比有较大改善，价值创造能力得分平均值比上年提高了7.1分。如果除去基础指标调整因素，单纯比较指标和评价方法均未发生变化的财务质量部分，我们发现该部分得分也从上年的59.16分提高到了65.32分。财务质量提高的根本原因在于2014年上市公司整体经营状况较上一年有明显的好转，盈利能力、偿债能力、营运能力和成长能力均有不同程度的提高。公司治理得分略低，主要原因是部分上市公司股东大会参会比例偏低和董事会中的独立董事比例偏低。创新能力是上市公司价值创造能力中的弱项，平均得分仅57.62分。其主要原因是相当一部分上市公司的研发投入不足，研发产出增长不明显，这是影响上市公司未来价值创造能力的关键因素。

价值管理能力是上市公司3项能力中得分最高的一项。其中，内部控制和信息披露平均得分都在90分以上。我们认为强制性的证券监管规定在其中发挥了主要作用。例如，对于本报告重点考察的上市公司内部控制审计报告的相关内容和上市公司定期信息披露的及时性，证券监管机构均有明确的监管规则，上市公司若不遵守相关规定即构成违规行为，监管机构将视情节轻重给予处罚。可见，在监管规则比较完善的领域，上市公司相应指标的评分一般会比较高。但是在监管规则尚不完善或者需要上市公司自主决策的领域，某些指标的评分则会比较低，价值分配能力就属于这种情况。

上市公司价值分配能力的平均得分仅为39.80分，股利政策和投资者保护的平均得分均在及格线（60分）以下。股利政策评分偏低的主要原因是有1900余家上市公司的最近三年累计现金分红未达到平均利润30%的下限，并因此失去了再融资资格；还有一部分上市公司当年有盈利却没有制定分红预案，公司也未说明原因或者独立董事对有关说明未发表同意意见。根据监管机构有关规定，上述现象均被视为上市公司股利政策不尽合理。投资者保护评分偏低的原因是绝大多数上市公司没有出于维护小投资者的利益而在股东大会上推行累积投票制；近半上市公司的实际控制人存在控制权与现金流权分离的情况，有可能导致实际控制人为谋取私利而侵害其他股东的利益；近半上市公司在2014年全年没有组织过投资者活动，不利于投资者行使知情权，也不利于上市公司改善投资者关系。企业社会责任平均得分仅10.27分，主要原因是大量上市公司没有披露企业社会责任报告，公布了报告的300余家上市公司平均得分为76.86分。上市公司在价值分配能力方面暴露出来的问题反映出，总体而言，上市公司对于制定良好的股利政策、建立良好的投资者关系以及企业社会责任意识还不够重视。这其中既有上市公司自身的原因，也有我国股票市场不够成熟、估值体系不完善的原因。如果市场不为上市公司的价值分配能力给出合理溢价，上市公司就缺乏动力支付成本来提高价值分配能力。

我们采用五等分法将上市公司按照综合质量及3项能力的得分高低，分为"好"、"较好"、"中等"、"较差"和"差"5个等级，以帮助读者明确每一家上市公司的质量或者具体某项能力在特定群体中的位置。图1展示了按照综合质量评分进行分级的各层次上市公司3项能力平均得分情况。很容易发现，在价值创造能力方面，各层次上市公司的平均得分差距比较明显，相差4分至8分不等。由于价值创造能力占到上市公司综合质量评价总权重的50%，因此该项评分对于质量总评分的影响较大。各层次上市公司的价值管理能力平均得分比较接近，为75~81分，而价值分配能力的平均得分则体现出同价值创造能力相似的特征。

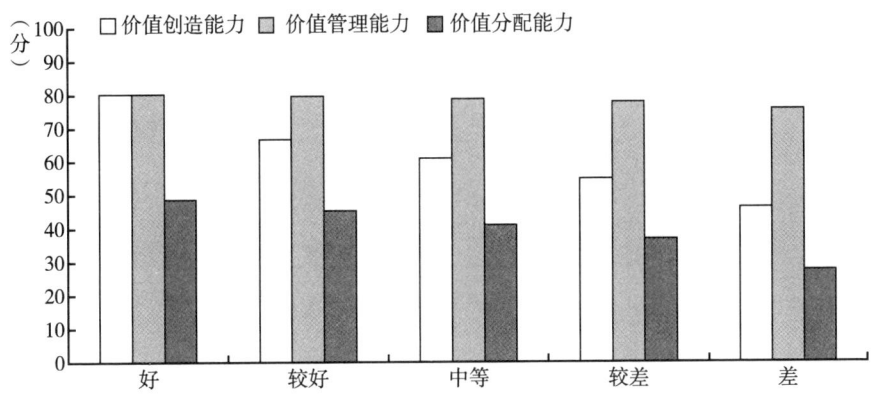

图1　各层次上市公司3项能力平均得分

表3列出了本次上市公司质量评价综合评分前100名的上市公司。这100家公司分布在22个行业，且多数属于传统制造业，其中主板上市公司40家，中小板43家，创业板17家。这些公司的平均得分为77.98分，其中价值创造能力平均得分89.24分，价值管理能力平均得分81.45分，价值分配能力平均得分52.00分。显然，前100名上市公司的综合得分和分项得分都远远高于上市公司平均水平，而且同上市公司总体情况类似，价值分配能力也是影响这些高评分上市公司质量的短板。

表3 上市公司综合质量评价前100名

排名	股票代码	证券简称	综合质量评分（分）	分项评分（分）			所在行业
				价值创造能力	价值管理能力	价值分配能力	
1	600660	福耀玻璃	85.93	92.69	83.33	75.00	非金属矿物制品业
2	600623	双钱股份	85.72	93.66	80.56	75.00	橡胶和塑料制品业
3	000898	鞍钢股份	85.33	93.57	83.33	70.83	黑色金属冶炼和压延加工业
4	000060	中金岭南	83.22	86.58	80.56	79.17	有色金属冶炼和压延加工业
5	000726	鲁泰A	83.20	92.10	86.11	62.50	纺织业
6	002202	金风科技	82.89	88.70	83.33	70.83	通用设备制造业
7	600055	华润万东	82.76	93.99	80.56	62.50	专用设备制造业
8	600337	美克家居	82.66	93.52	89.44	54.17	家具制造业
9	600549	厦门钨业	81.52	84.29	78.33	79.17	有色金属冶炼和压延加工业
10	300016	北陆药业	80.82	75.31	89.34	83.33	医药行业
11	002415	海康威视	80.81	78.90	90.45	75.00	计算机、通信与电子行业
12	002206	海利得	80.66	93.87	84.89	50.00	化学纤维制造业
13	002348	高乐股份	80.65	80.47	78.33	83.33	文教、工美、体育和娱乐用品制造业
14	002152	广电运通	80.63	95.99	80.56	50.00	通用设备制造业
15	601515	东风股份	80.33	88.71	77.22	66.67	印刷和记录媒介复制业
16	002489	浙江永强	80.13	91.42	79.34	58.33	家具制造业
17	600298	安琪酵母	79.87	84.60	79.44	70.83	食品制造业
18	601727	上海电气	79.84	86.76	83.33	62.50	通用设备制造业
19	601718	际华集团	79.73	92.09	80.56	54.17	纺织服装、服饰业
20	002521	齐峰新材	79.57	93.78	84.89	45.83	造纸和纸制品业
21	002229	鸿博股份	79.50	88.58	78.33	62.50	印刷和记录媒介复制业
22	600483	福能股份	79.33	82.97	80.56	70.83	公用事业
23	600176	中国巨石	79.24	90.84	72.78	62.50	非金属矿物制品业
24	002572	索菲亚	78.97	93.35	79.17	50.00	家具制造业
25	601058	赛轮金宇	78.80	93.30	86.94	41.67	橡胶和塑料制品业
26	600439	瑞贝卡	78.74	84.71	74.72	70.83	皮革、毛皮、羽毛及其制品和制鞋业

续表

排名	股票代码	证券简称	综合质量评分（分）	分项评分(分)			所在行业
				价值创造能力	价值管理能力	价值分配能力	
27	002117	东港股份	78.66	93.44	86.11	41.67	印刷和记录媒介复制业
28	002293	罗莱家纺	78.63	95.10	82.67	41.67	纺织业
29	000969	安泰科技	78.58	86.74	78.33	62.50	金属制品业
30	300196	长海股份	78.56	94.47	79.44	45.83	非金属矿物制品业
31	600019	宝钢股份	78.48	92.38	91.67	37.50	黑色金属冶炼和压延加工业
32	600970	中材国际	78.37	89.94	79.44	54.17	专用设备制造业
33	000933	神火股份	78.35	82.39	86.11	62.50	有色金属冶炼和压延加工业
34	600569	安阳钢铁	78.28	91.34	80.45	50.00	黑色金属冶炼和压延加工业
35	002203	海亮股份	78.21	92.39	90.56	37.50	有色金属冶炼和压延加工业
36	600143	金发科技	78.20	89.74	91.67	41.67	橡胶和塑料制品业
37	002701	奥瑞金	78.20	89.78	91.56	41.67	金属制品业
38	600063	皖维高新	77.95	90.89	71.67	58.33	化学纤维制造业
39	002003	伟星股份	77.88	92.47	84.89	41.67	纺织服装、服饰业
40	300007	汉威电子	77.86	80.58	79.44	70.83	机械设备制造业
41	000887	中鼎股份	77.82	95.50	82.78	37.50	橡胶和塑料制品业
42	002381	双箭股份	77.81	90.95	79.34	50.00	橡胶和塑料制品业
43	002385	大北农	77.76	86.83	91.56	45.83	农副食品加工业
44	002615	哈尔斯	77.74	90.82	79.34	50.00	金属制品业
45	002612	朗姿股份	77.74	90.26	80.45	50.00	纺织服装、服饰业
46	000949	新乡化纤	77.69	89.97	85.00	45.83	化学纤维制造业
47	000404	华意压缩	77.68	92.73	79.44	45.83	通用设备制造业
48	000819	岳阳兴长	77.66	82.83	78.33	66.67	石油加工、炼焦和核燃料加工业
49	600875	东方电气	77.46	89.51	76.67	54.17	通用设备制造业
50	300011	鼎汉技术	77.42	93.04	86.11	37.50	铁路、船舶、航空航天和其他运输设备制造业
51	300003	乐普医疗	77.42	89.55	80.56	50.00	专用设备制造业
52	300221	银禧科技	77.25	93.26	85.00	37.50	橡胶和塑料制品业

续表

排名	股票代码	证券简称	综合质量评分(分)	分项评分(分)			所在行业
				价值创造能力	价值管理能力	价值分配能力	
53	002191	劲嘉股份	77.16	92.57	86.01	37.50	印刷和记录媒介复制业
54	002224	三力士	77.05	90.96	80.45	45.83	橡胶和塑料制品业
55	000895	双汇发展	77.02	78.20	85.00	66.67	食品饮料行业
56	000589	黔轮胎A	77.01	95.27	71.67	45.83	橡胶和塑料制品业
57	300005	探路者	76.99	91.49	75.00	50.00	纺织服装、服饰业
58	002014	永新股份	76.96	91.69	82.78	41.67	橡胶和塑料制品业
59	002237	恒邦股份	76.95	92.80	68.06	54.17	有色金属冶炼和压延加工业
60	002656	卡奴迪路	76.93	84.55	76.11	62.50	纺织服装、服饰业
61	002249	大洋电机	76.85	72.30	79.44	83.33	电气设备制造业
62	300180	华峰超纤	76.85	94.72	80.45	37.50	橡胶和塑料制品业
63	002032	苏泊尔	76.77	94.43	84.89	33.33	金属制品业
64	002100	天康生物	76.70	93.26	82.78	37.50	农副食品加工业
65	600362	江西铜业	76.67	80.43	83.33	62.50	有色金属冶炼和压延加工业
66	300249	依米康	76.60	90.56	79.44	45.83	专用设备制造业
67	601566	九牧王	76.52	90.27	83.89	41.67	纺织服装、服饰业
68	300238	冠昊生物	76.51	93.98	80.56	37.50	专用设备制造业
69	300218	安利股份	76.47	90.29	79.44	45.83	橡胶和塑料制品业
70	002578	闽发铝业	76.45	90.87	78.23	45.83	有色金属冶炼和压延加工业
71	002540	亚太科技	76.42	91.37	77.12	45.83	有色金属冶炼和压延加工业
72	002534	杭锅股份	76.40	90.20	79.34	45.83	通用设备制造业
73	300298	三诺生物	76.35	85.25	84.89	50.00	专用设备制造业
74	600619	海立股份	76.34	93.66	80.56	37.50	通用设备制造业
75	002674	兴业科技	76.30	91.95	83.78	37.50	皮革、毛皮、羽毛及其制品和制鞋业
76	601012	隆基股份	76.30	90.79	86.11	37.50	非金属矿物制品业

续表

排名	股票代码	证券简称	综合质量评分（分）	分项评分(分)			所在行业
				价值创造能力	价值管理能力	价值分配能力	
77	002377	国创高新	76.28	89.78	83.89	41.67	石油加工、炼焦和核燃料加工业
78	002678	珠江钢琴	76.26	89.33	80.56	45.83	文教、工美、体育和娱乐用品制造业
79	300045	华力创通	76.14	86.04	78.33	54.17	专用设备制造业
80	300305	裕兴股份	76.14	89.64	79.44	45.83	橡胶和塑料制品业
81	300337	银邦股份	76.05	89.52	79.34	45.83	有色金属冶炼和压延加工业
82	600507	方大特钢	76.01	88.41	77.22	50.00	黑色金属冶炼和压延加工业
83	002374	丽鹏股份	75.89	88.64	80.45	45.83	金属制品业
84	002318	久立特材	75.87	93.26	79.44	37.50	金属制品业
85	002516	江苏旷达	75.87	86.87	83.89	45.83	纺织业
86	000973	佛塑科技	75.86	87.97	81.67	45.83	橡胶和塑料制品业
87	002345	潮宏基	75.86	92.83	76.11	41.67	其他制造业
88	600356	恒丰纸业	75.81	88.43	80.56	45.83	造纸和纸制品业
89	002601	佰利联	75.80	73.13	86.11	70.83	化工行业
90	002196	方正电机	75.72	90.95	79.34	41.67	专用设备制造业
91	300329	海伦钢琴	75.72	88.80	79.44	45.83	文教、工美、体育和娱乐用品制造业
92	002501	利源精制	75.67	88.15	80.56	45.83	有色金属冶炼和压延加工业
93	002303	美盈森	75.63	88.62	79.44	45.83	造纸和纸制品业
94	600987	航民股份	75.60	77.44	85.00	62.50	纺织业
95	002551	尚荣医疗	75.59	83.82	80.56	54.17	专用设备制造业
96	600114	东睦股份	75.56	91.26	78.06	41.67	金属制品业
97	002144	宏达高科	75.55	88.52	79.34	45.83	纺织业
98	300021	大禹节水	75.49	87.84	80.45	45.83	橡胶和塑料制品业
99	000761	本钢板材	75.43	96.00	80.56	29.17	黑色金属冶炼和压延加工业
100	002522	浙江众成	75.36	85.49	80.45	50.00	橡胶和塑料制品业
平均得分	—	—	77.98	89.24	81.45	52.00	

四 分板块上市公司质量评价

本报告对2417家非金融类上市公司进行质量评价,其中主板上市公司1365家,中小板上市公司697家,创业板上市公司355家。从总体质量上看,创业板上市公司平均得分最高,为63.72分,中小板上市公司平均得分为63.29分,主板上市公司平均得分为58.08分(见表4),所有公司平均得分为60.41分。3个板块上市公司质量的总体排序与上年相同,不过创业板和中小板之间的差距缩小了。虽然主板上市公司总体质量仍为最低,但是主板上市公司质量结构有所改善,质量"较好"和"好"的公司增加了。与此相反,中小板和创业板上市公司质量结构变差,尤其是创业板质量"较好"和"好"的公司数量下降较多。从各板块的前50名公司在所有板块公司中的排名来看,主板上市公司进入所有板块前50名的公司数量增加,而中小板和创业板进入的数量都减少了。从3个板块前50名公司所处行业来看,计算机、软件信息行业公司数量减少,房地产行业公司基本消失殆尽,而传统制造业公司数量增多(如钢铁、机械设备、化工、纺织等行业)。

在价值创造能力上,中小板和创业板上市公司优势较明显,平均得分分别为65.91分和65.65分,主板上市公司平均得分为58.50分。在公司治理方面,创业板上市公司平均分最高,为67.58分;中小板次之,为64.78分;主板最低,为59.34分。该评价结果与2014年[①]评价结果次序一致。其中,创业板上市公司的

---

① 本报告中所称的2014年是指2014年做出的上市公司质量评价报告(该报告是根据上市公司2013年年报和其他资料做出的评价)。

股东对股东大会的参与程度明显高于主板和中小板,这与创业板上市公司资本规模相对较小、股权较为集中有关。主板上市公司的董事长与总经理的兼任情况明显少于中小板和创业板,这与主板上市公司人力资源较为充沛、机构投资者持股比例高从而对兼任产生制约有关。从持股情况来看,创业板和中小板上市公司高管持股明显高于主板,主板上市公司机构投资者持股明显高于中小板和创业板。在财务质量方面,中小板上市公司平均得分最高,为69.01分;创业板次之,为64.51分;主板最低,为63.65分。该评价结果与2014年的评价结果次序一致。其中,创业板和中小板上市公司的盈利能力、偿债能力和成长能力略好于主板,主板和中小板上市公司的营运能力好于创业板。与2014年的评价结果相比,在盈利能力、偿债能力和成长能力方面,中小板上市公司得分上升,而创业板上市公司得分下降。在创新能力方面,创业板上市公司平均得分最高,为64.85分;中小板次之,为63.93分;主板最低,为52.51分(见表4)。该评价结果与2014年的评价结果次序一致。创业板和中小板上市公司在创新方面的投入和产出明显多于主板。总之,中小板和创业板上市公司的盈利能力和成长能力并不突出,主板上市公司在公司治理方面不如中小板和创业板上市公司。

在价值管理能力上,创业板上市公司平均得分最高,为79.32分,中小板上市公司平均得分为79.01分,主板上市公司平均得分为77.98分(2014年评价结果的排序为主板、中小板和创业板)。在内部控制方面,创业板上市公司平均得分最高,为92.41分;中小板次之,为91.61分;主板最低,为89.08分(2014年评价结果的排序为中小板、主板和创业板)。对内部控制进行审计的会计师事务所进入注册会计师行业排名前20的数量减少，意见为无保留内部控制审计意见的数量有所增加。从审计质量方面看，这反映了会计师事务所越小，质量越低，进而从侧面质疑了上市公司内部控制的质量。在合规性方面，3个板块上市公司违规数量减少，但是受到的违规处罚力度加大。总体上看，创业板上市公司的合规性好于主板和中小板（2014年评价结果为主板上市公司好于中小板和创业板）。在信息披露方面，3个板块上市公司的得分比较接近，主板上市公司平均得分为91.77分，创业板为91.62分，中小板为91.61分。其中，从信息披露的及时性来看，主板、中小板和创业板上市公司的季度报告、中报和年报披露都很及时，几乎全部达到了满分100分。该评价结果与2014年评价结果差别不大。在股价维护方面，创业板上市公司平均得分最高，为53.94分；中小板次之，为53.83分；主板最低，为53.08分（见表4）。该评价结果与2014年评价结果差别不大。此外，与2014年评价结果一致，主板上市公司大股东增持多于中小板和创业板，中小板上市公司高管增持多于主板和创业板。在股票回购方面，中小板和创业板上市公司的回购操作明显多于主板。

在价值分配能力上，创业板和中小板上市公司的平均得分明显高于主板，前两者分别为44.25分和42.34分，主板上市公司平均得分为37.35分，这与2014年评价结果较为接近。在股利政策方面，创业板上市公司平均得分最高，为62.11分；中小板次之，为59.00分；主板最低，为49.75分（2014年评价结果的排序为中小板、创业板和主板）。虽然总体上现金分红占利润的比重下降，但上市公司实施现金分红的数量有所增加，我们认为这得益于3个板块上市公司在公司章程中明确规定股东回报规划或现金分红政策的数量大幅增加。特别的，创业板和中小板上市公司以现金股利方式回报股东的情况要好于主板上市公司。在投资者保护方面，创业板上市公司平均得分最高，为 66.55 分；中小板次之，为 61.51 分；主板最低，为 48.48 分（2014 年评价结果的排序为中小板、创业板和主板）。虽然上市公司建立了网络投票机制，但实际采用累积投票制的公司占全部上市公司的比重仅为 13.12%，主板上市公司总体好于中小板和创业板。在组织投资者活动和控制权管制方面，中小板和创业板上市公司好于主板上市公司。在企业社会责任方面，主板上市公司平均得分最高，为 13.81 分；中小板次之，为 6.49 分；创业板最低，为 4.08 分（2014 年评价结果的排序为中小板、主板和创业板）（见表4）。主板上市公司中披露了企业社会责任报告的较多，占比为 18.24%，而中小板和创业板都在 10% 以下，说明 3 个板块需要提高对社会责任的重视程度。不过，相对于 2014 年评价结果，主板上市公司对于社会责任的重视程度提高较多。

表4　各板块上市公司质量平均分

单位：分

指标	主板	中小板	创业板
综合质量评分	58.08	63.29	63.72
1. 价值创造能力	58.50	65.91	65.65
1.1 公司治理	59.34	64.78	67.58
1.2 财务质量	63.65	69.01	64.51
1.3 创新能力	52.51	63.93	64.85
2. 价值管理能力	77.98	79.01	79.32
2.1 内部控制	89.08	91.61	92.41
2.2 信息披露	91.77	91.61	91.62
2.3 股价维护	53.08	53.83	53.94

续表

指标	主板	中小板	创业板
3. 价值分配能力	37.35	42.34	44.25
3.1 股利政策	49.75	59.00	62.11
3.2 投资者保护	48.48	61.51	66.55
3.3 企业社会责任	13.81	6.49	4.08

五 重点行业上市公司质量评价

上市公司的质量通常会带有明显的行业特征。这不仅缘于各行业的周期性差异，更与每个行业独特的市场竞争格局、行业成熟度和政企关系等因素有密切关系。鉴于市场投资者和相关监管部门对分行业上市公司质量的广泛关注，我们专门选择了一部分有代表性的行业来进行分行业上市公司质量评价和分析。行业划分的参考依据是中国证监会《上市公司行业分类指引》（2012）和主流券商行业分类方法，我们综合这些分类方法并根据市场习惯调整分类和命名，最后确定了17个重点行业。这些行业涵盖了1763家上市公司，约占全部参评上市公司的73%。各行业上市公司质量评价结果见表5。

在综合质量评分方面，与上年相同，软件信息行业依旧排名第一，行业内上市公司综合质量平均得分为61.27分，排名最靠后的是房地产业（55.90分）。从一级指标来看，价值创造能力得分最高的是环保行业，为60.68分；得分最低的是传媒行业，为53.90分。从价值管理能力来看，得分最高的是环保行业，为79.52；得分最低的是航天军工业，为 76.24 分。最后，从价值分配能力来看，得分最高的是软件信息行业，为 45.34 分；得分最低的是批发和零售业，为 36.36 分。

表5 各行业上市公司综合质量评分均值排名

排名	行业名称	上市公司数量(家)	本行业上市公司综合质量平均分(分)	价值创造能力(分)	价值管理能力(分)	价值分配能力(分)
1	软件信息行业	101	61.27	60.17	79.40	45.34
2	环保行业	24	60.77	60.68	79.52	42.19
3	汽车行业	73	59.59	59.09	79.42	40.75
4	机械设备行业	210	59.47	58.84	78.62	41.57
5	电气设备行业	151	59.41	58.94	79.29	40.45
6	计算机、通信与电子行业	196	59.11	57.71	78.75	42.28
7	食品饮料行业	62	58.71	58.12	78.6	39.99
8	医药行业	139	58.69	57.76	78.92	40.32
9	化工行业	170	58.42	58.16	77.88	39.46
10	建筑业	59	58.43	56.19	78.97	42.37
11	建材行业	66	57.92	57.92	77.77	38.07
12	交通运输业	74	57.65	54.44	78.72	43.02
13	公用事业	79	57.54	55.08	78.42	41.56
14	传媒行业	56	57.19	53.90	78.1	42.86
15	航天军工业	30	57.01	56.26	76.24	39.31
16	批发和零售业	143	56.37	55.98	77.17	36.36
17	房地产业	130	55.90	54.26	78.63	36.47

从各行业上市公司质量等级分布来看（见表6），总分排名第一的软件信息行业，其"好"公司比例也位居第一，并且"较好"公司比例排名第二，两者合计达到 44.5%，这也是该行业总分位居第

一的原因。总分排名最后一位的房地产业,其"好"公司的比例只有6.9%,在17个行业中排名第11位,其"较好"公司的比例也只有12.3%。而其"较差"和"差"公司的比例却分别高达32.3%和34.6%,二者都是17个行业中最高的。从综合质量排名前三位的行业来看,"好"和"较好"公司的比例合计均超过35%,而排名后三位行业"较差"和"差"公司的比例都超过了50%。

鉴于本书已有分报告专门分析重点行业上市公司的质量问题,此处就不再一一赘述。

表6 各行业上市公司在各质量排名区间的数量分布情况

单位:%

行业名称	综合质量排名	好	较好	中等	较差	差
软件信息行业	1	15.8	28.7	24.8	20.8	9.9
环保行业	2	4.2	41.7	33.3	12.5	8.3
汽车行业	3	15.1	20.6	24.7	16.4	23.3
机械设备行业	4	10.0	22.9	26.2	26.2	14.8
电气设备行业	5	7.3	23.2	29.1	24.5	15.9
计算机、通信与电子行业	6	8.2	24.5	26.0	24.0	17.4
食品饮料行业	7	12.9	27.4	14.5	17.7	27.4
医药行业	8	10.1	21.6	28.8	16.50	23.0
化工行业	9	11.8	22.4	20.0	18.2	27.6
建筑业	10	6.8	30.5	18.6	15.3	28.8
建材行业	11	10.6	21.2	21.2	21.2	25.8
交通运输业	12	4.1	17.6	25.7	31.1	21.6
公用事业	13	7.6	12.7	21.5	30.4	27.9
传媒行业	14	5.4	21.4	17.9	28.6	26.8
航天军工业	15	3.3	26.7	16.7	20.0	33.3
批发和零售业	16	1.4	13.3	25.9	32.2	27.3
房地产业	17	6.9	12.3	13.8	32.3	34.6

六　总结与展望

本报告坚持以股东利益最大化为原则，从上市公司的价值创造能力、价值管理能力和价值分配能力3个方面综合评价上市公司质量。总体而言，我国上市公司质量同上年相比有所改善，但是仍然存在较大提升空间。其中，价值创造能力提升比较明显，价值管理能力略有提升，价值分配能力平均而言仍处于低位。

我们的评价体系兼顾了上市公司的财务质量及公司治理、信息披露和股利政策等有大量理论研究和实践支持的非财务性因素，因此可以针对上市公司作为公众公司的特征，更加准确地描述和评价这一企业群体的质量。我们的评价工作从不同侧面反映了上市公司质量构成的复杂性，同时也解释了我国上市公司质量提升比较慢的原因。显然，脱胎于计划经济时代的中国股市和上市公司，更习惯于接受强制性监管规则的约束，而缺乏充分迎合和满足投资者要求的动力。上市公司在信息披露和内部控制等方面的高分表现，以及在投资者保护及企业社会责任方面的低分表现即是典型例证。鉴于中国股市所处的特殊发展阶段，监管机构和其他外部约束力量未来在上述方面需要做出更多努力。

创业板上市公司质量仍然是3个板块市场中最高的，其次是中小板和主板上市公司。创业板市场的高市盈率和投机泡沫一直为监管机构和市场人士所诟病。我们的评价结果或许可以为此提供一个注脚。首先，由于创业板市场延续了主板和中小板市场的IPO核准制，监管机构对于拟上市企业的质量特别是财务质量有较好的把控；其次，创业板上市公司以民营企业为主，且多数公司并未掌握国民经济命脉产业，因此监管机构在筛选上市企业时较少受到外部政策性因素的影响，有能力保证拟上市企业的质量；最后，创业板开市历史较短，大部分企业处于快速发展阶段，某些主板上市公司表现出的"增长惰性"在创业板市场上尚未形成较大负面影响。综上所述，创业板上市公司的高质量和高成长性，成为其高市盈率的重要基本面因素。尽管市场投资者可能存在过分乐观的情绪，但基本面因素的正向驱动力无疑也是存在的。至于各行业上市公司的质量差异，除了财务质量和创新能力与行业周期和行业特征有直接关系以外，对于其他非财务性因素对各行业上市公司质量的影响，现在还难以给出更有说服力的解释。国内理论界有研究证明行业竞争程度、国有经济比重等因素可能会对上市公司的信息披露和股利政策等产生影响，不过目前仍然缺乏系统的理论阐述。这也将是我们未来的研究方向之一。

  展望未来，中国上市公司质量的变化将与我国经济转型和深化改革息息相关。经济转型要求上市公司通过提升运营效率和创新能力来改善财务质量；而市场化改革和更好地发挥政府作用，将为上市公司改善公司治理、股利政策和投资者保护以及履行企业社会责任增加更多的市场约束和监管约束，从而推动上市公司3项能力乃至整体质量的提升。当然，上市公司群体质量的提高，不能仅依靠现有上市公司。市场监管者和组织者们还需要做出更多努力排除障碍，加快低质量公司的退市步伐和高质量公司的转板步伐，通过加快公司流动提高上市公司的群体质量，这就需要对股票退市制度和转板制度做出更加周密及切合实际的安排。

分报告

分报告一
各市场上市公司质量评价

一 主板上市公司质量评价

本次评价的主板上市公司共 1365 家,占上市公司总数的 56.47%,总体质量平均分为 58.08 分,低于所有上市公司平均分 60.41 分(见表 1),也低于中小板和创业板上市公司平均分。主板上市公司质量评价最高分为 85.93 分,在所有上市公司中排名首位;最低分为 30.71 分,在所有上市公司中排名末位,即第 2417 位。从主板上市公司各项得分的分布情况来看,企业社会责任、创新能力和股利政策数据的离散程度较高,说明主板上市公司在这 3 个方面的能力差异较大。

表1　主板上市公司质量评分情况

项目	主板上市公司				所有上市公司
	平均值(分)	最大值(分)	最小值(分)	标准差	平均值(分)
总评分	58.08	85.93	30.71	8.57	60.41
1. 价值创造能力	58.50	96.00	18.46	13.35	61.69
1.1 公司治理	59.34	98.45	10.24	17.34	62.12
1.2 财务质量	63.65	100.00	16.58	16.67	65.32
1.3 创新能力	52.51	100.00	0.00	21.90	57.62
2. 价值管理能力	77.98	94.44	50.28	5.16	78.47
2.1 内部控制	89.08	100.00	15.83	12.24	90.30
2.2 信息披露	91.77	100.00	68.33	2.45	91.70
2.3 股价维护	53.08	100.00	50.00	7.38	53.42
3. 价值分配能力	37.35	83.33	8.33	14.57	39.80
3.1 股利政策	49.75	75.00	0.00	19.11	54.24
3.2 投资者保护	48.48	100.00	0.00	18.90	54.89
3.3 企业社会责任	13.81	100.00	0.00	29.56	10.27

在总评分排名区间中，与2014年评价结果一致，主板上市公司出现了随着质量等级下降上市公司数量增加的情况。但是，主板上市公司总评分为"好"和"较好"的公司占比与2014年（24.54%）相比有所提高，为29.38%；总评分为"较差"和"差"的公司占比有所下降，为53.33%（2014年为55.88%）（见表2）。从主板上市公司的价值创造能力和价值分配能力来看，"好"和"较好"的公司数量占比与2014年（25.35%和26.22%）相比有所上升，分别为28.57%和29.89%。价值管理能力中"好"和"较好"的公司数量占比与2014年（43.32%）相比有所下降，为36.26%。主板上市公司质量略低于所有上市公司平均水平的原因是处于低质量等级的公司数量相对较多。与2014年相比，主板上市公

司中价值创造能力和价值分配能力较好的公司占比上升，说明这两方面的能力有所提高，而主板上市公司的价值管理能力略有下降。

表2 主板上市公司在各质量区间的分布

单位：家，%

质量区间	总评分		价值创造能力		价值管理能力		价值分配能力	
	数量	占比	数量	占比	数量	占比	数量	占比
好(0~20%)	190	13.92	210	15.38	257	18.83	260	19.05
较好(20%~40%)	211	15.46	180	13.19	238	17.44	148	10.84
中(40%~60%)	236	17.29	270	19.78	268	19.63	150	10.99
较差(60%~80%)	319	23.37	322	23.59	267	19.56	362	26.52
差(80%~100%)	409	29.96	383	28.06	335	24.54	445	32.60
总体	1365	100.00	1365	100.00	1365	100.00	1365	100.00

按照质量评价总得分，主板市场质量排名前50位的公司见表3。这50家公司得分区间为74~86分，其中有8家进入所有板块上市公司排名前10位，有28家进入所有板块上市公司排名前50位，其他公司排名在前142位之内。从所属行业来看，这50家公司主要为钢铁、化工、有色金属、纺织、汽车、通用设备、电力等行业的公司。这符合主板市场上市公司资本规模大、盈利稳定的导向。在2014年评价结果中，房地产行业有12家公司进入排名前50位，而在这一次的评价结果中房地产行业没有进入前50名的公司。

表3 主板市场质量排名前50位的公司

排名	所有上市公司总排名	股票代码	证券简称	行业名称	得分（分）
1	1	600660	福耀玻璃	非金属矿物制品业	85.93
2	2	600623	双钱股份	橡胶和塑料制品业	85.72
3	3	000898	鞍钢股份	黑色金属冶炼和压延加工业	85.33
4	4	000060	中金岭南	有色金属冶炼和压延加工业	83.22

续表

排名	所有上市公司总排名	股票代码	证券简称	行业名称	得分（分）
5	5	000726	鲁泰A	纺织业	83.20
6	7	600055	华润万东	专用设备制造业	82.76
7	8	600337	美克家居	家具制造业	82.66
8	9	600549	厦门钨业	有色金属冶炼和压延加工业	81.52
9	15	601515	东风股份	印刷和记录媒介复制业	80.33
10	17	600298	安琪酵母	食品制造业	79.87
11	18	601727	上海电气	通用设备制造业	79.84
12	19	601718	际华集团	纺织服装、服饰业	79.73
13	22	600483	福能股份	公用事业	79.33
14	23	600176	中国巨石	非金属矿物制品业	79.24
15	25	601058	赛轮金宇	橡胶和塑料制品业	78.80
16	26	600439	瑞贝卡	皮革、毛皮、羽毛及其制品和制鞋业	78.74
17	29	000969	安泰科技	金属制品业	78.58
18	31	600019	宝钢股份	黑色金属冶炼和压延加工业	78.48
19	32	600970	中材国际	专用设备制造业	78.37
20	33	000933	神火股份	有色金属冶炼和压延加工业	78.35
21	34	600569	安阳钢铁	黑色金属冶炼和压延加工业	78.28
22	36	600143	金发科技	橡胶和塑料制品业	78.20
23	38	600063	皖维高新	化学纤维制造业	77.95
24	41	000887	中鼎股份	橡胶和塑料制品业	77.82
25	46	000949	新乡化纤	化学纤维制造业	77.69
26	47	000404	华意压缩	通用设备制造业	77.68
27	48	000819	岳阳兴长	石油加工、炼焦和核燃料加工业	77.66
28	49	600875	东方电气	通用设备制造业	77.46
29	55	000895	双汇发展	食品饮料行业	77.02
30	56	000589	黔轮胎A	橡胶和塑料制品业	77.01
31	65	600362	江西铜业	有色金属冶炼和压延加工业	76.67
32	67	601566	九牧王	纺织服装、服饰业	76.52

续表

排名	所有上市公司总排名	股票代码	证券简称	行业名称	得分（分）
33	74	600619	海立股份	通用设备制造业	76.34
34	76	601012	隆基股份	非金属矿物制品业	76.30
35	82	600507	方大特钢	黑色金属冶炼和压延加工业	76.01
36	86	000973	佛塑科技	橡胶和塑料制品业	75.86
37	88	600356	恒丰纸业	造纸和纸制品业	75.81
38	94	600987	航民股份	纺织业	75.60
39	96	600114	东睦股份	金属制品业	75.56
40	99	000761	本钢板材	黑色金属冶炼和压延加工业	75.43
41	103	603001	奥康国际	皮革、毛皮、羽毛及其制品和制鞋业	75.23
42	106	600066	宇通客车	汽车行业	74.97
43	112	600099	林海股份	铁路、船舶、航空航天和其他运输设备制造业	74.72
44	123	600587	新华医疗	专用设备制造业	74.46
45	133	600782	新钢股份	黑色金属冶炼和压延加工业	74.31
46	134	000757	浩物股份	通用设备制造业	74.28
47	136	601607	上海医药	批发和零售业	74.24
48	138	000778	新兴铸管	金属制品业	74.23
49	140	601339	百隆东方	纺织业	74.18
50	142	600416	湘电股份	通用设备制造业	74.09

（一）价值创造能力

主板上市公司价值创造能力平均得分为58.50分，低于所有上市公司平均得分（61.69分），也明显低于中小板和创业板上市公司平均得分。从价值创造能力所包含的公司治理、财务质量和创新能力3个方面来看，这3项的平均分也都低于所有公司的平均分。

1. 公司治理

在公司治理方面，与2014年评价结果相同的是：主板上市公司的董事长与总经理的兼任情况较少，该项得分明显高于中小板和创业板；在股东出席股东大会比例、董事会成员持有本公司股票比例和高管持股方面，主板上市公司得分明显低于中小板和创业板。与2014年评价结果不同的是：在董事会成员构成中，主板上市公司的独立董事占比得分低于中小板和创业板。这说明，主板上市公司股本规模大、股东分散，因而股东大会的参与程度较低，得分较低；主板上市公司的高层管理人员资源较为丰沛，职责分工较为明确，因而董事长和总经理兼任的情况减少了。但是，董事会成员和高管持股少，影响了公司治理的效果。另外，相比于中小板和创业板，主板上市公司的机构投资者的持股比例更高，这有助于提高上市公司的治理水平。

2. 财务质量

在财务质量方面，与2014年评价结果相同的是：主板上市公司的盈利能力、偿债能力和成长能力都低于所有公司的平均水平。与2014年评价结果稍有不同的是：主板上市公司的营运能力高于创业板、低于中小板。

从盈利能力来看，与2014年评价结果相同，主板上市公司的主营业务对公司整体利润的贡献度、销售净利率、净资产收益率和销售现金比均低于所有公司的平均水平，这说明主板上市公司的主业经营情况劣于其他板块，销售对于净利和经营现金净流量的贡献较少，净资产的获利能力较弱。从偿债能力来看，与2014年评价结果相同，主板上市公司的非筹资性现金净流量与流动负债的比率高于所有公司的平均水平，说明其短期偿债能力较强，而资产负债率、息税折旧摊销前利润/负债合计均高于所有公司的平均水平，说明其长期偿债能力较低。从营运能力来看，主板上市公司的流动资产和总资产的周转速度比创业板快，但比中小板慢。这与2014年评价结果有些不同，2014年，主板上市公司这两个周转速度比中小板和创业板都快。从成长能力来看，与2014年评价结果相同：主板上市公司的营业收入、营业利润和总资产的增长率均低于所有公司的平均水平，说明其销售额、销售获利能力和资产规模增长较慢，因此成长能力较低；主板上市公司归属母公司股东净利润略高于创业板，但低于中小板。

3. 创新能力

在创新能力方面，与2014年评价结果相同，即从研发投入占主营业务收入的比例和研发转化成无形资产的规模上来看，主板上市公司在创新方面的投入和产出都低于所有公司的平均水平。

（二）价值管理能力

主板上市公司价值管理能力平均得分为77.98分，略低于所有上市公司的平均分（78.47分）。在2014年评价结果中，主板上市公司的价值管理能力略高于中小板和创业板。然而，在2015年评价结果中，主板上市公司的价值管理能力低于中小板和创业板。从价值管理能力所包含的内部控制、信息披露和股价维护3个方面来看，与2014年评价结果相比，主板上市公司的股价维护得分下降，低于中小板和创业板；只有信息披露得分仍略高于所有公司的平均分；内部控制得分略低于所有公司的平均分。

1. 内部控制

在内部控制方面，主板上市公司平均分低于所有公司平均分。从内部控制评价报告中的发现内部控制缺陷情况和整改情况来看，与2014年评价结果相同，主板上市公司得分低于中小板和创业板。从内部控制审计来看，对公司内部控制进行审计的会计师事务所位列"2014年会计师事务所百家排名"前20的主板上市公司有1065家，占主板上市公司的78.02%，该项得分略低于所有公司的平均分。与2014年评价结果相比，该比例有所降低。主板上市公司内部控制的审计意见为无保留审计意见（包括"标准无保留意见"和"无保留意见加事项段"）的达到1344家，占主板上市公司的98.46%，得分低于中小板和创业板。与2014年评价结果相比，该比例大幅提高。从合规性方面看，主板上市公司发生违规的情况较少，只有87家公司发生了违规情况，占主板上市公司的6.37%，得分高于中小板、低于创业板。与2014年评价结果相比，该比例有所降低。违规的87家主板上市公司受到的处罚较轻，其中56家公司受到了警告、批评、谴责和其他处罚，31家公司受到罚款和没收非法所得处罚。与2014年评价结果相比，处罚力度得以加强。

2. 信息披露

在信息披露方面，主板上市公司平均分与所有公司平均分相当。其中，主板上市公司的中报和三季报的披露时间均达到及时性要求，有2家公司的一季报和1家公司的年度报告未达到及时性要求。主板上市公司财务报告的审计意见为无保留审计意见（包括"标准无保留意见"和"无保留带强调事项段意见"）的公司达到1346家，占主板上市公司的98.61%，略低于中小板和创业板，这与2014年评价结果一致。在公司是否交叉上市方面，主板上市公司得分高于中小板和创业板。

3. 股价维护

在股价维护方面，主板上市公司平均分与所有公司平均分相当。其中，主板上市公司第一大股东增持股份的有65家，占主板上市公司的4.76%；管理层增持股份的有142家，占主板上市公司的10.4%。与2014年评价结果相比，主板上市公司通过增持股份来维护股价的意愿仍然不强烈。对于回购股票，主板上市公司中有45家实施了回购股票，占主板上市公司的3.3%，与2014年评价结果一致，该项得分低于中小板和创业板。

（三）价值分配能力

主板上市公司价值分配能力得分为37.35分，低于所有上市公司平均分（39.80分）。主板上市公司价值分配能力明显低于中小板和创业板。从价值分配能力所包含的股利政策、投资者保护和企业社会责任方面来看，主板上市公司的企业社会责任得分高于所有公司的平均分，股利政策和投资者保护的得分明显低于所有公司的平均分。

1. 股利政策

在股利政策方面，主板上市公司得分明显低于中小板和创业板。其中，对于最近三年是否符合总现金股利分红底线（平均利润的30%）的要求，与2014年评价结果一致，主板上市公司得分明显低于中小板和创业板。最近三年总现金股利大于等于平均利润30%的主板上市公司有203家，占主板上市公司的14.87%；最近三年总现金股利小于平均利润30%但大于0的公司有770家，占主板上市公司的56.41%；最近三年未进行现金股利分红的公司有392家，占主板上市公司的28.72%。与2014年相比，有现金分红的主板上市公司数量增加，但是现金分红占利润的比例下降，这说明主板上市公司以现金股利分红的方式回报股东的情况并不理想。对于公司章程中是否有回报股东的相关政策，主板上市公司中有1068家有相关规定，占主板上市公司的78.24%，与2014年相比大幅提高，但该比例仍低于中小板和创业板。当年有分红预案的主板上市公司有846家，占主板上市公司的61.98%，该比例远低于中小板和创业板，也低于2014年相应比例。独立董事对未分红发表同意意见的主板上市公司为209家，占主板上市公司的15.31%，该比例高于中小板和创业板。

2. 投资者保护

在投资者保护方面，主板上市公司得分低于所有公司的平均分。其中，在投资者知情权方面，主板有331家上市公司组织了投资者活动，占主板上市公司的24.25%，该比例远低于中小板和创业板。在投资者参与权方面，有1364家主板上市公司采用了网络投票制，占主板上市公司的99.93%。主板上市公司中只有246家在实际中采用了累积投票制，占主板上市公司的18.02%，但是该比例高于中小板和创业板。在大股东的控制权方面，与2014年评价结果一致，主板上市公司实际控制人的控制权与现金流权分离情况得分低于中小板和创业板，说明主板上市公司更有可能出现恶意侵占资金和掏空上市公司的情况，这不利于保护中小股东和投资者的利益。

3. 企业社会责任

在企业社会责任方面，主板上市公司得分高于所有公司的平均分。其中，在社会责任制度建设方面，主板有249家上市公司披露了企业社会责任报告，占主板上市公司的18.24%，该比例高于中小板和创业板。在已披露的企业社会责任报告中，有239家主板上市公司披露了环境和可持续发展情况，241家披露了公共关系和社会公益事业情况，25家披露了其在社会责任方面存在的不足，占主板上市公司的1.83%。这说明主板上市公司对于社会责任的重视程度高于中小板和创业板。

主板上市公司分项均值和全部上市公司平均值及最大值的比较见图1。

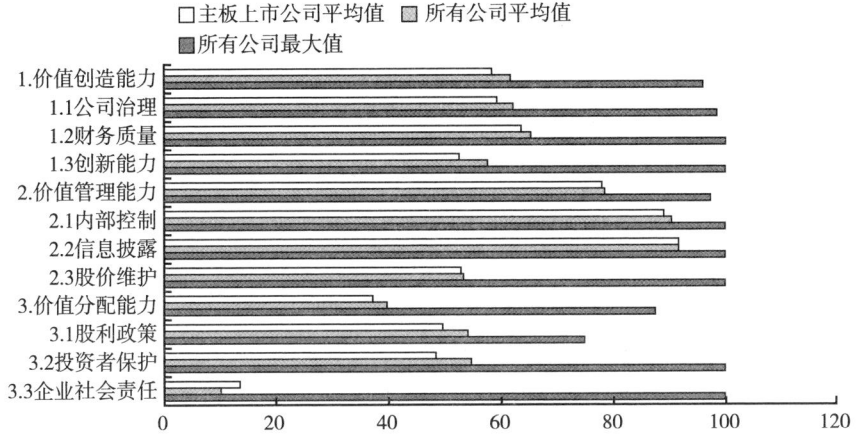

图1 主板上市公司分项均值和全部上市公司平均值及最大值的比较

综上所述，我国的主板上市公司的整体质量低于中小板和创业板，并且质量较差的公司占到主板上市公司总数量的一半以上，这与2014年的评价结果大体一致。不过，主板上市公司质量"好"和"较好"的公司占比有所上升，进入所有板块上市公司前50名的公司数量大幅增加。与2014年评价结果相比，虽然主板上市公司的信息披露和企业社会责任得分有所提高，但是其内部控制、股价维护和运营能力略有下降，并且在公司治理、盈利能力、偿债能力、成长能力、创新能力、股利政策和投资者保护方面继续垫底，从而导致在3个板块中，主板上市公司的总体评分最低。因此，主板上市公司需要在价值创造能力、价值管理能力和价值分配能力方面采取全面措施以提高自身质量。

在价值创造能力方面，主板上市公司得分低于中小板和创业板的原因在于其公司治理、财务质量和创新能力得分均较低。对于公司治理，主板上市公司需要通过提高高管的持股比例来调整股权结构，这不仅会提高股东大会股东出席比例，还会激励高管人员努力工作。对于财务质量，主板上市公司需要在维持和提高市场占有率的基础上，开发新产品，提高产品的附加值，降低成本和费用，从而提高盈利水平。同时，主板上市公司应当控制长期负债的规模，增强长期偿债能力。对于创新能力，主板上市公司需要增加研究和开发投入，开发具有科技含量和附加值的新产品，以满足不断变化的市场需求。在价值管理能力方面，主板上市公司得分低于中小板和创业板的主要原因在于其内部控制得分较低。对于内部控制，主板上市公司需要针对相应缺陷加强整改。在价值分配能力方面，主板上市公司得分低于中小板和创业板的主要原因在于其股利政策和投资者保护得分较低。对于股利政策，主板上市公司不仅需要在公司章程中明确规定要通过现金分红等方式回报股东，而且应当制定切实可行的办法来加强实施现金分红。对于投资者保护，主板上市公司要通过改善股权结构、制定适当的建立投资者关系的管理制度，以及完善累积投票制，来克服股权分散的障碍，有效地组织投资者活动，以保证投资者的知情权和参与权。主板上市公司不仅要在公司章程中明确限制公司大股东利用控制权进行利益侵占和输送的行为，而且应当建立和完善相关的内部控制制度，形成牵制，以保证决策的公平、公正，从而维护中小股东的权益。对于企业社会责任，主板上市公司需要进一步建立和健全社会责任制度，积极披露企业社会责任报告，在企业内部明确社会责任承担者并进行考核，促进商业利益与社会利益相协调。

二 中小板上市公司质量评价

在本报告中，中小板上市公司共697家，占上市公司总数的28.84%，总体质量评价平均分为63.29分，略高于所有上市公司平均分60.41分（见表4）。中小板上市公司质量略高于主板，略低于创业板，最高分为82.89分，在所有上市公司中排名第6位；最低分为42.06分，在所有上市公司中排名第2374位。从中小板上市公司各项得分的分布情况来看，创新能力、企业社会责任、财务质量和投资者保护的标准差比较大，数据的离散程度较高，说明中小板上市公司在这3个方面的能力差异较大。

表4 中小板上市公司质量评分情况

项目	中小板上市公司				所有上市公司
	平均值（分）	最大值（分）	最小值（分）	标准差	平均值（分）
总评分	63.29	82.89	42.06	7.51	60.41
1. 价值创造能力	65.91	95.99	35.16	12.89	61.69
1.1 公司治理	64.78	92.25	16.24	14.32	62.12
1.2 财务质量	69.01	100.00	22.13	16.85	65.32

续表

项目	中小板上市公司				所有上市公司
	平均值(分)	最大值(分)	最小值(分)	标准差	平均值(分)
1.3 创新能力	63.93	100.00	0.00	23.16	57.62
2. 价值管理能力	79.01	97.22	60.00	4.33	78.47
2.1 内部控制	91.61	100.00	41.67	9.73	90.30
2.2 信息披露	91.61	100.00	78.33	1.23	91.70
2.3 股价维护	53.83	100.00	50.00	7.82	53.42
3. 价值分配能力	42.34	87.50	16.67	10.95	39.80
3.1 股利政策	59.00	75.00	0.00	14.25	54.24
3.2 投资者保护	61.51	100.00	25.00	16.50	54.89
3.3 企业社会责任	6.49	100.00	0.00	22.46	10.27

在总评分排名区间中，与2014年评价结果一致，中小板上市公司出现了随着质量等级上升上市公司数量增加的情况，但是质量"好"和"较好"的公司数量占比与2014年（55.87%）相比略有下降，为52.22%（见表5）。并且，中小板上市公司在价值创造能力方面，也随质量等级上升而数量增加，"好"和"较好"的公司数量占比与2014年（52.29%）相比略有提高，为53.37%。价值管理能力中"好"和"较好"的公司数量占比与2014年（33.38%）相比大幅提高，为43.76%。价值分配能力中"好"和"较好"的公司数量占比与2014年（60.75%）相比大幅下降，为51.51%。中小板上市公司质量高于所有上市公司平均水平的原因是处于高质量等级的公司数量相对较多，并且三项能力中有两项能力处于高等级的公司数量较多。与2014年相比，中小板上市公司的价值创造能力和价值管理能力有所提高，但价值分配能力大幅下降。

表5 中小板上市公司在各质量区间的分布

单位：家，%

质量区间	总评分		价值创造能力		价值管理能力		价值分配能力	
	数量	占比	数量	占比	数量	占比	数量	占比
好（0~20%）	200	28.69	193	27.69	150	21.52	137	19.66
较好（20%~40%）	164	23.53	179	25.68	155	22.24	222	31.85
中（40%~60%）	157	22.53	136	19.51	149	21.38	210	30.13
较差（60%~80%）	115	16.50	114	16.36	130	18.65	97	13.92
差（80%~100%）	61	8.75	75	10.76	113	16.21	31	4.45
总体	697	100.00	697	100.00	697	100.00	697	100.00

按照质量评价总得分，中小板市场质量评价排名前50位的公司见表6。这50家公司得分区间为74~83分，其中只有1家进入所有板块上市公司排名前10位，有18家进入所有板块上市公司排名前50位，其他公司排名在前110位之内。从所属行业来看，这50家公司主要为设备制造、化工、纺织、有色金属、农林牧渔、医药和计算机等行业的公司。与2014年评价结果相比，计算机行业、软件信息行业和医药行业的公司进入前50名的数量明显减少，而传统制造业的公司增多。

表6 中小板市场质量排名前50位的公司

排名	所有上市公司总排名	股票代码	证券简称	行业名称	得分（分）
1	6	002202	金风科技	通用设备制造业	82.89
2	11	002415	海康威视	计算机、通信与电子行业	80.81
3	12	002206	海利得	化学纤维制造业	80.66
4	13	002348	高乐股份	文教、工美、体育和娱乐用品制造业	80.65
5	14	002152	广电运通	通用设备制造业	80.63

续表

排名	所有上市公司总排名	股票代码	证券简称	行业名称	得分（分）
6	16	002489	浙江永强	家具制造业	80.13
7	20	002521	齐峰新材	造纸和纸制品业	79.57
8	21	002229	鸿博股份	印刷和记录媒介复制业	79.50
9	24	002572	索菲亚	家具制造业	78.97
10	27	002117	东港股份	印刷和记录媒介复制业	78.66
11	28	002293	罗莱家纺	纺织业	78.63
12	35	002203	海亮股份	有色金属冶炼和压延加工业	78.21
13	37	002701	奥瑞金	金属制品业	78.20
14	39	002003	伟星股份	纺织服装、服饰业	77.88
15	42	002381	双箭股份	橡胶和塑料制品业	77.81
16	43	002385	大北农	农副食品加工业	77.76
17	44	002615	哈尔斯	金属制品业	77.74
18	45	002612	朗姿股份	纺织服装、服饰业	77.74
19	53	002191	劲嘉股份	印刷和记录媒介复制业	77.16
20	54	002224	三力士	橡胶和塑料制品业	77.05
21	58	002014	永新股份	橡胶和塑料制品业	76.96
22	59	002237	恒邦股份	有色金属冶炼和压延加工业	76.95
23	60	002656	卡奴迪路	纺织服装、服饰业	76.93
24	61	002249	大洋电机	电气设备制造业	76.85
25	63	002032	苏泊尔	金属制品业	76.77
26	64	002100	天康生物	农副食品加工业	76.70
27	70	002578	闽发铝业	有色金属冶炼和压延加工业	76.45
28	71	002540	亚太科技	有色金属冶炼和压延加工业	76.42
29	72	002534	杭锅股份	通用设备制造业	76.40
30	75	002674	兴业科技	皮革、毛皮、羽毛及其制品和制鞋业	76.30
31	77	002377	国创高新	石油加工、炼焦和核燃料加工业	76.28
32	78	002678	珠江钢琴	文教、工美、体育和娱乐用品制造业	76.26
33	83	002374	丽鹏股份	金属制品业	75.89

续表

排名	所有上市公司总排名	股票代码	证券简称	行业名称	得分（分）
34	84	002318	久立特材	金属制品业	75.87
35	85	002516	江苏旷达	纺织业	75.87
36	87	002345	潮宏基	其他制造业	75.86
37	89	002601	佰利联	化工行业	75.80
38	90	002196	方正电机	专用设备制造业	75.72
39	92	002501	利源精制	有色金属冶炼和压延加工业	75.67
40	93	002303	美盈森	造纸和纸制品业	75.63
41	95	002551	尚荣医疗	专用设备制造业	75.59
42	97	002144	宏达高科	纺织业	75.55
43	100	002522	浙江众成	橡胶和塑料制品业	75.36
44	101	002384	东山精密	金属制品业	75.34
45	102	002548	金新农	农副食品加工业	75.33
46	104	002154	报喜鸟	纺织服装、服饰业	75.20
47	105	002511	中顺洁柔	造纸和纸制品业	75.01
48	107	002599	盛通股份	印刷和记录媒介复制业	74.91
49	108	002011	盾安环境	通用设备制造业	74.83
50	110	002064	华峰氨纶	化学纤维制造业	74.73

（一）价值创造能力

中小板上市公司价值创造能力得分为65.91分，高于所有上市公司平均分（61.69分）。中小板上市公司价值创造能力高于主板和创业板。从价值创造能力所包含的公司治理、财务质量和创新能力3个方面来看，这3项的平均分也都高于所有上市公司的平均分。

1. 公司治理

在公司治理方面，与2014年评价结果相同的是：中小板上市公司董事长与总经理兼任情况较多,该项得分低于主板,高于创业板;在独立董事占比、董事会成员持有本公司股票比例和高管持股方面,中小板上市公司得分高于所有公司平均水平。这说明中小板上市公司的董事和高管持有本公司股票的比例较高,股权激励有利于公司高层管理人员勤勉尽职地工作。但是,中小板上市公司的董事长与总经理兼任的情况较多,这说明中小板上市公司的董事会与高层管理人员职责分工不够清晰。与2014年评价结果不同的是:中小板上市公司股东出席股东大会的比例减少,得分略低于所有公司的平均水平,但仍然高于主板。这在一定程度上说明中小板上市公司股权结构趋向分散,因而股东大会的参与程度有所下降。此外,中小板上市公司的机构投资者的持股比例低于主板,但高于创业板。

2. 财务质量

在财务质量方面,与2014年评价结果相同的是:中小板上市公司在盈利能力、偿债能力、营运能力和成长能力方面略高于所有公司的平均水平。从盈利能力来看,与2014年评价结果相同,即中小板上市公司的主营业务对公司整体利润的贡献度、销售净利率、净资产收益率和销售现金比均略高于所有公司的平均水平,说明中小板上市公司的主业经营情况、销售对于净利的贡献、净资产的获利能力和销售贡献的经营现金净流量略好于所有上市公司的平均水平。从偿债能力来看,与2014年评价结果相同,中小板上市公司的资产负债率和息税折旧摊销前利润/负债合计这两个比率低于所有公司的平均水平,说明其长期偿债能力较好;非筹资性现金净流量与流动负债的比率略低于所有公司的平均水平,说明其短期偿债能力较弱。从营运能力来看,中小板上市公司的流动资产周转速度和总资产的周转速度略高于所有公司的平均水平，其资产的管理效率高于主板和创业板。与2014年相比，中小板上市公司的流动资产周转速度有所加快。从成长能力来看，中小板上市公司的营业收入、营业利润、归属母公司股东的净利润和总资产的增长率均高于所有公司的平均水平，说明其销售额、销售获利能力、给股东贡献的净利润和资产规模增长情况较好，因此成长能力好于主板和创业板。与2014年相比，中小板上市公司的成长能力有所提高。

3. 创新能力

在创新能力方面，与2014年评价结果相同，从研发投入占主营业务收入的比例和研发转化成无形资产的规模上来看，中小板上市公司在创新方面的投入和产出都高于所有上市公司的平均水平。

（二）价值管理能力

中小板上市公司价值管理能力得分为79.01分，略高于所有上市公司平均分（78.47分）。中小板上市公司价值管理能力高于主板，略低于创业板，这与2014年评价结果略有不同（中小板得分略高于创业板，略低于主板）。从价值管理能力所包含的内部控制、信息披露和股价维护方面来看，中小板上市公司内部控制和股价维护的得分略高于所有公司的平均分，信息披露的得分略低于所有公司的平均分。

1. 内部控制

在内部控制方面，中小板上市公司平均分略高于所有公司平均分。从内部控制评价报告中发现的内部控制缺陷情况和整改情况来看，与2014年评价结果相同，中小板上市公司得分低于创业板，高于主板。从内部控制审计来看，对公司内部控制进行审计的会计师事务所位列"2014年会计师事务所百家排名"前20的中小板上市公司有553家，占中小板上市公司的79.34%，该项得分高于所有公司的平均分。且与2014年评价结果相比，该比例有所降低。中小板上市公司内部控制的审计意见为无保留审计意见（包括"标准无保留意见"和"无保留意见加事项段"）的有695家，占中小板上市公司的99.71%，得分高于主板，略低于创业板。与2014年评价结果相比，该比例大幅提高。从合规性方面看，中小板上市公司发生违规的有53家，占中小板上市公司的7.60%，该比例高于主板和创业板。且与2014年评价结果相比，该比例有所降低。违规的53家中小板上市公司受到的处罚较轻，只有33家公司受到了警告、批评、谴责和其他处罚，20家公司受到罚款和没收非法所得处罚。与2014年评价结果相比，处罚力度得以加强。

2. 信息披露

在信息披露方面，中小板上市公司平均分略低于所有公司平均分。其中，与2014年评价结果相同，中小板上市公司的一季报、中报、三季报和年度报告的披露时间均达到及时性要求。中小板上市公司的财务报告的审计意见为无保留审计意见（包括"标准无保留意见"和"无保留带强调事项段意见"）的达到690家，占中小板上市公司的99.00%，该项得分高于主板，略低于创业板，这与2014年评价结果一致。在公司是否交叉上市方面，中小板上市公司得分低于主板，但略高于创业板。

3. 股价维护

在股价维护方面，中小板上市公司平均分略高于所有公司平均分。其中，中小板上市公司第一大股东增持股份的有19家，占中小板上市公司的2.73%；管理层增持股份的有84家，占中小板上市公司的12.05%。与2014年评价结果相比，中小板上市公司通过增持股份来维护股价的意愿仍然不强烈。对于回购股票，中小板上市公司中有57家实施了回购股票操作，占中小板上市公司的8.18%，该比例略高于主板，低于创业板。这说明对于公司的股价，已经有中小板上市公司通过实施回购股票来维护。

（三）价值分配能力

中小板上市公司价值分配能力得分为42.34分，高于所有上市公司平均分（39.80分）。中小板上市公司价值分配能力高于主板，低于创业板。从价值分配能力所包含的股利政策、投资者保护和企业社会责任方面来看，中小板上市公司的股利政策和投资者保护的得分明显高于所有公司的平均分，但企业社会责任的得分低于所有公司的平均分。

1. 股利政策

在股利政策方面，中小板上市公司得分明显高于所有公司的平均分。其中，对于最近三年是否符合现金股利分红底线（平均利润的30%）的要求，与2014年评价结果一致，中小板上市公司得分明显高于主板，低于创业板。最近三年总现金股利大于等于平均利润30%的中小板上市公司有195家，占中小板上市公司的27.98%；最近三年总现金股利小于平均利润30%但大于0的公司有441家，占中小板上市公司的63.27%；最近三年未进行现金股利分红的公司有61家，占中小板上市公司的8.75%。这说明中小板上市公司以现金股利分红的方式回报股东的情况较好,但是现金分红占利润的比例下降。对于公司章程中是否有回报股东的相关政策,中小板上市公司中有598家有相关规定,占中小板上市公司的85.80%,该比例高于主板,低于创业板,并且与2014年评价结果相比,该比例大幅提高。当年有分红预案的中小板上市公司有540家,占中小板上市公司的77.47%,该比例高于主板,低于创业板,也低于上年相应比例。独立董事对未分红发表同意意见的中小板上市公司为91家,占中小板上市公司的13.06%,该比例低于主板,高于创业板。

2. 投资者保护

在投资者保护方面,中小板上市公司得分高于所有公司的平均分。其中,在投资者知情权方面,中小板有590家上市公司组织了投资者活动,占中小板上市公司的84.65%,该比例远高于主板,低于创业板。在投资者参与权方面,全部中小板上市公司(697家)都采用了网络投票制,但只有36家在实际中采用了累积投票制,占中小板上市公司的5.16%,该比例低于主板和创业板。在大股东的控制权方面,与2014年评价结果一致,中小板上市公司实际控制人的控制权与现金流权的分离情况得分低于创业板,高于主板,说明中小板上市公司也存在控股股东通过架构股权获取超过所有权(现金流权)的控制权的情况,从而具有较大的恶意侵占资金和掏空上市公司的动机,这不利于保护投资者利益。

3. 企业社会责任

在企业社会责任方面,中小板上市公司得分低于所有公司的平均分。其中,在社会责任制度建设方面,中小板有55家上市公司披露了企业社会责任报告，占中小板上市公司的7.89%，该比例低于主板，高于创业板。在已披露的企业社会责任报告中，有55家中小板上市公司披露了环境和可持续发展情况，54家披露了公共关系和公益事业情况，17家披露了其在社会责任方面存在的不足，占中小板上市公司的2.44%，该比例高于主板和创业板（与2014年评价结果一致）。这说明中小板上市公司对于社会责任的重视程度高于主板和创业板。

中小板上市公司分项均值和全部上市公司平均值及最大值的比较见图2。

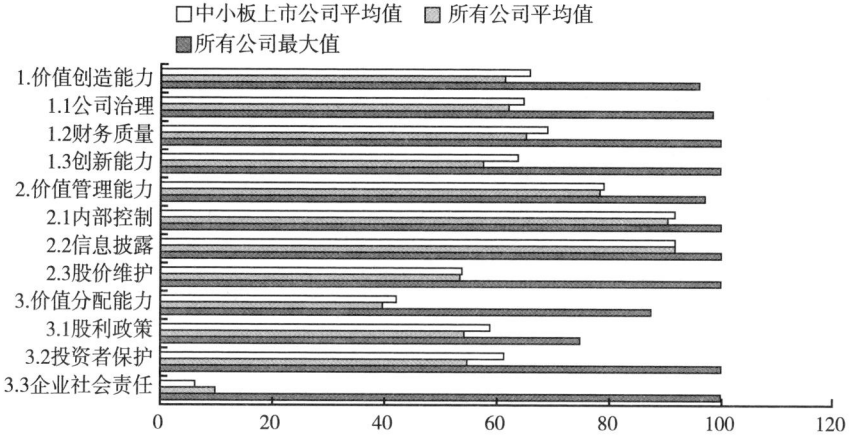

图2　中小板上市公司分项均值和全部公司平均值及最大值的比较

总之，我国中小板上市公司的整体质量高于主板，但低于创业板，质量较好的公司占到中小板公司总数量的一半以上，这与2014年评价结果大体一致。不过，中小板上市公司质量"好"和"较好"的公司占比有所下降，进入所有板块上市公司前50名的公司数量减少。

与2014年评价结果相比，虽然中小板上市公司的盈利能力、偿债能力、运营能力和成长能力有所提高，得分高于主板和创业板，进而使其财务质量、价值创造能力以及总体质量得分较高；但是，中小板上市公司在内部控制、股利政策、投资者保护、企业社会责任方面得分下降，从而导致其价值管理能力和价值分配能力下降。因此，中小板上市公司需要在价值管理和价值分配方面采取措施以提高自身质量。

在价值创造能力方面，虽然中小板上市公司得分高于主板和创业板，但是其在公司治理方面的得分较低。对于公司治理，中小板上市公司需要通过提高机构投资者的持股比例来调整股权结构，这会提高股东大会股东的出席比例，从而借助专业的机构投资者的监督来改善公司治理，对董事长与总经理兼任的情况进行限制和监督。对于财务质量，中小板上市公司得分高于主板和创业板，但是中小板上市公司仍然需要控制短期负债，以增强短期偿债能力。同时，中小板上市公司需要继续保持和增加研发投入，提高科研向产品转化的能力，增加销售收入和利润。在价值管理能力方面，中小板上市公司需要加强对内部控制缺陷的整改力度，适时增持和回购股票。在价值分配能力方面，中小板上市公司得分低于创业板的主要原因在于其在股利政策和投资者保护方面的得分较低。对于股利政策，中小板上市公司需要提高分红比例，以实际行动回报投资者。对于投资者保护，中小板上市公司要更多地采用累积投票制，以保障投资者的参与权；在公司章程中限制实际控制人的权利来管制大股东的控制权。对于企业社会责任，中小板上市公司需要提高社会责任意识，建立社会责任制度，加强企业社会责任报告的披露工作。

三 创业板上市公司质量评价

在本报告中，创业板上市公司一共355家，占上市公司总数的14.69%，总体质量评价平均分为63.72分，高于所有上市公司平均分60.41分（见表7），创业板上市公司质量高于主板和中小板。创业板上市公司质量评价最高分为80.82分，在所有上市公司中排名第10位；最低分为46.72分，在所有上市公司中排名第2297位。从各项得分的分布情况来看，创业板上市公司在创新能力、企业社会责任和投资者保护方面的标准差比较大，数据的离散程度较高，说明创业板上市公司在这3个方面的能力差异较大。

表7 创业板上市公司质量评分情况

项目	创业板上市公司				所有上市公司
	平均值(分)	最大值(分)	最小值(分)	标准差	平均值(分)
总评分	63.72	80.82	46.72	6.13	60.41
1. 价值创造能力	65.65	94.97	40.59	10.89	61.69
1.1 公司治理	67.58	92.72	14.19	12.50	62.12
1.2 财务质量	64.51	100.00	27.48	14.68	65.32
1.3 创新能力	64.85	100.00	10.00	20.49	57.62
2. 价值管理能力	79.32	91.56	64.44	3.69	78.47
2.1 内部控制	92.41	100.00	51.67	8.49	90.30
2.2 信息披露	91.62	91.67	88.33	0.39	91.70
2.3 股价维护	53.94	83.33	50.00	7.93	53.42
3. 价值分配能力	44.25	83.33	20.83	9.14	39.80
3.1 股利政策	62.11	75.00	12.50	11.86	54.24
3.2 投资者保护	66.55	100.00	25.00	15.12	54.89
3.3 企业社会责任	4.08	100.00	0.00	17.45	10.27

在总评分排名区间中，质量为"较好"的创业板上市公司数量占比最大，为30.70%。质量为"好"和"较好"的公司数量占创业板上市公司总数的56.90%（见表8），与2014年相比（68.45%），该比例下降较多，原因是质量为"好"的公司数量占比下降。在价值创造能力方面，创业板上市公司"好"和"较好"的数量占比与2014年（72.39%）相比大幅下降，为57.46%；在价值管理能力方面，"好"和"较好"的公司数量占比与2014年（34.08%）相比大幅上升，为46.76%；在价值分配能力方面，"好"和"较好"的公司数量占比与2014年（52.02%）相比大幅上升，为56.06%。创业板上市公司质量高于所有上市公司平均水平的原因是处于高质量等级的公司数量相对较多，并且三项能力中的两项能力处于高等级的公司数量较多。与2014年相比，创业板上市公司的价值创造能力有所下降，但价值管理能力和价值分配能力有所上升。

表8　创业板上市公司在各质量区间的分布

单位：家，%

质量区间	总评分		价值创造能力		价值管理能力		价值分配能力	
	数量	占比	数量	占比	数量	占比	数量	占比
好(0~20%)	93	26.20	80	22.54	76	21.41	85	23.94
较好(20%~40%)	109	30.70	124	34.93	90	25.35	114	32.11
中(40%~60%)	90	25.35	78	21.97	67	18.87	124	34.93
较差(60%~80%)	49	13.80	47	13.24	86	24.23	25	7.04
差(80%~100%)	14	3.94	26	7.32	36	10.14	7	1.97
总体	355	100.00	355	100.00	355	100.00	355	100.00

按照质量评价总得分，创业板市场质量评价排名前50位的公司见表9。这50家公司得分区间为70~81分，其中有4家进入所

有板块上市公司前 50 名,只有 1 家公司进入前 10 名,其他公司排在前 288 名。从所属行业来看,这 50 家公司主要为橡胶和塑料制品业、专用设备制造业、化工、软件信息、有色金属冶炼和压延加工业、医药、计算机等行业公司。与 2014 年评价结果相比,进入前 50 名的公司所处细分行业比较分散。

表 9 创业板市场质量排名前 50 位的公司

排名	所有上市公司总排名	股票代码	证券简称	行业名称	得分(分)
1	10	300016	北陆药业	医药行业	80.82
2	30	300196	长海股份	非金属矿物制品业	78.56
3	40	300007	汉威电子	机械设备行业	77.86
4	50	300011	鼎汉技术	铁路、船舶、航空航天和其他运输设备制造业	77.42
5	51	300003	乐普医疗	专用设备制造业	77.42
6	52	300221	银禧科技	橡胶和塑料制品业	77.25
7	57	300005	探路者	纺织服装、服饰业	76.99
8	62	300180	华峰超纤	橡胶和塑料制品业	76.85
9	66	300249	依米康	专用设备制造业	76.60
10	68	300238	冠昊生物	专用设备制造业	76.51
11	69	300218	安利股份	橡胶和塑料制品业	76.47
12	73	300298	三诺生物	专用设备制造业	76.35
13	79	300045	华力创通	专用设备制造业	76.14
14	80	300305	裕兴股份	橡胶和塑料制品业	76.14
15	81	300337	银邦股份	有色金属冶炼和压延加工业	76.05
16	91	300329	海伦钢琴	文教、工美、体育和娱乐用品制造业	75.72
17	98	300021	大禹节水	橡胶和塑料制品业	75.49
18	109	300169	天晟新材	橡胶和塑料制品业	74.79
19	117	300019	硅宝科技	化工行业	74.63
20	126	300138	晨光生物	农副食品加工业	74.42
21	128	300216	千山药机	专用设备制造业	74.42
22	130	300273	和佳股份	专用设备制造业	74.39
23	139	300149	量子高科	食品制造业	74.19
24	144	300202	聚龙股份	通用设备制造业	74.08

续表

排名	所有上市公司总排名	股票代码	证券简称	行业名称	得分（分）
25	150	300160	秀强股份	非金属矿物制品业	73.92
26	153	300320	海达股份	橡胶和塑料制品业	73.79
27	157	300054	鼎龙股份	化工行业	73.73
28	162	300031	宝通带业	橡胶和塑料制品业	73.48
29	173	300314	戴维医疗	专用设备制造业	73.21
30	179	300171	东富龙	专用设备制造业	73.07
31	194	300057	万顺股份	有色金属冶炼和压延加工业	72.75
32	195	300253	卫宁软件	软件信息行业	72.71
33	196	300230	永利带业	橡胶和塑料制品业	72.71
34	198	300163	先锋新材	其他制造业	72.69
35	200	300328	宜安科技	金属制品业	72.66
36	202	300286	安科瑞	仪器仪表制造业	72.64
37	204	300130	新国都	专用设备制造业	72.64
38	207	300073	当升科技	非金属矿物制品业	72.58
39	209	300085	银之杰	软件信息行业	72.51
40	218	300061	康耐特	其他制造业	72.33
41	220	300316	晶盛机电	专用设备制造业	72.32
42	233	300318	博晖创新	专用设备制造业	71.98
43	243	300124	汇川技术	电气设备	71.69
44	246	300037	新宙邦	化工行业	71.63
45	267	300017	网宿科技	软件信息行业	71.09
46	270	300183	东软载波	软件信息行业	70.99
47	278	300303	聚飞光电	计算机、通信与电子行业	70.84
48	281	300259	新天科技	机械设备行业	70.76
49	285	300321	同大股份	橡胶和塑料制品业	70.68
50	288	300206	理邦仪器	专用设备制造业	70.63

（一）价值创造能力

创业板上市公司价值创造能力得分为65.65分，高于所有上市公司平均分（61.69分）。创业板上市公司价值创造能力高于主板，低于中小板。从价值创造能力所包含的公司治理、财务质量和创新能力方面来看，创业板上市公司的公司治理和创新能力高于所有公司的平均分，而财务质量略低于所有公司的平均分。

1. 公司治理

在公司治理方面，与2014年评价结果相同的是：创业板上市公司的股东出席股东大会的比例较高，说明处于快速成长阶段的创业板上市公司股权结构相对集中，因而其股东大会的参与程度明显高于主板和中小板。而且，在董事长与总经理兼任方面，创业板上市公司得分明显低于主板和中小板。在独立董事占比、董事和高管持有本公司股票比例方面，创业板上市公司得分明显高于主板和中小板。这说明创业板上市公司的董事和高管持有本公司股票的比例较高，股权激励有利于公司高层管理人员勤勉尽职地工作。并且，为了缓解"董监高"持股带来的内部人控制问题，创业板上市公司更加重视独立董事的作用。创业板上市公司的董事长与总经理的兼任情况多，且高于中小板，说明创业板上市公司的高层管理人员职责分工不够清晰，控制权更为集中。另外，从机构投资者持股比例来看，创业板上市公司得分明显低于主板和中小板，机构投资者在促进创业板上市公司提高公司治理能力方面的作用较弱。

2. 财务质量

在财务质量方面，与2014年评价结果相同的是：创业板上市公司的营运能力得分低于主板和中小板。与2014年评价结果不同的是：创业板上市公司的盈利能力、偿债能力和成长能力得分高于主板，低于中小板。从盈利能力来看，与2014年评价结果相同的是：创业板上市公司的主营业务对公司整体利润的贡献度、销售净利率略高于所有公司的平均水平。与2014年评价结果不同的是：创业板上市公司的净资产收益率和销售现金比略低于所有公司的平均水平。这说明相对于2014年，创业板上市公司净资产的获利能力和销售贡献的经营现金净流量有所下降，从而略低于所有上市公司的平均水平。从偿债能力来看，与2014年评价结果相同，即创业板上市公司的资产负债率、息税折旧摊销前利润/负债合计这两个比率低于所有公司的平均水平，说明其长期偿债能力较好；非筹资性现金净流量与流动负债的比率低于所有公司的平均水平，说明其短期偿债能力较弱。从营运能力来看，与2014年评价结果相同，即创业板上市公司的流动资产的周转速度和总资产周转速度均低于所有公司的平均水平，说明其资产的管理效率较低。从成长能力来看，与2014年评价结果相同的是：创业板上市公司的营业收入、营业利润和总资产的增长率均略高于所有公司的平均水平，说明其销售额、销售获利能力、给股东贡献的净利润和资产规模增长情况较好，因此成长能力较好。但是，2015年创业板上市公司给股东贡献净利润的增速有所下降。

3. 创新能力

在创新能力方面，与2014年评价结果相同，即创业板上市公司研发投入占主营业务收入的比例明显高于所有公司的平均水平，说明其非常重视在创新方面的投入。从研发转化成无形资产的规模上来看，创业板上市公司在创新方面的产出高于所有公司的平均水平。但是，在本次报告中创业板上市公司该项得分低于中小板。

（二）价值管理能力

创业板上市公司价值管理能力得分为79.32分，高于所有上市公司平均分（78.47分）。创业板上市公司价值管理能力高于主板和中小板，而2014年的评价结果是创业板低于主板和中小板。从价值管理能力所包含的内部控制、信息披露和股价维护方面来看，创业板上市公司的内部控制、信息披露和股价维护得分均高于所有公司的平均分，也均高于主板和中小板。

1. 内部控制

在内部控制方面，创业板上市公司平均分高于所有公司平均分。从内部控制报告中的发现内部控制缺陷情况和整改情况来看，与2014年评价结果相同，创业板上市公司得分高于主板和中小板。从内部控制审计来看，对公司内部控制进行审计的会计师事务所位列"2014年会计师事务所百家排名"前20的创业板上市公司有270家，占创业板上市公司的76.06%，该比例低于主板和创业板。与2014年评价结果相比，该比例有所降低。创业板上市公司内部控制的审计意见类型为无保留审计意见（包括"标准无保留意见"和"无保留意见加事项段"）的有355家，占创业板上市公司的100%，得分高于主板和中小板。与2014年评价结果相比，该比例大幅提高。从合规性方面看，创业板上市公司发生违规的有20家，占创业板上市公司的5.63%，得分低于主板和中小板。与2014年评价结果相比，该比例有所降低。违规的20家创业板上市公司受到的处罚较轻，只有11家公司受到了警告、批评、谴责和其他处罚，9家公司受到罚款和没收非法所得处罚。与2014年评价结果

2. 信息披露

在信息披露方面，创业板上市公司平均分略低于所有公司平均分。其中，与2014年评价结果相同，创业板上市公司的一季报、中报、三季报和年度报告的披露时间均达到及时性要求。创业板上市公司的财务报告的审计意见类型为无保留审计意见（包括"标准无保留意见"和"无保留带强调事项段意见"）的达到354家，占创业板上市公司的99.72%，好于主板和中小板。在公司是否交叉上市方面，创业板上市公司得分低于主板和中小板。

3. 股价维护

在股价维护方面，创业板上市公司平均分略高于所有公司平均分。其中，创业板上市公司第一大股东增持股份的有10家，占创业板上市公司的2.82%；管理层增持股份的有34家，占创业板上市公司的9.58%，该比例低于主板和中小板。与2014年评价结果相比，创业板上市公司通过增持股份来维护股价的意愿仍然较低。对于回购股票，创业板上市公司中有40家实施了回购股票操作，占创业板上市公司的11.27%，与2014年评价结果略有不同，该项得分高于主板和中小板。

（三）价值分配能力

创业板上市公司价值分配能力得分为44.25分，高于所有上市公司平均分（39.80分）。创业板上市公司价值分配能力高于主板和中小板。从价值分配能力所包含的股利政策、投资者保护和企业社会责任方面来看，与2014年评价结果一致，创业板上市公司的股利政策和投资者保护明显高于所有公司的平均分，企业社会责任得分明显低于所有公司平均分。

1. 股利政策

在股利政策方面，创业板上市公司得分高于所有公司的平均分。其中，对于最近三年是否符合现金股利分红底线（平均利润的30%）的要求，与2014年评价结果一致，创业板上市公司得分高于主板和中小板。最近三年总现金股利大于等于平均利润30%的创业板上市公司有110家，占创业板上市公司的30.99%；最近三年总现金股利小于平均利润30%但大于0的公司有232家，占创业板上市公司的65.35%；最近三年未进行现金股利分红的公司有13家，占创业板上市公司的3.66%。这说明创业板上市公司以现金股利分红的方式回报股东的情况很好，但是现金分红占利润的比例下降。对于公司章程中是否有回报股东的相关政策，创业板上市公司中有315家有相关规定，占创业板上市公司的88.73%，该比例高于主板和中小板，并且与2014年评价结果相比，该比例大幅提高。当年有分红预案的创业板上市公司有317家，占创业板上市公司的89.30%，该比例高于主板和中小板，略高于上年相应比例。独立董事对未分红发表同意意见的创业板上市公司为24家，占创业板上市公司的6.76%，该比例低于主板和中小板。这说明在价值创造能力较强的情况下，有一定程度上的现金分红的制度保证，创业板上市公司分红较多。

2. 投资者保护

在投资者保护方面，与2014年评价结果一致，创业板上市公司得分高于所有公司的平均分。其中，在投资者知情权方面，创业板有326家上市公司组织了投资者活动,占创业板上市公司的91.83%,该比例高于主板和中小板。在投资者参与权方面,全部创业板上市公司(355家)都采用了网络投票制,但只有35家采用了累积投票制,占创业板上市公司的9.86%,该比例低于主板,高于中小板。在大股东的控制权方面,与2014年评价结果一致,创业板上市公司实际控制人的控制权与现金流权的分离情况得分高于主板和中小板,说明与主板和中小板相比,处于成长阶段的创业板上市公司控股股东通过架构股权获取超过所有权(现金流权)的控制权的情况相对少些,大股东伺机恶意侵占资金和掏空上市公司的情况好于主板和中小板。

3. 企业社会责任

在企业社会责任方面,与2014年评价结果一致,创业板上市公司得分明显低于所有公司的平均分。其中,在社会责任制度建设方面,创业板有19家上市公司披露了企业社会责任报告,占创业板上市公司的5.35%,该比例低于主板和中小板。在已披露的企业社会责任报告中,有16家创业板上市公司披露了环境和可持续发展情况,19家披露了公共关系和公益事业情况,4家披露了其在社会责任方面存在的不足,占创业板上市公司的1.13%,该比例低于主板和中小板。这说明创业板上市公司对于社会责任的重视程度低于主板和中小板。

创业板上市公司分项均值和全部上市公司平均值及最大值的比较见图3。

总之,创业板上市公司的整体质量高于主板和中小板,质量较好的公司占到创业板公司总数量的一半以上。但是,与2014年评

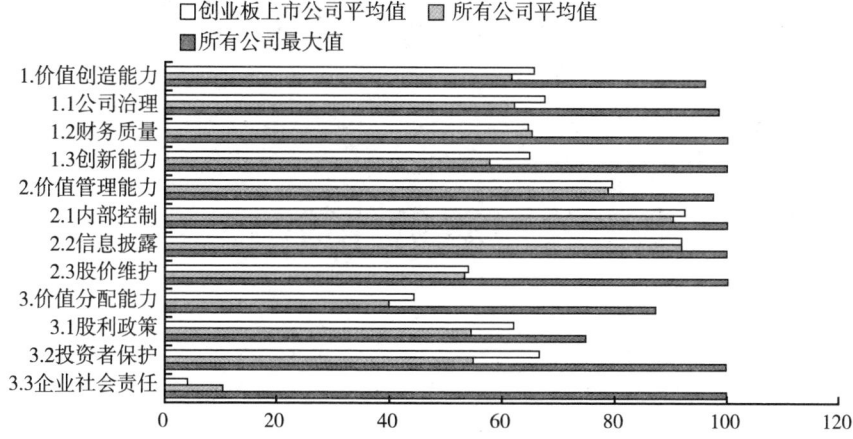

图3 创业板上市公司分项均值和全部公司平均值及最大值的比较

价结果相比，创业板上市公司质量"好"和"较好"的公司占比大幅下降，进入所有板块上市公司前50名的公司数量减少。与2014年评价结果相比，虽然创业板上市公司在内部控制、股价维护、股利政策和投资者保护方面得分上升，从而使其价值管理能力和价值分配能力提高，但是其盈利能力、偿债能力和成长能力下降，进而使其财务质量和价值创造能力低于中小板。创业板上市公司需要合理配置和管理流动资产和总资产，以提高资产的运营效率；通过提高机构投资者持股比例来改善股权结构，尽快解决董事长和总经理兼任问题；对于企业社会责任，创业板上市公司需要提高社会责任意识，完善社会责任制度，加强企业社会责任报告的披露工作。

分报告二
重点行业上市公司质量评价

一 食品饮料行业

（一）行业概况

食品饮料行业按照国民经济行业分类，包括农副食品加工业、食品制造业以及酒、饮料和精制茶制造业。按照申万行业分类，包括食品加工和饮料制造业。其中，食品加工又细分为乳品、调味和发酵品、肉制品和食品综合；饮料制造又细分为白酒、葡萄酒、啤酒、黄酒、软饮料和其他饮料。该行业的主要领军企业包括蒙牛乳业、伊利实业、新希望乳业、维维集团、光明乳业、中粮集团和贵州茅台等知名企业。

2014年，受经济下滑和国家限制"三公"消费的影响，食品饮料行业整体疲软，全行业整体保持低速增长，其中酒类消费低迷。根据国家统计局数据，全行业工业增加值同比增加7.6%；实现销售收入10.00万亿元，同比增长7.7%（农副食品加工业、食品制造业以及酒、饮料和精制茶制造业分别增长7%、12.2%和7%）；累计实现利润总额6365.66亿元，同比增长0.90%（农副食品加工业、食品制造业以及酒、饮料和精制茶制造业分别增长 -1.1%、9.2%、-3.1%); 资产负债率平均为48%（2013年为49.5%）。

截至2014年底，食品饮料行业企业有37476家（农副食品加工业、食品制造业以及酒、饮料和精制茶制造业分别为23784家、7781家和5911家）。行业企业总资产为5.74万亿元（农副食品加工业、食品制造业以及酒、饮料和精制茶制造业分别为3.05万亿元、1.29万亿元和1.4万亿元），同比增长12.0%；负债总额为2.82万亿元（3个子行业分别为1.59万亿元、0.60万亿元和0.63万亿元），同比增长8.2%。行业产成品为345.20亿元，同比增长13.3%。

2014年，食品饮料全行业固定资产投资1.57万亿元，同比增长19.2%，占全国总计的3.7%。其中，农副食品加工业增幅为18.7%，食品制造业增幅为22%，酒、饮料和精制茶制造业增幅为16.9%。

食品饮料行业是关系到居民日常生活的基本行业，多数产品是居民的生活必需品，市场需求相对稳定，受宏观经济波动的影响较小，市场空间增长相对有限。但是，随着我国城镇化的推进，以及居民生活水平的进一步提高，一些有助于提高居民健康水平的产品（如乳品、休闲食品等特色产品）仍具有广阔的市场发展空间。

食品饮料行业由于行业门槛较低，业内企业数量众多，鱼龙混杂。由于地方保护主义及卫生、环保标准较宽松等原因，优势企业较难淘汰行业内小型、落后企业，行业集中度较低，这说明行业整合高峰还没有到来，行业龙头企业在行业整合过程中发展空间巨大。同时，由于整个市场变得更加开放和多元化，国内外竞争对手融合竞争,消费者的消费习惯与购买方式也在发生深刻的变化,对产业链上的食品饮料企业构成了严峻的挑战。

(二)行业上市公司质量总体情况

本报告中的食品饮料行业上市公司共有 62 家,占样本总数的 3%。其中,主板公司 27 家,中小板公司 34 家,创业板公司 1 家。行业评分均值为 58.71 分(见表 1),低于所有上市公司平均值(以下简称总体均值),处于中下游水平。从公司质量分布来看(见表 2),处于"好"区间的公司较少,只有 8 家,占 12.9%;处于"差"区间的公司较多(17 家),占比达到 27.4%。行业公司优良率(质量"好"和"较好")达到 40.3%。

表 1 食品饮料行业上市公司质量评分情况

项 目	平均值（分）	最大值（分）	最小值（分）	标准差	所有上市公司平均值（分）
总评分	58.71	77.02	34.90	9.13	60.41
1. 价值创造能力	58.12	78.20	23.41	12.04	61.69
1.1 公司治理	63.52	98.45	27.77	17.29	62.12
1.2 财务质量	59.01	81.87	20.70	13.33	65.32
1.3 创新能力	51.82	100.00	3.60	18.68	57.62
2. 价值管理能力	78.60	90.56	65.28	4.99	78.47
2.1 内部控制	90.02	100.00	57.50	10.55	90.30
2.2 信息披露	91.48	100.00	85.00	1.60	91.70
2.3 股价维护	54.30	83.33	50.00	7.95	53.42
3. 价值分配能力	39.99	79.17	16.67	15.25	39.80
3.1 股利政策	55.04	75.00	0.00	18.17	54.24
3.2 投资者保护	55.24	100.00	25.00	20.31	54.89
3.3 企业社会责任	9.68	100.00	0.00	27.67	10.27

表2 食品饮料行业上市公司在各质量区间的分布

单位：家，%

质量区间	总评分		价值创造能力		价值管理能力		价值分配能力	
	数量	占比	数量	占比	数量	占比	数量	占比
好（0~20%）	8	12.9	6	9.7	16	25.8	16	25.8
较好（20%~40%）	17	27.4	17	27.4	9	14.5	12	19.4
中（40%~60%）	9	14.5	13	21.0	11	17.7	7	11.3
较差（60%~80%）	11	17.7	12	19.4	12	19.4	11	17.7
差（80%~100%）	17	27.4	14	22.6	14	22.6	16	25.8
总　　计	62	100.0	62	100.0	62	100.0	62	100.0

1. 价值创造能力

从价值创造能力来看，该行业公司平均得分为58.12分，低于总体均值，处于全国下游水平。其主要表现为财务质量和创新能力相对较差，这与该行业市场低迷有很大的关系。从价值创造能力分布区间来说，"好"区间公司只有6家，占比为9.7%，数量和占比明显偏少。行业公司价值创造能力的优良率为37.1%，低于总体平均水平。该行业公司价值创造能力排名前三的公司分别是双汇发展（000895）、汤臣倍健（300146）、克明面业（002661）。

公司治理。该行业公司治理得分高于总体均值，处于中上游水平。其主要表现为该行业中董事长和总经理两职分离的公司占比较高、机构投资持股比例和股东大会的出席率较高。但是，该行业中董事会成员和高管持股的公司占比较低，股权激励相对不足。

财务质量。该行业财务质量的得分低于总体均值，处于中等偏下水平。盈利能力、偿债能力、营运能力和成长能力这4项能力均较弱，特别是偿债能力和成长能力偏低。这一方面与该行业竞争激烈有关，另一方面与消费低迷、国家限制"三公"消费有关。

创新能力。该行业的创新能力得分低于总体均值，处于中下游水平，主要表现为该行业公司研发投入不足。

2. 价值管理能力

从价值管理能力来说，该行业公司平均得分为78.60分，略高于总体均值，处于中等水平。股价维护水平略高于平均水平，内部控制和信息披露略低于平均水平。从公司的价值管理能力质量区间分布来说，处于中间区间的公司数量略微偏少，处于"好"和"差"质量区间的公司数量相对较多，行业公司价值管理能力的优良率为40.3%，与总体平均水平相当。该行业价值管理能力排名前三的公司分别是贝因美（002570）、青岛啤酒（600600）、光明乳业（600597）。

内部控制。该行业的内部控制得分略低于总体均值，处于全国中游水平。会计师事务所和审计意见类型两项得分明显低于全国总体水平，说明审核该行业上市公司内部控制制度的会计师事务所的排名偏低，发布非标准无保留意见的公司占比较高。不过，该行业企业在是否违规这一项上的得分明显高于全国平均水平，说明该行业发生违规的公司数量占比较低。2014年只有3家公司违规，占该行业公司总数的5%。

信息披露。该行业信息披露得分略低于总体均值，处于全国中下游水平。其主要表现为年度报告审计意见类型为非标准无保留意见的公司占比相对较高（有4家，占比为6%）。季度报告和年度报告发布的及时性及是否交叉上市的得分与全国平均水平基本相当。

股价维护。该行业股价维护得分高于总体均值，处于全国中上游水平。其主要表现为第一大股东增持股份和管理层增持股份的公司数量相对较多，2014年第一大股东增持股份的公司有5家，占比为8%；管理层增持股份的公司有8家，占比为13%。

3. 价值分配能力

从价值分配能力来看，该行业公司平均得分为39.33分，与总体均值基本相当，处于中游水平。股利政策和投资者保护得分略高于全国平均水平，企业社会责任得分低于全国平均水平。价值分配能力质量分布呈明显的哑铃形，中等质量区间内的公司数量明显较少。处于中等质量区间的公司只有7家，占比仅为11.3%，处于"好"和"差"质量区间的公司相对较多。该行业公司价值分配能力优良率为45.2%，高于总体平均水平。该行业价值分配能力排名前三的公司分别是海欣食品（002702）、泸州老窖（000568）、三全食品（002216）。

股利政策。该行业股利政策得分高于总体均值，处于全国最好水平，主要表现为最近三年累计现金分红占平均利润之比的得分大幅高于总体均值。最近三年累计现金分红达到平均利润30%以上的公司有26家，分红比例为0~30%的公司有27家，未分红的公司只有9家。这一点可能与食品饮料行业属于非周期性行业、现金流相对稳定、成长能力相对有限有关。但是，该行业公司在公司章程中有分红政策方面做得相对不足。

投资者保护。该行业公司在投资者保护方面的得分略高于总体均值，处于中游水平。其中，在股东大会是否实行累积投票制方面的得分显著高于总体均值，说明该行业公司实施累积投票制的公司占比相对高，共有12家上市公司实施了累积投票制，占比达到

19%。但在组织投资者活动方面得分明显低于总体均值，2014年有32家公司没有组织投资者活动，占比达到52%。

企业社会责任。该行业公司的企业社会责任得分低于总体均值，处于全国中下游水平。是否披露企业社会责任报告、是否披露环境和可持续发展事宜、是否披露公共关系和社会公益事业事宜3项的得分都明显低于总体均值，这说明该行业中关注企业社会责任的上市公司较少。2014年仅有7家公司披露了企业社会责任报告，占比为11%。

食品饮料行业总体质量排名前十位的公司见表3。其中，质量排名第一的公司是双汇发展，在上市公司总体排名中居第55位。

表3　食品饮料行业质量排名前十位的公司

行业排名	股票代码	证券简称	公司总得分(分)	总排名
1	000895	双汇发展	77.02	55
2	002702	海欣食品	72.49	210
3	002507	涪陵榨菜	70.64	286
4	300146	汤臣倍健	69.92	330
5	002661	克明面业	69.87	335
6	600597	光明乳业	69.66	352
7	000858	五粮液	68.73	409
8	600616	金枫酒业	67.71	471
9	002216	三全食品	67.50	484
10	000568	泸州老窖	66.56	537

将双汇发展各项得分与行业最大值比较（见表4），从大项来说，双汇发展在价值创造、价值管理和价值分配能力方面都具有明显优势，其中，价值创造能力得分在食品饮料行业中为最高。分小项来看，双汇发展得分高的项目依次是内部控制、公司治理、信息披露、财务质量、股利政策，其中股利政策得分为全行业最高。但

是，双汇发展在创新能力和投资者保护方面的得分与行业最大值相比有较为明显的差距。

表4 食品饮料行业质量排名第一公司评分情况

评分项目	双汇发展得分（分）	行业均值（分）	行业最大值（分）	占最大值比例（%）
1. 价值创造能力	78.20	58.12	78.20	100
1.1 公司治理	95.02	63.52	98.45	97
1.2 财务质量	80.27	59.01	81.87	98
1.3 创新能力	59.30	51.82	100.00	59
2. 价值管理能力	85.00	78.60	90.56	94
2.1 内部控制	96.67	90.02	100.00	97
2.2 信息披露	91.67	91.48	100.00	92
2.3 股价维护	66.67	54.30	83.33	80
3. 价值分配能力	66.67	39.99	79.17	84
3.1 股利政策	75.00	55.04	75.00	100
3.2 投资者保护	50.00	55.24	100.00	50
3.3 企业社会责任	75.00	9.68	100.00	75

2014年，双汇发展实现营业收入456.96亿元，同比增长1.7%，净利润40.4亿元，同比增长4.7%。除经营绩效之外，通过分析其公司年报可以看出，双汇发展在提高公司质量方面主要有如下举措。

（1）较好的分红表现。2014年公司拟向全体股东每10股派发现金红利14.20元，以资本公积金向全体股东每10股转增5股。

（2）公司聘请的会计师事务所口碑进一步提高。公司将2014年度财务报告审计机构改聘为德勤华永会计师事务所。该会计师事务所对年报出具了标准无保留意见审计报告。

（3）董事会成员和高管增持股份。2014年，该公司董事长基于对本公司未来发展前景的信心，增持本公司股票10万股。其他

7位高管或监事会成员增持公司股份4.1万股。

（4）发布了2014年度企业社会责任报告。

（5）公司聘请会计师事务所对内部控制的有效性进行审计，会计师事务所出具了标准意见的内部控制审计报告，同时公司没有出现违规和受处罚情况。

（三）总结

由于行业市场相对低迷，食品饮料行业公司总体质量处于全国中下游水平，主要表现为价值创造能力较差，优秀公司相对较少。行业公司价值管理能力和价值分配能力处于全国中等水平，行业公司优良率达到40.3%。分小项来看，该行业优势项目是股利政策、公司治理和股价维护。该行业公司现金流相对稳定，且分红率总体最高。该行业的劣势项目是财务质量、创新能力、信息披露和企业社会责任。要提高该行业公司质量，首先，该行业公司要根据消费者习惯的变化，加大研发投入，改进和提高产品质量；政府应出台相关政策，鼓励该行业公司进行兼并整合，提高公司财务绩效。其次，该行业公司需要加强内控制度建设，采取措施提高年报编制水平。最后，该行业公司需要进一步关注并积极履行企业社会责任，并披露企业社会责任报告。

二　医药行业

（一）行业概况

医药行业包括化学制药、中药、生物制品、医药商业、医疗器械、医疗服务等子行业。医药行业是按国际标准划分的 15 类国际化产业之一，被称为"永不衰落的朝阳产业"，是国民经济的重要组成部分，与人民群众的生命健康和生活质量等切身利益密切相关。在我国居民生活水平及城镇化水平不断提高、医疗保险制度改革全面推进、人口老龄化等因素的影响下，医药行业保持了稳定增长。

根据国家统计局数据，2014 年，医药制造行业实现销售收入 23325.6 亿元，同比增长 12.9%；销售成本 16646.4 亿元，同比增长 13.4%；实现利润总额 2322.2 亿元，同比增长 12.1%；工业增加值同比增长 12.3%，高于所有行业总体 7.9% 的增幅。

截至 2014 年底，医药行业企业资产总计为 21467.2 亿元，同比增长 16.5%；负债规模为 9239.7 亿元，同比增长 14.1%；固定资产投资 5205.4 亿元，同比增长 15.1%，与全国总体增速基本持平。

我国人口的自然增长、经济的发展、城市化进程的加快、人民生活水平的提高和健康意识的加强，以及人口老龄化等不可逆转的因素将使对医药保健品的需求增加，尤其是老龄人口的增长提供了不断扩大的健康消费主体，医药的市场需求不断增大。我国医药市场处于快速增长期，医疗改革不断深化、政府增加卫生投入、医保覆盖面扩大等因素也拉动医药经济快速增长。全球最大的医药市场咨询公司 IMS 认为，全球医药市场的重心将会从发达国家转向以中国为首的发展中国家。到 2015 年，美国占国际医药市场支出的份额将从 2005 年的 41% 下降到 31%，而位于国际医药市场支出份额第五名的欧洲国家的占比也将从 20% 下降到 13%。

我国医药行业集中度仍然偏低,国家医药价格政策调整对医药企业发展形成制约。药品行业虽然属于国家严格管制的行业,但是业内企业众多,竞争较为激烈。国家发改委联合卫生部、人社部出台的《改革药品和医疗服务价格形成机制的意见》明确指出,在全面核定政府管理的药品价格基础上,进一步降低偏高的药品价格,适当提高临床必需的廉价药品价格。因此,对于医药行业整体来说,未来仍存在药品结构性降价的风险。

(二)行业上市公司质量总体情况

本报告共涵盖医药行业139家上市公司,占样本公司总数的6%。其中,主板公司75家,中小板公司38家,创业板公司26家。行业评分均值为58.69分,略低于总体均值(见表5)。价值创造能力得分低于总体均值,价值管理和价值分配能力得分略高于总体均值。从质量分布来看,其大体呈不对称纺锤体形状,"好"质量区间的公司明显偏少(只有14家),占比为10.1%,中等质量区间的公司数最多(40家),占比达到28.8%。行业公司的优良率为31.7%,低于总体平均水平较多。

表5 医药行业上市公司质量评分情况

项 目	平均值(分)	最大值(分)	最小值(分)	标准差	所有上市公司平均值(分)
总评分	58.69	80.82	33.54	7.35	60.41
1. 价值创造能力	57.76	78.82	30.55	9.65	61.69
1.1 公司治理	63.91	89.59	20.09	16.22	62.12
1.2 财务质量	57.33	78.97	27.25	10.75	65.32
1.3 创新能力	52.04	91.30	8.00	16.13	57.62

续表

项　　目	平均值（分）	最大值（分）	最小值（分）	标准差	所有上市公司平均值（分）
2. 价值管理能力	78.92	91.67	56.39	5.18	78.47
2.1 内部控制	89.93	100.00	30.83	11.85	90.30
2.2 信息披露	91.79	100.00	88.33	1.55	91.70
2.3 股价维护	55.04	83.33	50.00	9.55	53.42
3. 价值分配能力	40.32	87.50	8.33	13.83	39.80
3.1 股利政策	55.85	75.00	0.00	19.05	54.24
3.2 投资者保护	52.52	100.00	0.00	19.80	54.89
3.3 企业社会责任	12.59	100.00	0.00	29.55	10.27

表6　医药行业上市公司在各质量区间的分布

单位：家，%

质量区间	总评分		价值创造能力		价值管理能力		价值分配能力	
	数量	占比	数量	占比	数量	占比	数量	占比
好（0~20%）	14	10.1	6	4.3	30	21.6	32	23.0
较好（20%~40%）	30	21.6	35	25.2	29	20.9	24	17.3
中（40%~60%）	40	28.8	37	26.6	27	19.4	27	19.4
较差（60%~80%）	23	16.5	25	18.0	31	22.3	30	21.6
差（80%~100%）	32	23.0	36	25.9	22	15.8	26	18.7
总　计	139	100.0	139	100.0	139	100.0	139	100.0

1. 价值创造能力

从价值创造能力来说，医药行业公司平均得分为57.76分，低于总体均值较多，处于全国中下游水平。3个分项中，公司治理得分高于总体均值，处于全国中上游水平，但是财务质量和创新能力得分都低于总体均值较多，特别是财务质量处于全国下游水平。从价值创造能力质量分布来看，最为明显的特征是"好"质量区间的公司数量太少（仅6家），占比为4.3%。行业公司价值创造能力优良率为29.5%，低于40%的总体平均水平较多。价值创造能力排名前三的公司分别是恒瑞医药（600276）、上海莱士（002252）、福瑞股份（300049）。

公司治理。该行业公司治理得分高于总体均值，处于中上游水平。其主要表现在董事会成员持股（除总经理外）、总经理持股、机构投资者持股和股东大会出席率方面，说明该行业股权激励处于较好水平，机构投资者相对看好该行业前景。但是，该行业董事长和总经理两职合一的公司占比较高，且高出总体平均水平较多。此外，董事会中独立董事占比低于全国平均水平。

财务质量。该行业财务质量的得分低于总体均值较多，在全国处于下游水平。盈利能力、偿债能力、营运能力和成长能力的得分均低于总体平均水平。

创新能力。该行业的创新能力和总体均值相比有一定的差距，处于全国中下游水平。两项评价指标的得分均明显低于总体均值。

2. 价值管理能力

从价值管理能力来说，该行业公司平均得分为78.92分，略高于总体均值，处于中等水平。其中，内部控制处于较差水平，信息披露处于中等水平，股价维护处于较好水平。从价值管理能力质量分布区间来说，除"差"质量区间内的公司数量相对较少外，其他区间的公司分布相对均衡。行业公司价值管理能力的优良率为42.4%，略高于总体平均水平。该行业价值管理能力排名前三的公司分别为东北制药（000597）、华海药业（600521）、昆药集团（600422）。

内部控制。该行业内部控制得分低于总体均值，处于下游水平。其主要表现为发生违规的公司和受到处罚的公司占比较高,此外,聘请会计师事务所的排名得分也低于总体平均水平。

信息披露。该行业公司信息披露的得分与总体均值基本相当,处于中游水平。各项指标得分也基本与总体均值相等,大体处于总体中等或偏上水平。

股价维护。该行业公司股价维护得分高于总体均值,处于总体上游水平。其主要表现为第一大股东和管理层增持公司股份的公司占比较高,说明大股东和管理层相对看好该行业前景和公司发展前途。

3. 价值分配能力

从价值分配能力来说,该行业公司平均得分为40.32分,略高于总体均值,处于中游水平。3个分项中,股利政策和企业社会责任得分高于总体均值,投资者保护得分低于总体均值。

从价值分配能力分布区间看,各个区间的公司分布相对均衡,"差"区间公司分布较少,"好"区间公司分布较多。价值分配能力优良率为40.3%,与总体平均水平相当。价值分配能力排名前三的公司分别是科伦药业(002422)、北陆药业(300016)、华兰生物(002007)。

股利政策。股利政策的得分高于总体均值,处于中上游水平。其主要表现为最近三年现金分红占平均利润的比例相对较高、当年有分红预案、独立董事对未分红原因发表同意意见的比例高。但是,医药类公司在制定分红预案方面相对偏弱,未制定分红预案的公司占比较高。

投资者保护。投资者保护得分低于总体均值,处于中下游水平。其主要表现为该行业上市公司股权结构相对复杂,实际控制人的控制权和现金流权分离的现象相对较多,股权结构不利于对中小股东利益的保护。其他分项基本处于总体平均水平。

企业社会责任。企业社会责任得分高于总体均值,处于中上游水平。行业内披露企业社会责任报告、环境和可持续发展事宜以及公共关系和社会公益事业的公司占比相对较高。

医药行业总体质量排名前十位的公司见表7。其中,质量排名第一的公司是北陆药业,质量得分为80.82分,在上市公司总体排名中居第10位。

表7 医药行业质量排名前十位的公司

行业排名	股票代码	证券简称	公司总得分(分)	总排名
1	300016	北陆药业	80.82	10
2	002422	科伦药业	73.78	154
3	002007	华兰生物	72.32	219
4	002030	达安基因	70.63	287
5	300039	上海凯宝	69.99	325
6	300199	翰宇药业	69.02	394
7	002252	上海莱士	68.88	399
8	000661	长春高新	68.49	427
9	600196	复星医药	68.37	430
10	002022	科华生物	68.23	440

将北陆药业各项得分与行业最大值比较(见表8),从大项来说,北陆药业在价值创造、价值管理和价值分配能力方面都具有明显优势,但得分在行业内都没有达到最高值。分小项来看,北陆药业的股利政策、企业社会责任、股价维护的得分均达到行业最大值,但是财务质量和投资者保护的得分与行业最大值相比有一定的差距。

表8 医药行业质量排名第一公司评分情况

评分项目	北陆药业得分（分）	行业均值（分）	行业最大值（分）	占最大值比例（%）
1. 价值创造能力	75.31	57.76	78.82	96
1.1 公司治理	84.53	63.91	89.59	94
1.2 财务质量	62.01	57.33	78.97	79
1.3 创新能力	79.40	52.04	91.30	87
2. 价值管理能力	89.34	78.92	91.67	97
2.1 内部控制	93.02	89.93	100.00	93
2.2 信息披露	91.67	91.79	100.00	92
2.3 股价维护	83.33	55.04	83.33	100
3. 价值分配能力	83.33	40.32	87.50	95
3.1 股利政策	75.00	55.85	75.00	100
3.2 投资者保护	75.00	52.52	100.00	75
3.3 企业社会责任	100.00	12.59	100.00	100

2014年北陆药业公司实现营业收入4.40亿元，同比增长32.68%；利润总额1.14亿元，同比增长44.61%；归属于上市公司股东的净利润8676.89万元，同比增长31.52%。除经营绩效之外，通过分析其公司年报可以看出，该公司在提高公司质量方面主要有如下举措。

（1）持续加大新产品开发力度。公司研发投入总额为1691.39万元，同比增加43.44%，占营业收入总额的3.84%，其中资本化支出623.29万元，占研发支出总额的36.85%。

（2）完善内部控制体系建设，加强制度落实与执行，提高规范运作水平。公司根据《企业内部控制基本规范》及《内控规范配套指引》的规定，结合公司经营实际和监管要求，对公司现行内部控制制度进行持续的梳理和优化，进一步健全内部控制制度体系，提升内部控制建设的规范性和全面性。

(3) 持续提高信息披露水平。公司高度重视规范运作、法人治理结构的完善及投资者关系的建设与管理，通过严格执行公司治理的相关规定和及时、高效地披露信息，提高了公司运作的透明度。在深圳证券交易所 2013 年度信息披露考核中，该公司连续第 4 年取得信息披露考核为 A 的优异成绩。

(4) 编制分红预案，持续进行现金分红。公司 2014 年度权益分派方案为：向全体股东每 10 股派发现金股利 0.6 元人民币（含税）。该方案符合《公司章程》及《未来三年（2012~2014 年）股东回报规划》的规定和要求。公司董事会制定了《未来三年（2015~2017 年）股东回报规划》，并经 2014 年第三次临时股东大会审议通过。

(5) 提高中小股东的股东大会参与率。为保证中小股东能充分地表达意见和诉求，公司的股东大会采用现场投票和网络投票相结合的方式召开。

(6) 加强股权激励。公司董事会会议和股东大会分别审议通过了《限制性股票激励计划（草案修订稿）》，确定激励对象为 49 人，授予的限制性股票数量为 577.56 万股。

（三）总结

2014 年医药行业总体保持平稳增长，上市公司总体质量处于中等水平。价值创造能力与总体平均水平相比相对较低，价值管理和价值分配能力略高于总体平均水平。优秀公司数量少，占比明显偏低，行业公司的优良率较低。分小项来看，医药行业的优势是董事和高管持股占比高，管理层增持股份的公司占比和分红水平高的公司占比相对较高。劣势在于财务质量较低、创新能力不足、实际控制人控制权与现金流权分离的公司占比较高。医药行业上市公司在医药行业平稳发展时期,并没有表现出相对较好的财务业绩,这与行业竞争激烈和政府医疗改革政策有关,也与该行业公司研发投入水平相对较低有关。该行业上市公司要提高质量,首先要加大研发投入,提高药品技术含量,同时政府要出台政策鼓励该行业横向和纵向兼并重组,适度降低行业竞争水平,改善行业公司财务绩效和研发环境。其次,规范股权结构,降低实际控制人的控制权和现金流权的分离程度,这也是该行业许多公司提高质量的途径之一。

三 航天军工业

(一)行业概况

航天军工业是涉及航空航天、武器装备、舰船制造以及电子信息等的、与国防相关的综合性高科技行业。该行业可以进一步细分为航天装备、航空装备、地面兵装和船舶制造。航天军工业对外是国家安全和国际地位的保障,对内是国家经济转型的突破口,同时是我国国资改革的关键"深水区"。行业内的龙头企业多为央企,如中国航空工业集团、中国航天科技集团等。

航天军工业是国防现代化建设的重要基础,是武器装备研制生产的骨干力量,也是国家先进装备制造业的重要组成部分和国家科技创新体系的重要力量。近年来,我国把国防科技工业作为产业结构升级、先进制造业加快发展的一个重要方面,加大了支持力度。

中国国防支出规模逐年增大，由2005年的2447亿元增长至2013年的7177亿元，年均增长14.40%。2014年中国国防预算为8082.3亿元，比上年增长12%以上，中国国防预算连续4年保持两位数增长。根据招商证券行业研究报告，2014年我国军费支出排名全球第二。

航天军工业的发展态势近年来主要有两种变化。一方面，航天军工业的发展在释放量能、创造机遇的同时不断吸引各方参与者的涌入，多元化竞争逐步加剧，激烈竞争从新业务领域向传统业务领域快速蔓延；另一方面，我国政府不断加大政策支持力度，全面推进混合所有制、"军民融合"、航天军工体制机制改革等一系列重大改革，传统行业发展正处于破旧立新的阶段，行业内原有运作模式和规则正在逐步发生改变，这给行业内企业的稳健发展带来一定的不确定性。

航天军工业的主要市场之一是军队市场。军队改革中的一个重要环节就是采购环节的改革，主要包括物资和装备采购。中央军委联合四总部颁布了装备采购和军事代表制度改革方案，2014年全军装备系统开始全面推进装备采购制度、军事代表制度改革，装备价格工作、装备保障体制改革也开始推进，计划在"十二五"期间完成相关改革任务，在"十三五"期间全面推广装备保障制度改革。装备采购制度改革，将会引入更多优势民营企业进入军品科研生产和维修领域，通过引入竞争机制，提升军费的使用效率。

航天军工业企业主要面临产业政策变动、客户集中度高的风险。航天军工业受到国家严格的产业管制，而且大多面对的是特定客户，客户相对集中。国家政策支持给行业发展带来机遇，但如果未来国家相关政策和发展规划发生调整，将可能导致企业的市场环境和发展空间出现变化,并可能对企业的生产经营产生重大影响。

同时,航天军工业面临技术创新的挑战,该行业涉及机械制造、电子信息、材料工程等多学科门类的综合性高科技,行业内企业需要不断开拓创新才能立足。国内航天军工企业与国际一流大型企业相比仍存在一定差距,技术创新能力仍需进一步提高。

相比于其他国家,尤其是国际上主要的军事强国,我国的国防费用占GDP和财政支出的比例偏低。预计未来几年,我国国防现代化需求仍将继续扩大,国防预算仍将保持一定幅度的增长。航天军工业企业未来在卫星应用、航空航天装备、海洋工程装备等方面可能面临较大的市场机遇。

(二)行业上市公司质量总体情况

本报告所涉航天军工业公司共有30家,占样本公司总数的1.2%。其中,主板公司21家,中小板公司6家,创业板公司3家。行业评分均值为57.01分,低于总体均值(见表9),处于全国下游水平。从质量分布来看(见表10),其大体呈金字塔状分布,质量"好"的公司只有1家,占比为3.3%,质量"差"的公司有10家,占比为33.3%。行业公司的优良率为30%,低于总体平均水平较多。

表9 航天军工业上市公司质量评分情况

项　　目	平均值（分）	最大值（分）	最小值（分）	标准差	所有上市公司平均值(分)
总评分	57.01	69.98	42.06	6.50	60.41
1. 价值创造能力	56.26	68.07	42.24	7.45	61.69
1.1 公司治理	57.64	81.14	24.78	14.87	62.12
1.2 财务质量	60.38	80.36	23.98	11.11	65.32

续表

项目	平均值（分）	最大值（分）	最小值（分）	标准差	所有上市公司平均值（分）
1.3 创新能力	50.75	73.30	19.20	14.99	57.62
2. 价值管理能力	76.24	80.56	59.72	4.80	78.47
2.1 内部控制	87.32	100.00	37.50	13.29	90.30
2.2 信息披露	91.39	100.00	78.33	2.97	91.70
2.3 股价维护	50.00	50.00	50.00	0.00	53.42
3. 价值分配能力	39.31	70.83	16.67	12.46	39.80
3.1 股利政策	54.58	75.00	12.50	14.86	54.24
3.2 投资者保护	50.83	75.00	25.00	16.72	54.89
3.3 企业社会责任	12.50	75.00	0.00	28.43	10.27

表10 航天军工业上市公司在各质量区间的分布

单位：家，%

质量区间	总评分		价值创造能力		价值管理能力		价值分配能力	
	数量	占比	数量	占比	数量	占比	数量	占比
好(0~20%)	1	3.3	0	0.0	0	0.0	5	16.7
较好(20%~40%)	8	26.7	5	16.7	6	20.0	6	20.0
中(40%~60%)	5	16.7	8	26.7	6	20.0	4	13.3
较差(60%~80%)	6	20.0	8	26.7	8	26.7	9	30.0
差(80%~100%)	10	33.3	9	30.0	10	33.3	6	20.0
总计	30	100.0	30	100.0	30	100.0	30	100.0

1. 价值创造能力

从价值创造能力来看，航天军工业公司平均得分为56.26分，低于总体均值，处于全国中下游水平。3个分项的得分都低于总体均值，特别是公司治理在所有行业中得分最低。从价值创造能力质量分布来看，其呈明显的金字塔状，没有优秀公司。价值创造能力处于"差"区间的公司有9家，占比为30%。行业公司价值创造能力优良率为16.7%，远低于总体平均水平。价值创造能力排名前三的公司分别是振芯科技（300101）、中国卫星（600118）、海特高新（002023）。

公司治理。该行业公司治理得分低于总体均值，处于较差水平，但这一点与行业特性密切相关。年度股东大会股东出席比例、董事会中独立董事人数所占比例、董事会成员有无持股（除总经理外）和总经理有无持股4项得分均低于总体均值，与总体均值差距最大的是董事会成员有无持股（除总经理外）和总经理有无持股两项，这一现象与该行业公司国有企业占比较高有关。该行业公司董事长与总经理是否由一人兼任和机构投资者持股情况两项得分高于总体均值较多，说明该行业董事长和总经理两职分离的公司占比较高（两职合一的公司只有3家）。此外，该行业公司机构投资者持股比例较高，说明该行业公司受到机构的关注度较高。

财务质量。该行业财务质量的得分略低于总体均值。盈利能力、偿债能力、营运能力和成长能力的得分也是如此。该行业公司财务质量在所有公司中处于中等水平。

创新能力。该行业的创新能力与总体均值相比有一定的差距。研发投入占主营业务收入的比例和无形资产增长率的得分都低于总体均值。

2. 价值管理能力

从价值管理能力来看，该行业公司平均得分为76.24分，低于总体均值，处于所有行业的末位。3个分项的得分均低于总体均值。从价值管理能力质量分布来看，其呈明显的金字塔状，该行业没有价值管理能力优秀的公司，价值管理能力处于"差"区间的公司有

10家，占比为33.3%。行业公司价值管理能力的优良率仅20%，大幅度低于总体平均水平。价值管理能力排名前三的公司分别为上海佳豪（300008）、中航动力（600893）、北方导航（600435）。

内部控制。该行业内部控制得分低于总体均值。其中，发现内部控制缺陷情况、内控缺陷整改情况、会计师事务所行业排名、审计意见类型4个项目得分均低于总体均值，前两个指标得分尤为低。这主要是由该行业公司内控审计发现内控存在缺陷和缺陷整改不到位的公司占比较高造成的。但是，该行业出现违规和受处罚的公司占比较低。

信息披露。该行业信息披露的得分和总体均值基本相当，处于中等水平。分明细项来看，季度报告、年度报告披露的及时性和是否交叉上市的得分均高于总体平均水平。由于在会计师事务所审计意见方面有两家公司年报分别被出具了非标准审计意见和否定意见，该行业该项得分低于总体均值。

股价维护。该行业股价维护得分低于总体均值较多。第一大股东是否增持股份、管理层是否增持股份、公司是否回购股份3项指标的得分都低于总体均值，特别是管理层是否增持股份的得分明显较低。这与该行业属于高管制行业，且上市公司以国有企业为主有关。

3. 价值分配能力

从价值分配能力来看，该行业公司平均得分为39.31分，略低于总体均值，处于中等水平。股利政策和企业社会责任的得分高于总体均值，投资者保护的得分低于总体均值。从价值分配能力质量分布来看，其大体呈纺锤形，处于"好"区间和"差"区间的公司数量较少、占比较低，处于"较好"和"较差"区间的公司数量较多、占比较高。价值分配能力优良率为36.7%，低于总体平均水平。价值分配能力排名前三的公司分别是中国卫星（600118）、中航飞机（000768）、中航电子（600372）。

股利政策。该行业的股利政策得分略高于总体均值，其中，公司章程中是否有现金分红政策、是否详细说明未分红原因且独立董事发表同意意见两项得分高于总体均值，最近三年累计现金分红占平均利润比例和当年是否有分红预案两项得分低于总体均值。这说明该行业公司分红水平虽然不高，但多数公司对分红有详细的规划，而且对未分红原因做了详细说明。这至少说明该行业多数公司对于股东的分红回报比较重视。

投资者保护。该行业投资者保护得分低于总体均值较多，处于总体的下游水平。这可能主要是因为该行业公司受行业特性的影响，大多不便于组织投资者活动，从而使该项得分较低。实际控制人控制权与现金流权是否分离得分也略低于总体均值，股东大会是否实行网络投票制和股东大会是否实行累积投票制得分略高于总体均值。

企业社会责任。是否披露企业社会责任报告、是否披露环境和可持续发展事宜、是否披露公共关系和社会公益事业事宜3项的得分都明显高于总体均值。这说明该行业关注企业社会责任的公司相对来说占比较高。2014年有5家公司披露了企业社会责任报告，占比为16.67%。

航天军工业总体质量排名前十位的公司见表11。其中，质量排名第一的公司是中国卫星，质量得分为69.98分，在上市公司总体排名中居第326位。

表11 航天军工业质量排名前十位的公司

行业排名	股票代码	证券简称	公司总得分(分)	总排名
1	600118	中国卫星	69.98	326
2	002023	海特高新	64.62	715
3	600372	中航电子	64.43	732
4	002151	北斗星通	64.37	736
5	600685	广船国际	64.18	761
6	600879	航天电子	63.63	816
7	000768	中航飞机	62.64	929
8	601890	亚星锚链	62.56	937
9	300101	振芯科技	62.41	953
10	600990	四创电子	61.79	1027

将中国卫星各项得分与行业最大值比较（见表12），从大项来说，中国卫星在价值创造、价值管理和价值分配能力方面都具有明显优势，其中价值分配能力得分为航天军工业中最高值。分小项来看，中国卫星得分较高的项目依次是公司治理、投资者保护、企业社会责任、股价维护、信息披露和财务质量6项，其中前四项得分为全行业最高。公司的股利政策和内部控制虽然在行业中得分较高，但优势不明显，公司创新能力和行业最大值相比有一定的差距。

2014年，中国卫星实现营业收入46.64亿元，较上年同比减少2.90%；归属于上市公司股东的净利润约为3.56亿元，同比增长16.53%。除经营绩效之外，通过分析其公司年报可以看出，该公司在提高公司质量方面主要有如下举措。

（1）提高分红决策的规范性。公司根据《公司章程》中规定的现金分红政策和2012年8月制定实施的《未来三年股东回报规划》，制定了符合《公司章程》的现金分红方案，并履行了规范的决策程序，公司独立董事发表了明确的同意意见。

（2）积极履行社会责任，公司编制并披露了《2014年度社会责任报告》。

（3）实施股权激励。根据前期制定的《岗位分红权激励实施方案》中设定的激励实施标准，公司子公司航天恒星科技于2014年以核心科研岗位为重点实施了分红权激励。

（4）加强内控制度建设。公司按照《内控规范实施工作计划》继续大力推动内控建设。修订并发布了《内部控制评价管理办法》，为持续有效地开展内控评价夯实了制度基础；修编完善了内控评价体系工具，组织、指导各子公司开展内控自评，并及时复核反馈，确保自评与整改工作达到预期目标；聘请会计师事务所对公司内部控制进行了审计，出具了无保留意见的标准内部控制审计报告。

表12　航天军工业质量排名第一公司评分情况

评分项目	中国卫星得分（分）	行业均值（分）	行业最大值（分）	占最大值比例（%）
1. 价值创造能力	67.04	56.26	68.07	98
1.1 公司治理	81.14	57.64	81.14	100
1.2 财务质量	67.47	60.38	80.36	84
1.3 创新能力	52.50	50.75	73.30	72
2. 价值管理能力	75.00	76.24	80.56	93
2.1 内部控制	83.33	87.32	100.00	83
2.2 信息披露	91.67	91.39	100.00	92
2.3 股价维护	50.00	50.00	50.00	100
3. 价值分配能力	70.83	39.31	70.83	100
3.1 股利政策	62.50	54.58	75.00	83
3.2 投资者保护	75.00	50.83	75.00	100
3.3 企业社会责任	75.00	12.50	75.00	100

（三）总结

航天军工业上市公司2014年总体绩效表现不佳，同时受到行业特性的影响，总体质量处于全国下游水平。价值创造能力处于中下游水平，价值管理能力处于较差水平，价值分配能力处于中游水平，质量好的公司数量极少。分小项来说，该行业上市公司质量劣势比较明显的项目是董事会成员和高管持股情况、股价维护、内部控制和投资者保护，这在很大程度上与行业公司特点（多数为央企）和行业特点有关。例如，管理层持股、组织投资者活动等会受到国家政策的一些限制。但是，随着"军民融合"政策的进一步实施、国有企业的改革以及军队采购制度的改变，该行业可以在加强股权激励、提高投资者保护水平、加强内控制度建设、增加研发投入和提高财务质量等方面着手提高上市公司质量。

四 化工行业

（一）行业概况

化工行业可以为划分为石油化工、化学原料、化学制品、化学纤维、塑料和橡胶行业。2014年化工行业市场行情整体表现平淡。因行业产能过剩、企业开工率低、行业需求不振等原因，行业整体低迷，部分子行业甚至出现亏损，企业盈利能力仍处于偏弱水平。根据国家统计局数据，该行业实现营业收入8.28万亿元，同比增长8.5%；实现利润总额4146.8亿元，同比增长1.7%。收入和利润增速均较 2013 年有所下滑。工业增加值同比增长 10.3%，高于总体 7.9% 的增幅。

2014 年，行业企业资产总计为 6.66 万亿元，同比增长 9.9%；负债规模为 3.84 亿元，同比增长 9.5%；固定资产投资增速放缓，固定资产投资 1.32 万亿元，同比增长 10.5%，低于 15.7% 的总体增速，投资占所有行业总投资的 2.9%。

2014 年影响化工行业最为明显的事件是国际油价大幅波动且持续走低。由于大多数化工产品都是以石油为最源头的原料，石油价格的走低使得行业失去成本支撑，加之很多化工子行业属于产能过剩行业，成本下跌之后，其失去涨价动力，进而引发产品价格的下跌。

国内基础化工行业对应的下游产业主要为房地产、汽车、纺织服装和家电等行业。目前，化工行业面临的主要挑战是下游地产行业业绩的大幅下滑、汽车产销和纺织服装出口增速放缓。此外，化工行业面临原油价格剧烈波动、发生安全生产事故和环保规制进一步加强的风险。

从行业机遇来说，有助于引领传统产业转型升级、支撑战略性新兴产业和具有节能环保等概念的新材料产业（如玻璃纤维），以及下游需求稳定的子产业（如复合肥产业）是化工行业近期主要的发展机遇。石油价格下跌也会对部分预计供需格局良好的子行业产生有利影响。

（二）行业上市公司质量总体情况

本报告所涉化工行业上市公司共有 170 家，占样本公司总数的 7%。其中，主板公司 82 家，中小板公司 65 家，创业板公司 23 家。行业评分均值为 58.42 分，低于总体均值（见表 13），处于全国中下游水平。价值创造、价值管理和价值分配能力得分均低于总体均值。从总体质量分布来看,其大体呈金字塔状,处于质量"好"区间的公司只有20家,占比为11.8%,处于"差"质量区间的公司有47家,占比为27.6%。行业公司的优良率为34.1%,低于总体平均水平(见表14)。

表13 化工行业上市公司质量评分情况

项 目	平均值（分）	最大值（分）	最小值（分）	标准差	所有上市公司平均值(分)
总评分	58.42	75.80	33.01	7.95	60.41
1. 价值创造能力	58.16	80.67	29.64	10.78	61.69
1.1 公司治理	61.85	88.07	19.91	15.95	62.12
1.2 财务质量	61.38	86.97	25.14	10.84	65.32
1.3 创新能力	51.24	100.00	0.00	18.62	57.62
2. 价值管理能力	77.88	86.11	55.28	4.40	78.47
2.1 内部控制	89.39	100.00	24.17	11.86	90.30
2.2 信息披露	91.51	91.67	88.33	0.71	91.70
2.3 股价维护	52.75	83.33	50.00	6.46	53.42
3. 价值分配能力	39.46	75.00	8.33	13.76	39.80
3.1 股利政策	52.50	75.00	0.00	19.07	54.24
3.2 投资者保护	55.15	100.00	25.00	21.22	54.89
3.3 企业社会责任	10.74	100.00	0.00	26.62	10.27

表14 化工行业上市公司在各质量区间的分布

单位：家,%

质量区间	总评分		价值创造能力		价值管理能力		价值分配能力	
	数量	占比	数量	占比	数量	占比	数量	占比
好(0~20%)	20	11.8	16	9.4	21	12.4	33	19.4
较好(20%~40%)	38	22.4	49	28.8	39	22.9	43	25.3
中(40%~60%)	34	20.0	30	17.6	36	21.2	27	15.9
较差(60%~80%)	31	18.2	33	19.4	33	19.4	27	15.9
差(80%~100%)	47	27.6	42	24.7	41	24.1	40	23.5
总 计	170	100.0	170	100.0	170	100.0	170	100.0

1. 价值创造能力

从价值创造能力来看，化工行业公司平均得分为 58.16 分，低于总体均值，处于全国中下游水平。3 个分项的得分都低于总体均值，特别是创新能力处于总体中下游水平。从价值创造能力质量分布区间来说，最为明显的特征是处于"好"质量区间的公司数量（16 家）最少、占比（9.4%）最低。行业公司价值创造能力优良率为 38.2%，稍低于总体平均水平。化工行业价值创造能力排名前三的公司分别是新宙邦（300037）、国瓷材料（300285）、德联集团（002666）。

公司治理。该行业公司治理得分略低于总体均值，处于中等水平。其中，年度股东大会股东出席比例、董事会成员有无持股（除总经理外）和总经理有无持股 3 项的得分高于总体均值，特别是股东大会股东出席比例得分高于总体均值较多，说明化工行业公司股东对于决策权使用的积极性较高。董事会中独立董事人数所占比例和董事长与总经理是否由一人兼任两项的得分虽然低于总体均值，但与总体均值相差不大，处于中等水平。但化工行业机构投资者持股比例低于总体均值较多，说明机构投资者相对看淡化工企业的投资前景。

财务质量。该行业财务质量得分低于总体均值，但差别不大。盈利能力、偿债能力、营运能力和成长能力的得分也是如此。总体来说，化工行业公司财务质量在所有公司中处于中等水平。

创新能力。该行业创新能力得分与总体均值相比有一定的差距。两项评价指标的得分均明显低于总体均值，该行业公司的创新能力处于中下游水平。

2. 价值管理能力

从价值管理能力来说，该行业公司平均得分为 77.88 分，低于总体均值，处于中下游水平。3个分项的得分均低于总体均值。从价值管理能力质量分布区间来说，处于"好"质量区间的公司数量偏少、占比相对较低，而处于"差"质量区间的公司数量偏多、占比相对较高。行业公司价值管理能力的优良率为35.3%，低于总体平均水平。该行业价值管理能力排名前三的公司分别为佰利联（002601）、中泰化学（002092）、广州浪奇（000523）。

内部控制。该行业内部控制得分低于总体均值，处于中下游水平。前4项评价指标的得分均低于总体水平，说明该行业公司对于内部控制制度建设和审核机构选择的重视程度不够，需要进一步加强。后两项评价指标——上市公司是否违规和接受处罚类型得分略高于总体均值，处于全国中游水平。

信息披露。该行业信息披露的得分和总体均值基本相当，处于中游水平。除是否交叉上市得分和总体均值有一定差距之外，各明细项指标得分基本与总体均值相等，该行业公司信息披露处于中游水平。

股价维护。该行业股价维护得分低于总体均值，处于中下游水平。前两个明细项得分均低于总体均值，说明该行业公司第一大股东和管理层增持股份的占比较低，这可能与化工品市场低迷有一定关系。

3. 价值分配能力

从价值分配能力来说，该行业公司平均得分为39.46分，低于总体均值，处于中下游水平。3个分项中股利政策得分低于总体均值，投资者保护和企业社会责任的得分高于总体均值。从价值分配能力质量分布区间来看，处于"好"质量区间的公司数量偏少、占比相对较低，而处于"差"质量区间的公司数量偏多、占比相对较高。价值分配能力优良率为44.7%，高于总体平均水平。价值分配能力排名前三的公司分别是西陇化工（002584）、硅宝科技（300019）、元力股份（300174）。

股利政策。该行业股利政策的得分低于总体均值，处于下游水平。其主要表现为许多公司最近三年累计现金分红占平均利润比例较低，而且由于行业市场低迷，当年没有分红预案的公司占比较高。

投资者保护。该行业投资者保护得分略高于总体均值，处于中游水平。较差的方面是实行累积投票制的公司占比较低，较好的方面是实际控制人控制权与现金流权分离的公司占比相对较低。举办投资者活动和实行网络投票制的公司占比处于总体中等水平。

企业社会责任。该行业企业社会责任得分略高于总体均值，处于中游水平。可能由于处于环境敏感行业，化工行业中披露企业社会责任报告、环境和可持续发展事宜及公共关系和社会公益事业信息的公司占比相对较高。但是，从披露的信息来看，该行业在履行社会责任方面存在诸多不足。

化工行业总体质量排名前十位的公司见表15。其中，质量排名第一位的公司是佰利联，质量得分为78.09分，在上市公司总体排名中居第85位。

将佰利联各项得分与行业最大值比较（见表16），从大项来说，佰利联在价值创造、价值管理和价值分配能力方面都具有明显优势，其中价值管理能力得分在化工行业内为最高。分小项来看，佰利联公司得分高的项目是内部控制和信息披露；在股价维护、股利政策、创新能力、公司治理方面也具有明显优势；但是，在财务质量、投资者保护和企业社会责任方面与行业最大值相比尚有一定的差距。

表 15 化工行业质量排名前十位的公司

行业排名	股票代码	证券简称	公司总得分（分）	总排名
1	002601	佰利联	78.09	85
2	300019	硅宝科技	76.71	121
3	300054	鼎龙股份	75.81	154
4	600160	巨化股份	73.84	235
5	000902	新洋丰	73.73	239
6	002584	西陇化工	73.21	258
7	600352	浙江龙盛	73.15	261
8	002250	联化科技	72.69	285
9	300037	新宙邦	72.25	317
10	300041	回天新材	72.08	324

表 16 化工行业质量排名第一公司评分情况

评分项目	佰利联得分（分）	行业均值（分）	行业最大值（分）	占最大值比例（%）
1. 价值创造能力	73.13	58.16	80.67	91
1.1 公司治理	75.07	61.85	88.07	85
1.2 财务质量	60.51	61.38	86.97	70
1.3 创新能力	83.80	51.24	100.00	84
2. 价值管理能力	86.11	77.88	86.11	100
2.1 内部控制	100.00	89.39	100.00	100
2.2 信息披露	91.67	91.51	91.67	100
2.3 股价维护	66.67	52.75	83.33	80
3. 价值分配能力	73.13	39.46	75.00	98
3.1 股利政策	62.50	52.50	75.00	83
3.2 投资者保护	75.00	55.15	100.00	75
3.3 企业社会责任	75.00	10.74	100.00	75

2014年佰利联公司实现营业收入20.63亿元，同比增长19.8%；净利润6433.34亿元，同比增长172.9%。除经营绩效之

外，通过分析公司年报可以看出，该公司在提高公司质量方面主要有如下举措。

（1）加大研发投入。2014年公司的研发支出为0.69亿元，比上年增长9.7%。公司组织申报专利8项，均已得到受理且有1项已得到授权，其中2项为实用新型专利、6项为发明专利；获得授权发明专利12项。

（2）制定了详细的分红预案和分红决策制度。2015年3月13日，公司召开第五届董事会第九次会议，拟定了2014年度分配预案：公司以2014年12月31日公司总股本190792400股为基数，向全体股东每10股派发现金红利人民币1.00元（含税），共计派发现金红利19079240.00元，现金分红占当年合并净利润的30.2%。

（3）实施股权激励。2014年公司董事会第二十七次会议审议通过了《关于向激励对象授予预留限制性股票的议案》，同意向高管授予限制性股票共计39万股。

（4）加强内控制度建设。公司加强自身内部控制评价建设，会计师事务所出具了标准意见的内部控制鉴证报告，公司没有违规和受处罚情况发生。

（5）及时、准确地披露信息。按照证监会规定的时间及时披露相关信息，会计师事务所审计并出具了标准无保留意见审计报告。

（三）总结

根据上面的分析，2014年化工行业受市场低迷和油价下跌影响，总体绩效表现不佳。总体质量评分处于中下游水平，行业公司质量优良率为38.2%，低于总体平均水平，质量好的公司偏少。

行业整体在价值创造、价值管理和价值分配能力方面都处于相对较差水平。分小项来看，行业上市公司在创新能力、内部控制、股价维护和股利政策方面明显表现较差。后两项表现较差与行业景气度不高有较大关系。受下游需求不足的影响，化工行业上市公司在提高财务绩效方面面临较大的挑战，需要在加大研发投入和产品转型升级方面做出努力。此外，化工行业上市公司需要采取切实有效的措施加强和完善内控制度建设，并与大股东协商建立股价维护制度，保护投资者利益。不过，该行业上市公司要想在股利分配方面有所提升还需要更好的业绩作为支撑。

五 计算机、通信与电子行业

（一）行业概况

计算机、通信及电子行业担当着我国国民经济的支柱产业和先导产业的重要角色，并且已经成为我国经济发展的第一支柱产业，对经济发展起到了至关重要的作用。进入21世纪以来，我国在通信、高性能计算机、数字电视等领域取得了一系列重大技术突破，电子及通信设备制造业的产业规模、产业结构、技术水平均得到大幅提升，我国成为全球最大的制造基地。

据统计，截至2015年6月，计算机、通信及电子行业的生产总值为13695万亿元，占国内生产总值的4.6%。[①] 根据国家统计

[①] 塔塔数据库。

局数据，截至2014年底，我国计算机、通信和其他电子设备制造业规模以上企业数量达13218家，资产总计58168.50亿元，比上年同期增长15.6%；负债合计33900.60亿元，比上年同期增长14.9%；资产负债率为58.27%。2014年全行业完成增加值比上年同期增长14.3%；实现主营业务收入84518.00亿元，比上年同期增长8.9%；利润总额为3868.30亿元，比上年同期增长17.1%；其中有2292家企业亏损，行业亏损率为17.3%，累计亏损额为301.10亿元。

我国计算机、通信及电子行业投资结构持续改善。2014年，行业完成固定资产投资7951.65亿元，比上年增长10.7%，低于同期工业投资增速（12.9%）。分行业看，在信息产业移动化趋势下，通信设备行业完成投资1085亿元，同比增长21%，成为全行业投资增速最快的领域；电子元器件、专用设备等上游产业投资增速快于全行业平均水平，特别是集成电路行业在上年基数较高的情况下，完成投资额644.5亿元，同比增长11.4%；计算机行业固定资产投资增长低迷，整机类企业下滑严重，2014年完成固定资产投资859亿元，同比增长4.3%，增速比上年回升2.5个百分点，但仍低于全行业平均水平7.1个百分点。①

主要电子信息产品产量稳步增长。目前主要产品如手机、程控交换机、微型计算机、显示器、彩电、激光视盘机等的产量在国际上处于领先地位。2014年，我国生产的手机、微型计算机和彩色电视机占全球出货量的比重均达一半以上。

内销比重进一步提升、内需市场对产业的影响增强。2014年，

---

① 工业与信息化部：《2014年电子信息产业统计公报》，2015。

随着国内面板、集成电路及部分电子元件产业的升级，电子元器件的国内配套率明显提高，电子元件和电子器件行业的内销产值占比分别达57.5%和39.4%；整机类行业国际化竞争激烈，国内外市场对通信设备和家用视听行业的影响较为均衡，其内销产值占比分别为52.2%和53.8%，计算机行业内销产值占比仅23.6%。[①]

出口降幅扩大，海关统计数据显示，2014年我国微型计算机实现出口1147.8亿美元，同比下降2.5%。其中，平板电脑出口数量占比上升到53.8%，但出口金额比重仅为28.6%；台式计算机的占比下降至2.8%。从全年走势看，行业出口额呈缓步回升态势。

（二）行业上市公司质量总体情况

截至2014年底，全国计算机、通信与电子行业共有196家上市公司。总体来看，该行业的上市公司质量稍差于全国平均水平，评价结果如表17所示。计算机、通信与电子行业质量评分均值为59.11分，比总体均值（60.41分）略低1.3分，其中，价值创造能力得分低于总体均值近4分，价值管理能力得分与总体均值基本持平，价值分配能力得分高于总体均值2.48分。由此可见，主要是该行业的价值创造能力表现不佳导致该行业的上市公司质量差于全国平均水平。计算机、通信与电子行业公司质量得分最大值80.81分比全国最大值85.93分低约5.1分，最小值35.90分比全国最小值30.71分高约5.2分，表明该行业上市公司不存在两极分化现象。

---

① 工业与信息化部：《2014年电子信息产业统计公报》，2015。

表17 计算机、通信与电子行业上市公司质量评分情况

项　目	平均值（分）	最大值（分）	最小值（分）	标准差	所有上市公司平均值（分）
总评分	59.11	80.81	35.90	6.64	60.41
1. 价值创造能力	57.71	78.90	32.03	8.74	61.69
1.1 公司治理	62.95	87.79	18.29	15.29	62.12
1.2 财务质量	59.80	84.68	21.61	10.08	65.32
1.3 创新能力	50.38	97.9	1.7	15.67	57.62
2. 价值管理能力	78.75	91.56	50.28	5.32	78.47
2.1 内部控制	90.48	100.00	15.83	12.16	90.30
2.2 信息披露	91.62	100.00	85.00	1.31	91.70
2.3 股价维护	54.17	83.33	50.00	8.67	53.42
3. 价值分配能力	42.28	83.33	8.33	13.00	39.80
3.1 股利政策	55.42	75.00	0.00	17.77	54.24
3.2 投资者保护	61.35	100.00	25.00	17.59	54.89
3.3 企业社会责任	10.08	100.00	0.00	26.14	10.27

从总体质量区间分布来看，如表18所示，有16家公司处于"好"质量区间，占比为8.2%，有48家公司处于"较好"质量区间，有51家公司处于质量中等区间，占比分别为24.5%和26.0%，表明中等及以上水平的公司占比合计接近60%。由此可见，该行业上市公司整体表现较好，有近1/3的公司总体质量优良。综览行业各项指标质量区间分布情况，价值管理方面，计算机、通信与电子行业公司在5个区间的分布比较均匀。价值分配能力方面，行业公司处于"好"和"较好"区间的公司占比均超过1/4，处于中等以下质量区间的公司占比为26.5%。但在价值创造能力方面，只有8家上市公司处于质量"好"的区间，有45.5%的公司处于中等以下区间，表明该行业的上市公司在价值创造能力方面缺少优秀的引导者，而且表现较差公司占比大。

表18 计算机、通信与电子行业上市公司在各质量区间的分布

单位：家，%

质量区间	总评分		价值创造能力		价值管理能力		价值分配能力	
	数量	占比	数量	占比	数量	占比	数量	占比
好(0~20%)	16	8.2	8	4.1	41	21.0	52	26.5
较好(20%~40%)	48	24.5	46	23.5	41	21.0	51	26.0
中(40%~60%)	51	26.0	53	27.0	39	19.9	41	20.9
较差(60%~80%)	47	24.0	45	23.0	35	17.9	22	11.2
差(80%~100%)	34	17.4	44	22.5	40	20.4	30	15.3
总　　体	196	100.0	196	100.0	196	100.0	196	100.0

从公司质量排名来看，该行业质量排名前十位的公司如表19所示，排名第1的公司在上市公司总排名中为第11位，排名第2的公司位于上市公司总排名的第180位，自第3名之后的公司均位于总排名的200名之后，排名第10的公司在上市公司总排名中居第329位，仍处于总样本的前列。这说明该行业排名前十位的上市公司在总样本中均处于优秀水平。

表19 计算机、通信与电子行业质量排名前十位的公司

行业排名	股票代码	证券简称	公司总得分(分)	总排名
1	002415	海康威视	80.81	11
2	002528	英飞拓	73.01	180
3	002241	歌尔声学	72.34	216
4	002635	安洁科技	72.20	223
5	000100	TCL集团	71.85	235
6	000547	闽福发A	71.57	247
7	000050	深天马A	70.98	271
8	300303	聚飞光电	70.84	278
9	600460	士兰微	70.15	314
10	002465	海格通信	69.93	329

计算机、通信与电子行业的价值创造能力欠佳,与全国平均水平存在一定差距。该行业价值创造能力得分均值为57.71分,比总体均值(61.69分)低近4分,其中,财务质量与创新能力得分均值分别低于总体均值5.52分和7.24分,公司治理得分略高于总体均值0.83分。由此可见,计算机、通信与电子行业上市公司在价值创造能力方面与全国平均水平差距较大的原因在于,一是行业内上市公司的盈利能力欠佳、经营业绩不佳、负债率较高、偿债能力不强,导致财务质量较差;二是该行业上市公司研发投入和无形资产增长率两项指标都较低,导致企业创新能力不足。

该行业在价值管理能力方面的得分均值与总体均值基本持平,其中细分的3项——内部控制、信息披露、股价维护均基本与全国平均水平相当,股价维护得分略高于总体均值0.75分。

该行业上市公司在价值分配能力方面表现较好,平均得分42.28分,比总体均值(39.80分)高2.48分。其中,股利政策得分比总体均值高1.18分;在投资者保护方面表现突出,得分高出总体均值6.46分;企业社会责任得分略低于总体均值0.19分。由此可见,计算机、通信与电子行业在价值分配能力方面之所以表现较好是因为行业内上市公司在股利分配方面做得较好,同时行业内公司注重对投资者权益的保护。

(三)总结

计算机、通信与电子行业上市公司质量从整体来看表现欠佳,只有1/3的公司质量优良,质量表现突出的公司很少,超过2/3的公司质量处于中等及以下水平。在价值创造能力方面,行业内上市公司与全国平均水平存在较大差距，特别是公司的财务质量表现欠佳，在创新能力方面也大大落后于全国平均水平；行业公司在价值管理能力方面表现一般，处于全国平均水平；在价值分配能力方面表现较好，主要是在股利政策和投资者保护两个方面表现突出，但企业社会责任意识还需要进一步加强。

针对上述问题，全行业公司的价值创造能力有待进一步提高。首先，要提升产品质量，加大市场开拓力度，扩大产品销量，提高公司经营业绩；其次，创新融资机制，优化资产结构，加强内部管理，挖潜增效，努力降低成本，提高盈利空间，改善财务质量；最后，要加大创新力度，积极引入先进技术，加大研发投入、大力开发新产品，抢占市场先机，提升创新能力，构建企业核心竞争力。

六　信息传输、软件和信息技术服务业

（一）行业概况

信息传输、软件和信息技术服务业（以下简称软件信息行业）主要包括电信、广播电视和卫星传输服务，互联网和相关服务，软件和信息技术服务业三大领域。

1. 电信、广播电视和卫星传输业务

2014年，我国深入推进"宽带中国"战略，提升4G网络和宽带基础设施水平，积极发展移动互联网、IPTV等新型消费，全面服务国民经济和社会发展，全行业保持健康发展。国家统计

局数据显示,2014年电信、广播电视和卫星传输服务固定资产累计投资2059.17亿元,比上年同期增长25.6%。2014年,全行业固定资产投资规模完成3992.6亿元,创6年来新高,投资完成额比上年增加238亿元,同比增长6.3%,比上年增速提高2.4个百分点。[①] 随着4G业务的发展,宽带基础设施日益完善,宽带城市建设继续推动光纤接入的普及。移动通信投资比重加大,同比增长超过20%。移动通信设施建设步伐加快,移动基站规模创新高。

行业运行平稳,业务总量与收入增速差距拉大。经初步核算,2014年电信业务收入完成11541.1亿元,按可比口径测算同比增长3.6%,比上年回落5.1个百分点。电信业务总量完成18149.5亿元,同比增长16.1%,比上年提高0.7个百分点。电信综合价格指数同比下降10.8%。

行业转型步伐加快,用户结构和业务增长日趋优化。2014年,行业发展对话音业务的依赖大幅减弱,非话音业务收入占比由上年的53.2%提高至58.2%;移动数据及互联网业务收入对收入增长的贡献率突破100%,占电信业务收入的比重从上年的17%提高至23.5%。移动通信业务收入增长放缓,占比小幅提升。2014年,移动通信业务实现收入8599.4亿元,按可比口径测算同比增长3.3%,比上年同期下降6.6个百分点。移动短信业务量和收入降幅均超过10%,移动互联网流量高速增长,手机上网流量贡献超八成。固定通信业务实现收入2941.7亿元,按可比口径测算同比

---

① 工业和信息化部:《2014年通信运营业统计公报》,2015。

增长4.3%。

数据业务收入增长整体放缓，移动数据业务增长贡献突出。2014年，固定数据及互联网业务收入完成1524.7亿元，按可比口径测算同比增长5.5%，增速比上年下降3.5个百分点。移动数据及互联网业务收入完成2707.2亿元，按可比口径测算同比增长41.8%，增速下降13.7个百分点。移动数据及互联网业务收入在电信业务收入中占比达到23.5%，比上年提高6.5个百分点，拉动电信业务收入增长7.2个百分点，有效弥补了话音业务收入的下滑。

2. 互联网和相关服务

2014年中国网络经济整体营收规模达到8706.2亿元，较上年同比增长47%，其中PC网络经济规模为6477.3亿元，同比增长32%，移动网络经济规模为2228.9亿元，同比增长119.9%，移动网络经济增速远远高于PC网络经济。从不同终端的细分领域来看，2014年PC端电商和移动购物营收份额均超过50%。具体来看，PC网络经济中，PC端电商营收份额最大，达到55.2%，广告营收份额占比居第二位，为19.2%，PC游戏、互联网支付次之，占比分别为12.8%和4.3%。移动网络经济中，移动购物占比首次超过50%，为52.0%；移动广告排名第二，占比为13.3%；移动游戏占比为12.4%，保持稳健发展。从PC网页端与移动APP月度使用时长来看，2014年移动APP的月度有效浏览时长份额继续稳定增长，截至年底，移动APP月度使用时长占比已超六成，用户行为进一步向移动端转移。未来随着互联网和移动互联网技术以及移动智能终端的快速发展，网络经济将继续保持较快增长。

3. 软件和信息技术服务业

软件和信息技术服务业是指对信息传输、信息制作、信息提供和信息接收过程中产生的技术问题或技术需求所提供的服务。2014年，我国软件和信息技术服务业整体呈平稳较快增长态势，收入增速比上年同期有所放缓，产业结构和布局良性调整，新兴领域业务快速增长。

2014年全年，软件和信息技术服务业产业规模稳步扩大，收入增长稳中趋缓。数据显示，截至2014年底，我国软件和信息技术服务业企业达3.8万家，从业人数为336.27万人。全年完成销售收入总规模为14万亿元，同比增长13%。其中，软件业务收入3.7万亿元，同比增长20.2%，增速比2013年下降3.2个百分点。[①] 全年发展呈稳中有降趋势，下半年增速有所放缓。据国家统计局数据，2014年信息传输、软件和信息技术服务业固定资产投资额为4186.97亿元，与上年同期相比增长38.6%。

新兴信息技术服务比重继续提高。2014年，信息技术咨询服务、数据处理和存储类服务分别实现收入3841亿元和6834亿元，同比增长22.5%和22.1%，增速高出全行业平均水平2.3个和1.9个百分点，占软件业比重分别达10.3%和18.4%，同比提高0.2个和0.3个百分点。传统的软件产品和信息系统集成服务分别实现收入11324亿元和7679亿元，同比增长17.6%和18.2%，占全行业比重同比下降0.7个和0.3个百分点。嵌入式系统软件实现收入

---

① 工业和信息化部：《2014年电子信息产业统计公报》，2015。

6457亿元，同比增长24.3%，增速高出全行业平均水平4.1个百分点。集成电路设计业实现收入1099亿元，同比增长18.6%。①

软件出口持续低迷。2014年，软件和信息技术服务业实现出口545亿美元，同比增长15.5%，比上年下降3.5个百分点。其中，嵌入式系统软件出口和外包服务出口增长平稳，分别同比增长11.1%和14.9%，比上年提高8.9个和1个百分点。② 随着新一代信息技术和通信技术加速融合，云计算、物联网、移动互联网等蓬勃发展，信息传输、信息通信技术的应用渗透到经济和社会生活的各个领域，未来将培育众多新的产业增长点，为产业提供广阔的发展空间和机遇。

（二）行业上市公司质量总体情况

截至2014年底，软件信息行业的上市公司共计101家，该行业上市公司的质量评价结果如表20所示。总体来看，软件信息行业上市公司质量略好于全国平均水平。该行业评分均值为61.27分，比总体均值（60.41分）高出0.86分。其中，价值创造能力得分均值为60.17分，低于总体均值1.52分；价值管理能力得分均值为79.40分，高出总体均值0.93分；价值分配能力得分均值为45.34分，高出总体均值5.54分。由此可见，软件信息行业质量总评分略高于全国平均水平，主要原因是该行业上市公司在价值分配能力方面表现突出。

---

① 工业和信息化部：《2014年电子信息产业统计公报》，2015。
② 工业和信息化部：《2014年电子信息产业统计公报》，2015。

表20 软件信息行业上市公司质量评分情况

项　目	平均值（分）	最大值（分）	最小值（分）	标准差	所有上市公司平均值（分）
总评分	61.27	72.71	40.48	6.13	60.41
1. 价值创造能力	60.17	78.80	36.51	8.77	61.69
1.1 公司治理	69.47	90.02	43.37	10.95	62.12
1.2 财务质量	58.20	86.85	27.48	10.98	65.32
1.3 创新能力	52.83	94.20	3.40	17.95	57.62
2. 价值管理能力	79.40	86.11	63.89	4.10	78.47
2.1 内部控制	91.41	100.00	61.67	9.55	90.30
2.2 信息披露	91.50	91.67	78.33	1.36	91.70
2.3 股价维护	55.28	83.33	50.00	8.14	53.42
3. 价值分配能力	45.34	79.17	12.50	12.18	39.80
3.1 股利政策	60.52	75.00	12.50	12.84	54.24
3.2 投资者保护	64.11	100.00	25.00	17.82	54.89
3.3 企业社会责任	11.39	100.00	0.00	27.96	10.27

从总评分分布来看，该行业上市公司的总体质量评分相对较好（见表21）。其中"好"公司有16家，占15.8%，质量表现优良的公司占比接近45%，近七成公司处于中等及以上区间；仅有10家公司处于"差"的区间，有21家公司处在"较差"区间，在该行业中的占比分别为9.9%和20.8%。细分来看，价值创造能力呈典型的正态分布，多数公司集中于中部区间；价值管理能力方面，处于"好"区间的公司占比最高，为25.7%，有约1/3的公司处于中等以下区间；价值分配能力表现突出，超过60%的表现优良，只有18%的上市公司处于中等以下区间。

表21　软件信息行业上市公司在各质量区间的分布

单位：家，%

质量区间	总评分		价值创造能力		价值管理能力		价值分配能力	
	数量	占比	数量	占比	数量	占比	数量	占比
好(0~20%)	16	15.8	11	10.9	26	25.7	30	29.7
较好(20%~40%)	29	28.7	27	26.7	17	16.8	33	32.7
中(40%~60%)	25	24.8	26	25.7	24	23.8	20	19.8
较差(60%~80%)	21	20.8	24	23.8	22	21.8	10	9.9
差(80%~100%)	10	9.9	13	12.9	12	11.9	8	7.9
总体	101	100.0	101	100.0	101	100.0	101	100.0

从公司质量排名来看，软件信息行业质量排名前十位的公司如表22所示。本行业排名第1位的公司为卫宁软件，该公司在总样本中的排名仅为第195位，而本行业排名第2~9位的公司在总样本中的排名均集中在第209~307位的区间内，排名第10位的公司位于总排名的第375位。软件信息行业虽然没有一家公司进入总样本排名的前150位，但该行业排名前十位公司的总评分均集中在"好"的区间。

表22　软件信息行业质量排名前十位的公司

行业排名	股票代码	证券简称	公司总得分(分)	总排名
1	300253	卫宁软件	72.71	195
2	300085	银之杰	72.51	209
3	600588	用友网络	72.36	213
4	002405	四维图新	72.34	215
5	300017	网宿科技	71.09	267
6	300183	东软载波	70.99	270
7	600845	宝信软件	70.55	292
8	300348	长亮科技	70.42	301
9	002230	科大讯飞	70.27	307
10	300188	美亚柏科	69.25	375

软件信息行业的价值创造能力表现欠佳,该行业价值创造能力得分均值为60.17分,比总体均值(61.69分)低1.52分,其中公司治理表现突出,得分高出总体均值7.35分;但财务质量和创新能力两项均表现较差,财务质量得分低于总体均值7.12分,创新能力得分比总体均值低了近5分。由此可见,软件行业上市公司在价值创造能力方面与全国平均水平有所差距的原因在于,行业内上市公司的财务质量较差、创新能力落后于全国平均水平。

该行业价值管理能力得分均值仅比总体均值高出不到1分,细分的3项指标——内部控制、信息披露、股价维护均与全国平均水平差距不大。其中,内部控制高于总体均值约1分,信息披露略低于总体均值,股价维护比总体均值高不到2分。由此可见,该行业在价值管理能力方面的表现略好于全国平均水平。

该行业上市公司在价值分配能力方面表现突出,此项得分均值为45.34分,比总体均值(39.80分)高出5.54分。其中,股利政策高出总体均值约6分,投资者保护高出9分多,企业社会责任高出约1分。由此可见,对于该行业在价值分配能力方面的优秀表现来说,投资者保护因素的贡献最大,其次是股利政策。

(三)总结

通过以上分析,信息传输、软件和信息技术服务业上市公司质量整体表现好于全国平均水平,质量表现优良的公司占比接近45%,近七成公司处于中等及以上区间;仅有不到10%的公司在总评分排名中处于差的区间。

软件信息业上市公司的价值创造能力表现欠佳,与全国平均水平有一定差距，主要原因是财务质量较差、创新能力不强，与全国平均水平存在较大差距。其在价值管理能力方面的表现略好于全国平均水平；在价值分配能力方面表现突出，尤其是在股利政策与投资者保护两方面表现出色。

针对上述问题，软件信息业上市公司应着力在以下几个方面提高公司质量。首先要提高创新能力，加大创新力度。公司要加大研发投入，积极研发和引进新技术及新模式以提升企业的核心竞争力；强化品牌意识，注重企业无形资产的形成和积累。其次，公司在价值创造方面有待进一步提高，要创新商业模式，积极拓展业务领域，大力开拓新市场，特别是要强化内部管理，提高经营效率，提高盈利能力和经营业绩，从而改善财务质量。

七　传媒行业

（一）行业概况

传媒行业是指生产、传播各种文字、图形、音频、视频、符号等形式的信息产品，并且提供各种相关增值服务的产业。传媒行业包括互联网传媒、文化传媒、营销传播等。在传媒行业的资产构成中，无形资产占据很大比例，固定资产比例较低，资产周转率高。传媒行业与其他行业相比，具有双边市场属性，其收入并不完全依赖于出售自己的产品，而主要来自广告等收入，这也就决定了传媒行业对市场更加敏感，是一个市场导向型的行业。

2014年中国传媒产业在调整中稳步前进，在融合中寻求突破。全年传媒产业总值达11361.8亿元，占GDP比重约为1.8%，首次超过万亿元大关，较上年同比增长15.8%，增速小幅上扬，比2013年的15.5%上升0.3个百分点，是GDP增长率的2倍多。从传媒产业内部各行业的增幅来看，除报纸发行外，其他各行业的产值均有不同程度的增长。在传媒细分行业数据中，全国共有新闻出版单位32.5万家，较2013年降低6.1%，直接就业人数为461.6万人（不包含数字出版、版权贸易与服务、行业服务与其他新闻出版业务单位的就业人员），较2013年降低3.7%；全国出版、印刷和发行服务实现营业收入19967.1亿元，较2013年增长9.4%；利润总额1563.7亿元，增长8.6%；不包括数字出版的资产总额为18726.7亿元，增长8.8%；所有者权益（净资产）为9543.6亿元，增长5.8%。[1]细分子行业中营业收入下降幅度最大的是报纸出版（见表23）。2014年全国报纸印刷用纸量约为270万吨，比2013年减少了近1/4，报纸发行量事实上也下降了25%左右；而数字出版和音像制品出版大幅增长。

表23　2014年新闻出版产业细分子行业经营状况

单位：亿元，%

细分子行业	营业收入		利润总额	
	金额	增长率	金额	增长率
图书出版	791.2	2.7	117.1	-1.3
期刊出版	212.0	-4.5	27.1	-5.4
报纸出版	697.8	-10.2	76.4	-12.8
音像制品出版	29.2	18.2	4.1	22.7

---

[1] 国家新闻出版广电总局：《2014年新闻出版产业分析报告》，2015。

续表

细分子行业	营业收入		利润总额	
	金额	增长率	金额	增长率
电子出版物出版	10.9	6.5	1.8	-33.6
数字出版	3387.7	33.4	265.7	33.3
印刷复制*	11740.2	5.8	814.7	5.0
出版物发行	3023.8	11.6	254.9	15.3

* 印刷复制，包括出版物印刷、包装装潢印刷、其他印刷品印刷、专项印刷、打字复印、复制和印刷物资供销。

从广告收入来看，目前，纸媒下滑严重，传统媒体广告收入不断减少，面临较大危机。2014年除广播广告、电影广告、图书销售和移动媒体收入之外，其他各板块收入的年增长率均有所下降。网络广告和网络游戏收入的增长尽管有所放缓，但仍保持了较高的增速。特别是网络广告收入首次超过电视广告，规模超过1500亿元[1]。影视行业是传媒行业中发展较好的行业，新技术不断发展，已被全面用于电影、电视、舞台演出、实景演出等文化娱乐领域。截至2015年5月31日，2015年中国内地总票房累计达168.67亿元，较上年同期增长56.7%[2]。互联网技术进步和国家对文化产业政策上的大力支持推进了传媒业的变革。移动互联网和移动终端的发展，给新媒体的发展提供了较为成熟的技术支撑，新媒体正在腾飞。我国网民数量庞大，手机网民更是其中的主要组成部分，截至2014年底，我国网络视频用户规模达4.33亿人，网络游戏用户规

---

[1] 崔保国主编《中国传媒产业发展报告（2015）》，社会科学文献出版社，2015。
[2] 成琪、杨芳：《2015年上半年文化产业投融资并购——传媒是高发区》，http://www.ce.cn/culture/gd/201506/26/t20150626_5766752.shtml。

模达到3.66亿人，网络文学用户规模达2.94亿人。通过互联网、移动互联网等传输渠道多样化，提高了优质内容的价值，大数据、云计算等新技术使信息、广告、文化内容的价值进一步升级。新媒体是一个尚未完全开发的巨大市场，发展前景广阔。

传媒行业在我国国民经济中占比较低，受行业体制和新媒体的冲击，其内部发展不平衡，也面临着一系列的问题，行业结构将迎来重大变革。首先，中国传统媒体格局分散，尚未出现国际巨头。新媒体发展机制灵活，已出现腾讯、百度、阿里巴巴等大型企业，而传统媒体则尚未出现类似的大型企业，规模最大的央视年收入也仅200多亿元人民币。传统传媒产业尚未实现规模化，主体偏小，未来有待整合。

其次，体制原因导致跨媒体、跨地域拓展难。目前我国几乎每个省份至少有1家出版发行集团、1~2家报业集团经营各级党委机关报及都市类报纸；部分中央部委也有自己的出版社、报社；电视台采取四级办台的模式，省、市、县均有各自的电视台和有线电视网。由此形成了当前我国传媒产业经营主体过多、过散，企业规模较小，产业集中度较低的产业格局，使得传媒企业受市场外部环境影响较大，不具备持续稳定的经营能力。由于体制原因和地方保护，跨媒体、跨区域发展难，这在一定程度上加大了行业的整合难度，制约了传媒企业做大、做强，同时也影响了传媒企业的上市融资，以及企业上市后对募集资金的使用。

再次，科技含量不足。我国传媒产业的运营主体目前主要聚集在影视、图书、报纸、杂志、广电等传统媒体领域，这些传统媒体运营商以往受到一定的政策保护，对高科技运用的重视程度较低，高科技使用水平相对较弱。近年来，互联网风潮席卷全球，一些新媒体、新技术应运而生，对传统媒体经营带来较大冲击。

最后，投资资本短缺，融资渠道有限。传媒产业既是"唯一一个暴利产业"，又是"烧钱产业"，大规模的资金运作已经成为先决条件。由于投资的匮乏，中国传媒产业发展速度深受限制，在整体上缺乏有序而必要的规模效应和范围效应，也极大地制约了传媒产业的创新活动。然而，目前国内传媒产业融资渠道十分有限，银行信贷仍然是目前最主要的融资渠道。

以信息技术为代表的高新技术迅猛发展，为传媒产业发展提供了前所未有的有力条件和新的发展机遇。互联网通过整合创意、硬件、软件、资本等要素，正在形成具有极大包容性的文化商业生态系统，逐步消融出版企业和消费者的隔阂；互联网提升和重塑了出版产业的平台经济，形成了平台型企业和平台经济集群，以"免费"和"开放"为广泛吸纳合作伙伴的终极策略；出版行业可通过互联网大数据技术的数据采集和分析功能，采用可量化的精确市场定位技术，推动自身对客户的精准服务；在互联网技术支持和嵌入的背景下，全球出版产品贸易呈现融合趋势。对于作者来说，多样化的出版渠道提供了更多选择。所以，在"互联网+"时代，网络书商进入出版业的举动将会对传统出版业造成巨大冲击，很多原先属于传统出版业的市场将被瓜分，生存面临重大威胁。

近年来，文化传媒业的大发展大繁荣受到党中央、国务院的高度重视，政策导向与行业自身发展都迫切要求进一步深化文化体制改革，打破区域垄断，实施跨地区、跨媒体的资源整合，打开文化传媒行业的融资渠道，落实财税和金融支持文化体制改革的配套政策，培育有竞争优势的大型媒体集团。国家十分鼓励文化传媒企业，尤其是国有传统媒体企业，通过资本运作调整产业结构、增强自身实力。未来传统媒体企业改制及资本化势头还将持续，将会有更多的资本投入传媒行业中，充分利用资本、占领市场，以及积极利用技术才是传媒业未来发展的出路。在日益细分的媒体行业中，影视动漫品牌化成为关键，软文化打造企业核心竞争力，只有知名品牌才能同时占据多个市场，通过电视、电影、动漫等渠道，抢先推广品牌形象。例如，迪士尼的米老鼠和唐老鸭、变形金刚、蜘蛛侠等以熟悉的品牌形象强势占领延伸产品市场，增强了企业的竞争力。

在市场高度细分的今天，传统媒体和新媒体的竞争愈加白热化，传媒产业大范围出现"转型""移动""大数据""并购"等热点，互联网以及移动互联网的发展带动传统媒体的升级，传媒产业的结构性调整走向深化。2014年8月，中央全面深化改革领导小组审议通过了《关于推动传统媒体和新兴媒体融合发展的指导意见》，由此掀起了传媒融合的高潮，大量资本进入传媒业，促进了传统媒体和新媒体的融合发展。传统媒体和新媒体融合发展的关键在于"互联网+"。传统媒体要植入互联网基因，拥抱互联网思维，利用互联网技术，实现与新媒体的融合和发展。从国际上看，传统媒体数字化转型已有所突破，新媒体发展也日新月异。

未来在高新技术的推动下，新兴企业和新的增长点不断涌现，传媒业必然会有更广阔的市场前景，催生出更多的市场机会。

（二）行业上市公司质量总体情况

截至 2014 年底，传媒行业共有 56 家上市公司，该行业上市公司质量评分情况如表 24 所示。总体来看，传媒行业上市公司质量得分平均值为 57.19 分，比总体均值低 3.22 分。其中，价值创造能力远低于全国平均水平，得分比总体均值低 7.79 分；价值管理能力得分略低于总体均值 0.37 分；而价值分配能力得分高于总体均值 3.06 分。由此可见，传媒行业上市公司质量总体低于全国平均水平主要是由于其价值创造能力表现不佳。

表 24 传媒行业上市公司质量评分情况

项目	平均值(分)	最大值(分)	最小值(分)	标准差	所有上市公司平均值(分)
总评分	57.19	71.72	38.15	6.95	60.41
1. 价值创造能力	53.90	76.51	27.01	10.04	61.69
1.1 公司治理	59.86	91.84	24.42	16.71	62.12
1.2 财务质量	56.40	78.25	16.58	10.55	65.32
1.3 创新能力	45.45	83.00	10.00	17.44	57.62
2. 价值管理能力	78.10	85.83	68.89	3.83	78.47
2.1 内部控制	89.53	100.00	65.00	9.67	90.30
2.2 信息披露	91.49	91.67	88.33	0.76	91.70
2.3 股价维护	53.27	100.00	50.00	8.66	53.42
3. 价值分配能力	42.86	79.17	25.00	11.34	39.80
3.1 股利政策	59.82	75.00	25.00	14.04	54.24
3.2 投资者保护	59.38	100.00	25.00	13.95	54.89
3.3 企业社会责任	9.38	100.00	0.00	24.10	10.27

从行业公司质量区间分布来看，传媒行业上市公司总体质量评分相对一般。如表 25 所示，有 15 家上市公司处于"差"质量区

间,16家处于"较差"质量区间,分别占比26.8%、28.6%,即超过55%的公司处于中等以下质量区间;处于中等及以上质量区间的公司占44.7%,处于"好"质量区间的公司只有3家,占5.4%。具体来看,传媒行业上市公司的价值创造能力表现较差,处于"差"质量区间的公司数量最多,占32.1%,只有1家上市公司处于"好"质量区间;在价值管理能力方面,各质量区间分布较为均衡,近45%的公司处于中等以下质量区间;价值分配能力表现较好,有40家上市公司处于中等及以上质量区间,占比71.4%。

表25 传媒行业上市公司在各质量区间的分布

单位:家,%

质量区间	总评分		价值创造能力		价值管理能力		价值分配能力	
	数量	占比	数量	占比	数量	占比	数量	占比
好(0~20%)	3	5.4	1	1.8	7	12.5	14	25.0
较好(20%~40%)	12	21.4	10	17.9	15	26.8	7	12.5
中(40%~60%)	10	17.9	12	21.4	9	16.1	19	33.9
较差(60%~80%)	16	28.6	15	26.8	13	23.2	11	19.6
差(80%~100%)	15	26.8	18	32.1	12	21.4	5	8.9
总　　体	56	100.0	56	100.0	56	100.0	56	100.0

从公司质量排名来看,在总样本中,传媒行业上市公司没有排名特别靠前的,总体排名靠后。传媒行业质量排名前十位的公司如表26所示,排在第1位的公司在上市公司总样本中的排名为第239位,传媒行业中只有3家上市公司排在总样本前500位,排名第10位的公司在上市公司总样本中的排名为第776位。

表26 传媒行业质量排名前十位的公司

行业排名	股票代码	证券简称	公司总得分(分)	总排名
1	000681	视觉中国	71.72	239
2	300027	华谊兄弟	69.69	349
3	002174	游族网络	69.23	378
4	300104	乐视网	66.97	512
5	600880	博瑞传播	65.26	645
6	300288	朗玛信息	64.98	670
7	002555	顺荣三七	64.74	702
8	300315	掌趣科技	64.71	709
9	300113	顺网科技	64.45	730
10	300058	蓝色光标	64.02	776

传媒行业上市公司价值创造能力表现较弱，其得分为53.90分，比总体均值（61.69分）低近8分，最大值为76.51分，比全国最大值（96.00分）低19.49分，最小值为27.01分，比全国最小值（18.46分）高8.55分。首先，传媒行业的公司治理得分比总体均值低2.26分，财务质量得分比总体均值低8.92分，创新能力得分比总体均值低12.17分。由此可见，造成传媒行业上市公司的价值创造能力与全国平均水平差距较大的主要原因是传媒业上市公司经营业绩不佳，使公司财务质量表现较差。其次，创新能力不足，表现为其研发投入和无形资产增长率两项指标都较低。最后，传媒行业上市公司治理能力也表现欠佳。

该行业上市公司的价值管理能力与全国平均水平基本相当，略低0.37分。其中，公司内部控制、信息披露、股价维护3项构成因素得分均与总体均值相当，差距都在1分之内。

总体上看，传媒行业上市公司的价值分配能力表现较好，得分高于总体均值约 3 分。具体来看，在企业社会责任方面，传媒行业上市公司得分均值为 9.38 分，比总体均值低 0.89 分；股利政策得分为 59.82 分，比总体均值高 5.58 分；在投资者保护方面的得分比总体均值高 4.49 分。由此可见，传媒行业上市公司的价值分配能力表现较好的原因主要是其在股利政策方面表现优异，此外在投资者保护方面做得也较好。

（三）总结

总体来看，传媒行业上市公司质量处于中等偏下水平，在所有行业中排名靠后，而且没有表现特别优秀的公司。其主要原因是传媒行业上市公司的价值创造能力较弱，特别是财务质量和创新能力大幅落后于平均水平。值得一提的是，传媒行业的价值分配能力在各个行业中排名靠前，但在履行企业社会责任方面还存在不足。

传媒行业属于第三产业，受宏观经济影响较大。2014 年，在新媒体快速发展的同时，传统媒体特别是纸媒下滑严重。传媒行业正处在转型期，传统媒体和新媒体的融合发展尚处于探索期，传统媒体受新媒体冲击，经营举步维艰，而新媒体的盈利模式还处在摸索阶段，处于投入和发展初期，目前很多新媒体公司尚未盈利，但其未来发展前景广阔。针对上述问题，传媒行业应该大力提升其价值创造能力。现在是传媒行业转型发展的重要时期，传统媒体应跟随互联网、移动互联网、智能终端的快速发展，抓住新媒体不断涌现的发展机遇，探索与新媒体的融合发展，创新盈利模式，提高盈利能力，改善经营绩效。科技是推动力，必须借助高科技，加强传播力，提高传媒企业的市场竞争力。同时，提高公司的价值管理能力也是转型、发展的必要步骤。传媒行业虽然在价值分配能力上表现较好，但也应加强企业的社会责任意识，使企业更好地履行社会责任、树立良好的品牌形象。

八 环保行业

（一）行业概况

随着国家环境保护力度的进一步加大和环保行业政策的日趋完善，我国环保行业快速发展，产业领域不断拓展，技术和产品结构逐步优化升级。全社会投入环保的积极性有所提升，特别是随着大量社会资本进入环保行业，国内环保市场有望迎来爆发式增长。

我国的环保投入近年来一直保持年增长1000亿元以上，但其占GDP的比重仍在2%以下。国家在污染专项治理、第三方环保服务等方面正在不断加大政策支持力度。2014年环保工程及服务实现营业收入378.50亿元，同比增长25.9%；实现利润总额59.47亿元，同比增长4%；实现净利润51.28亿元，同比增长1%。截至2014年底，全国设市城市、县累计建成污水处理厂3717座，污水处理能力约为1.57亿立方米/日，比2013年底增加800万立方米/日。①

---

① 华通数据库：《2015年节能环保年度报告：营收增长，污水处理建设加快》，2015。

环保装备和材料快速增长。2009~2013年，我国环境污染治理专用设备制造年产量从52.3万台增长到115.83万台，年均复合增长率达到13%，2015年1~2月，环境污染防治专用设备产量为8.5万台，同比增长13.6%，其中，大气污染防治设备产量同比增长21.1%。2014年1~11月，环境污染专用药剂实现营业收入326.3亿元，同比增长12.3%，环保建材、轻型材料等也有较快发展。[①] 环保服务机构发展迅速。据经济普查统计数据，截至2012年末，我国从事环保行业的机构已达23万家，从业人数为319万人，近年来在国家政策的大力支持下，新注册的第三方环保专业服务机构、依托大型工业企业的节能环保服务公司数量快速增长。

环保行业在快速发展的同时，也存在以下问题。第一，体制、机制和科技的创新明显不足。环保技术研发力量相对薄弱。目前我国在环保行业关键技术方面还需进一步突破，环保治理专用设备进口依赖度仍较高。第二，国内环保服务企业普遍规模较小，尚缺少可提供全流程专业化第三方服务的大型企业。随着环保行业市场竞争加剧，在环保市场加速成长并成熟的过程中，环保行业必将掀起一场整合风，处于竞争劣势的企业将被淘汰出局。第三，环保企业融资模式有待创新。节能环保投入巨大且回收缓慢，行业进入壁垒高，如环保行业中的污水处理项目，其前期投入巨大，贷款金额需求大，且运行时间长，此类公司主要靠水费收入偿还银行贷款本息，而在目前我国水价水平整体偏低、有的污水处理行业还不能以水费收入弥补其生产成本的情况下，贷款银行无法控制其建设和经

---

① 华通数据库：《2015年节能环保年度报告：营收增长，污水处理建设加快》，2015。

营过程，这使得项目面临较大风险。未来，股票市场注册制改革、排污权抵押、环保资产证券化及公用事业环保领域PPP模式的加快发展，将有助于解决环保企业的融资问题。

目前社会对环境质量的要求、对环境污染治理的要求，更加严格，更加明确。在政策层面上，国家正在制定和完善一系列法律法规、标准及政策来推动环境保护工作：新的环境保护法自2015年1月1日起开始施行，环保税呼之欲出；制定、修订了一系列更为严格的标准；等等。"十二五"规划把高效节能技术和装备、高效节能产品、节能服务产业、先进环保技术和装备、环保产品与环保服务六大领域列为重点支持对象，在财政、税收、金融等方面提供政策支持。国家已经和即将出台的大气、水和土壤三大环保行动计划和环境污染第三方治理PPP模式，以及中央提出的绿色低碳循环发展新模式，为环保行业发展提供了不竭动力。

在新形势下，环保企业应该进一步探索通过体制、机制、技术的创新来提高整体实力，推动环保行业的进一步健康持续发展。未来环保行业应向领域延伸、市场拓展、规模扩张、实力提升方面发展。一是科技创新，企业要不断加大关键技术的研发力度，担当起行业技术先导的重任，力争在一些制约行业发展的重点和难点方向上取得突破。二是机制创新，探索新的环境保护市场化机制，通过新的金融支持政策和措施推动环保行业做大、做强。三是业态创新，要认真分析环保行业需求方与供给方的责权利，聚焦难点问题，促进环保行业由传统的装备制造为主逐步向服务业为主、由市政公用领域向环境治理全领域转型升级。目前市政公用领域市场已趋于饱和，随着环境形势的不断变化和国家政策的引导，环保企业的业务正逐步向工业污染治理、农村环境综合整治等领域开拓。四是模式创新，由项目拓展向企业并购转型，以快速增强企业实力。近年来，一些大型的环保企业通过并购企业快速增强自身实力，实现跨越式发展；这同时也提高了产业集中度，并且通过并购整合和投资经营，环保企业可迅速整合形成产业链，延长产品线，提升技术服务水平，快速抢占市场制高点。五是市场创新，由国内市场向国际市场转型。近年来，随着国内环境基础设施建设的不断加快，市场已趋于饱和，急需为中国环境装备产品以及工程建设开拓新的市场，环保行业国际化发展成为一种必然选择，同时中国在水处理、固废处理、大气治理等方面积累了丰富的建设和运营经验，拥有门类齐全的技术装备，培育了一批市场竞争力强的环保龙头企业，所有这些都为中国环保企业开拓国际市场奠定了坚实的基础。

（二）行业上市公司质量总体情况

截至2014年底，全国环保行业共有24家上市公司，该行业上市公司质量总体评价情况如表27所示。环保行业上市公司质量总评分平均值为60.77分，比总体均值（60.41分）略高0.36分。其中，价值创造能力比总体均值低1.01分，价值管理能力比总体均值高1.05分，价值分配能力比总体均值高2.39分。由此可见，行业公司在价值分配能力方面表现较好，在价值创造能力方面略显不足。环保行业公司质量得分的最大值为69.10分，比全国最大值（85.93分）低16.83分；最小值为37.98分，比全国最小值（30.71分）高7.27分。这表明环保行业上市公司质量总体表现较为均衡，不存在两极分化情况，不存在极好和极差的公司。

表27 环保行业上市公司质量评分情况

项目	平均值(分)	最大值(分)	最小值(分)	标准差	所有上市公司平均值(分)
总评分	60.77	69.10	37.98	6.47	60.41
1. 价值创造能力	60.68	71.54	30.19	9.49	61.69
1.1 公司治理	68.75	82.66	42.42	11.86	62.12
1.2 财务质量	60.90	80.54	18.15	13.16	65.32
1.3 创新能力	52.38	75.00	12.20	14.99	57.62
2. 价值管理能力	79.52	90.56	66.56	4.53	78.47
2.1 内部控制	91.56	100.00	71.35	7.81	90.30
2.2 信息披露	91.46	100.00	78.33	3.27	91.70
2.3 股价维护	55.56	83.33	50.00	10.62	53.42
3. 价值分配能力	42.19	70.83	25.00	8.63	39.80
3.1 股利政策	60.94	75.00	25.00	11.84	54.24
3.2 投资者保护	62.50	75.00	25.00	14.74	54.89
3.3 企业社会责任	3.13	75.00	0.00	15.31	10.27

从行业公司质量区间分布来看，环保行业上市公司总体质量评分相对较高，主要集中在中等偏上水平，有近80%的公司处于中等及以上质量区间。但行业内质量表现突出的公司很少。如表28所示，只有1家上市公司处于"好"质量区间，占比为4.17%；有10家处于"较好"区间，有8家处于质量中等的区间，占比分别为41.67%、33.33%；处于"较差"质量区间和"差"质量区间的上市公司分别为3家、2家，所占比例分别为12.5%和8.3%。其中，在价值创造能力方面，有50%的公司处于"较好"区间，有25%处于中等区间，有16.7%的公司处于"差"区间，占比较大；价值管理能力各区间分布较为均衡，超过70%的上市公司处于中等及以上水平；价值分配能力表现较好，处于中等以下质量区间的公司占比不到17%，有12.5%的公司处于"好"质量区间。

表28 环保行业上市公司在各质量区间的分布

单位：家，%

质量区间	总评分		价值创造能力		价值管理能力		价值分配能力	
	数量	占比	数量	占比	数量	占比	数量	占比
好(0~20%)	1	4.17	0	0.00	6	25.00	3	12.50
较好(20%~40%)	10	41.67	12	50.00	5	20.83	8	33.33
中(40%~60%)	8	33.33	6	25.00	6	25.00	9	37.50
较差(60%~80%)	3	12.50	2	8.33	4	16.67	3	12.50
差(80%~100%)	2	8.33	4	16.67	3	12.50	1	4.17
总体	24	100.00	24	100.00	24	100.00	24	100.00

从公司质量排名来看，在总样本中，环保行业上市公司质量排名较为靠后。环保行业质量排名前十位的上市公司如表29所示，行业排名第1位的公司在上市公司总样本排名中居第389位，从第10名开始，环保行业公司在上市公司总样本排名中居第900位之后。

表29 环保行业质量排名前十位的公司

行业排名	股票代码	证券简称	公司总得分(分)	总排名
1	000826	桑德环境	69.10	389
2	300070	碧水源	67.09	503
3	002672	东江环保	66.95	514
4	300190	维尔利	66.81	522
5	300055	万邦达	65.90	589
6	300266	兴源环境	64.96	673
7	300172	中电环保	64.96	674
8	300332	众合科技	63.92	786
9	300056	天壕节能	63.21	867
10	000925	三维丝	62.89	906

环保行业上市公司的价值创造能力平均得分为60.68分，比总体均值低1.01分。其中，公司治理得分均值比总体均值高6.63分，财务质量得分均值比总体均值低4.42分，创新能力得分均值比总体均值低5.24分。由此可见，环保行业上市公司在价值创造能力方面表现稍差，是因为财务质量和创新能力欠佳。

该行业上市公司的价值管理能力平均得分为79.52分，比总体均值高1.05分。其中，内部控制得分均值比总体均值高1.26分，信息披露得分均值与总体均值基本持平，股价维护得分均值比总体均值高2.14分。由此可见，较好的内部控制和股价维护是使环保行业上市公司的价值管理能力高于全国平均水平的主要因素。

该行业上市公司的价值分配能力平均得分为42.19分，比总体均值高2.39分。其中，股利政策得分均值比总体均值高6.70分，投资者保护得分均值比总体均值高7.61分，企业社会责任得分均值比总体均值低7.14分。由此可见，环保行业上市公司在股利政策和投资者保护方面表现较好，而在企业社会责任方面表现欠佳，需要加强履行企业社会责任的能力。

（三）总结

总体来看，环保行业上市公司质量总体表现较好，高于全国平均水平；从质量分布区间来看，多数公司集中于"较好"和中等质量区间，处于"好"和"差"质量区间的公司数量较少。其中，价值创造能力表现欠佳，价值管理能力和价值分配能力与全国平均水平相比表现较好，这表明企业应着重加强对价值创造能力的培养。

从二级指标来看，在价值创造能力方面，财务质量、创新能力得分较低，表明行业整体经营业绩较差，并且存在创新能力不足的问题。为此，上市公司应引进新技术、新工艺，加大研发投入，构建创新机制，鼓励技术创新，研发高科技产品，积极开拓新领域、新市场，提升产品和服务的附加值，提高生产经营效率，以改进公司经营业绩，提升核心竞争力。在价值管理能力方面，环保行业上市公司对财务及非财务信息的披露应予以重视，完善信息披露，加强服务于股东的意识。在价值分配能力方面，企业社会责任得分远低于全国均值，说明企业应强化社会责任意识，加强社会责任的履行，树立良好的企业形象。

九 房地产业

（一）行业概况

房地产业是指以土地和建筑物为经营对象，从事房地产开发、建设、经营、管理以及维修、装饰和服务的集多种经济活动为一体的综合性产业。房地产业在国民经济中居于重要地位，关联度高，带动力强，对促进相关产业的发展、拉动经济增长和增加就业、提高居民居住水平发挥着重要作用，因此世界各国都非常重视房地产业的发展和对其的调控。根据发达国家城镇化的经验，初级阶段城镇化水平低，发展缓慢，当城镇人口超过10%时，城镇化发展速度开始加快；当城镇化水平超过30%时，发展呈加速状态，进入中期阶段；后期阶段，城镇人口大约超过70%，此时，城镇化进入平稳发展阶段。伴随中国城镇化的高速发展进程，中国房地产业在过去十几年中始终保持较好的发展态势。目前，我国城镇化依然处在加速发展的中期阶段，房地产业发展空间依然较大。

为了促使房地产业健康发展，最近几年来，国家制定了很多相关的政策对市场进行规范与引导。2014年无疑是中国房地产市场调控政策的"拐点"。全球经济缓慢复苏，不同国家间的经济增长分化明显，中国经济也进入中高速增长的新常态。全社会固定资产投资增速大幅下滑、出口在全球需求衰退下处于弱势格局，加之消费不振，使得经济增速下滑压力较大，尤其是作为国民经济支柱产业之一的房地产业进入调整期，各项指标增速明显放缓。

根据国家统计局的数据，2014年全国房地产开发投资95036亿元，比上年名义增长10.5%（扣除价格因素实际增长9.9%），增速同比回落9.3个百分点。其中，住宅投资64352亿元，增长9.2%。商品房销售面积120649万平方米，比上年下降7.6%。其中，住宅销售面积下降9.1%，办公楼销售面积下降13.4%，商业营业用房销售面积增长7.2%。商品房销售额76292亿元，下降6.3%。其中，住宅销售额下降7.8%，办公楼销售额下降21.4%，商业营业用房销售额增长7.6%。截至2014年末，商品房待售面积为62169万平方米，比11月末增加2374万平方米，比2013年末增加12874万平方米。其中，住宅待售面积比11月末增加1352万平方米，办公楼待售面积增加202万平方米，商业营业用房待售面积增加361万平方米。总体来看，2014年房地产业处在调整状态，市场波动较大，当前市场依旧以去高企库存为主。

预计2015年房地产市场的政策环境和货币环境仍将宽松。打压和强力刺激都不太可能出现，维持现有政策的平稳落实将是主旋律。房地产市场供过于求的基本格局已经形成，短期内难有根本扭转。行业分化将会更加显著，不同城市、企业表现不一，预计2015年商品房新增供应量偏紧，着力点仍在去库存上，总量将维持在高位平稳运行。

（二）行业上市公司质量总体情况

样本中的房地产业上市公司共有130家，占全国的5.4%。其中沪深市主板121家，中小板9家。房地产业上市公司质量评价平均为55.90分（见表30），低于60.41分的总体均值，在全国处于"较差"水平。

总评分最高的公司得分为72.29分，排名全国第221位；总评分最低的公司得分为39.17分，排名全国第2399位。价值创造能力和价值分配能力得分低于全国平均分，属于"较差"水平。价值管理能力得分与全国平均分几乎持平，在全国属于中等水平。

从质量区间分布情况看，房地产业上市公司在各区间的分布不太均衡。处于"较差"和"差"质量区间的公司较多，占比分别为32.3%和34.6%；处于"好"和"较好"质量区间的公司合计不超过20%；处于中等质量区间的公司占比为13.8%（见表31）。按照总得分，房地产业排名前十位的公司见表32。

表30 房地产业上市公司质量评分情况

项目	平均值(分)	最大值(分)	最小值(分)	标准差	所有上市公司平均值(分)
总评分	55.90	72.29	39.17	7.15	60.41
1. 价值创造能力	54.26	76.62	35.28	8.63	61.69
1.1 公司治理	59.43	91.43	19.32	19.12	62.12
1.2 财务质量	59.24	84.24	31.68	10.48	65.32
1.3 创新能力	44.09	100.00	20.00	12.89	57.62
2. 价值管理能力	78.63	91.67	50.28	5.74	78.47
2.1 内部控制	90.55	100.00	15.83	13.58	90.30
2.2 信息披露	91.62	100.00	85.00	1.36	91.70
2.3 股价维护	53.72	83.33	50.00	7.84	53.42
3. 价值分配能力	36.47	75.00	8.33	14.82	39.80
3.1 股利政策	50.38	75.00	0.00	18.74	54.24
3.2 投资者保护	45.96	75.00	25.00	16.71	54.89
3.3 企业社会责任	13.08	75.00	0.00	28.40	10.27

表31 房地产业上市公司在各质量区间的分布

单位:家,%

质量区间	总评分		价值创造能力		价值管理能力		价值分配能力	
	数量	占比	数量	占比	数量	占比	数量	占比
好(0~20%)	9	6.9	5	3.8	26	20.0	23	17.7
较好(20%~40%)	16	12.3	11	8.5	28	21.5	10	7.7
中(40%~60%)	18	13.8	30	23.1	29	22.3	21	16.2
较差(60%~80%)	42	32.3	41	31.5	21	16.2	36	27.7
差(80%~100%)	45	34.6	43	33.1	26	20.0	40	30.8
总体	130	100.0	130	100.0	130	100.0	130	100.0

表32 房地产业质量排名前十位的公司

行业排名	股票代码	证券简称	公司总得分(分)	价值创造能力(分)	价值管理能力(分)	价值分配能力(分)	总排名
1	600383	金地集团	72.29	66.10	86.11	70.83	221
2	000402	金融街	71.39	61.53	91.67	70.83	256
3	600510	黑牡丹	71.16	72.46	77.22	62.50	262
4	600048	保利地产	69.96	65.62	86.11	62.50	328

续表

行业排名	股票代码	证券简称	公司总得分(分)	价值创造能力(分)	价值管理能力(分)	价值分配能力(分)	总排名
5	000540	中天城投	69.44	63.05	85.00	66.67	363
6	000002	万科A	69.23	63.32	87.78	62.50	377
7	000024	招商地产	68.81	63.86	85.00	62.50	405
8	002285	世联行	68.24	76.62	78.06	41.67	439
9	600064	南京高科	67.55	68.43	79.17	54.17	481
10	000046	泛海控股	67.33	73.54	80.56	41.67	490

该行业价值创造能力得分为54.26分，低于61.69分的总体均值，在全国处于"较差"水平。从3个分项平均得分来看，公司治理、财务质量和创新能力得分均低于总体均值（见表30）。从价值创造能力质量区间分布来看，公司数量与质量区间等级的高低基本成反向变动趋势，即随着质量区间等级的下降，公司数量占比越来越高。"差"区间公司占比最高，达到33.1%；其次是"较差"区间公司，占比为31.5%，二者合计占比近65%；再次是"中等"区间公司，占比为23.1%；最后，"好"和"较好"区间公司占比分别为3.8%、8.5%，二者合计不足15%。价值创造能力排名前三位的公司分别是世联行（002285），冠城大通（600067），以及南国置业（002305）。

公司治理。公司治理得分低于总体均值。表现好的指标有董事长与总经理是否由一人兼任、董事会中独立董事人数所占比例以及机构投资者持股情况，3项得分均高于总体均值，说明该行业董事会结构比较健康，且机构投资者看好该行业前景。年度股东大会股东出席比例、董事会成员有无持股（除总经理外）以及总经理有无持股表现较弱，得分低于总体均值，说明该行业股权激励和股东参与还需要进一步改善。

财务质量。房地产行业公司财务质量的得分低于总体均值较多，且盈利能力、偿债能力、营运能力和成长能力的得分都低于总体均值。

创新能力。房地产行业的创新能力与总体均值的差距较大。两项评价指标的得分均大幅落后于总体均值。

该行业价值管理能力得分为78.63分，与总体均值几乎持平。分项来看，内部控制、信息披露和股价维护3个分项的评分都与总体均值不相上下。按照价值管理能力排名区间，处于"较好"质量区间的公司占比为21.5%，处于中等质量区间的公司占比达到22.3%。而处于"好"和"差"质量区间的公司占比都为20%，处于"较差"质量区间的公司占比为16.2%。价值管理能力排名前三位的公司分别是金融街（000402）、中弘股份（000979）、万科A（000002）。

内部控制。该行业公司内部控制得分略高于总体均值。表现较好的指标有发现内部控制缺陷情况、聘用会计师事务所行业排名以及接受处罚类型，这几项得分都高于总体均值。而内控缺陷整改情况、审计意见类型以及企业是否违规这几项得分低于总体均值。这说明行业内违规企业较多，公司运营还存在漏洞。

信息披露。该行业公司信息披露的得分与总体均值基本相当。各明细项指标得分也基本与总体均值相等，公司是否交叉上市水平略低于全国平均水平。

股价维护。股价维护得分略高于总体均值。其中，第一大股东增持股份表现较好，管理层是否增持股份和公司是否回购股份则低于全国平均水平。

价值分配能力得分为36.47分，低于总体39.80分的平均分，处于"较差"水平。从各分项来看，只有企业社会责任得分高于总体均值，股利政策得分低于总体均值，而投资者保护则与全国平均水平差距较大。从价值分配能力质量区间分布来看，处于"较差"和"差"区间的公司占比都超过了25%，处于"好"和"较好"区间的公司占比合计为25.4%。价值分配能力排名前三位的公司分别是深振业A（000006）、电子城（600658）、金融街（000402）。

股利政策。股利政策的得分低于总体均值。从具体指标来看，4项指标得分均低于总体均值。

投资者保护。投资者保护得分低于总体均值。只有股东大会是否实行网络投票制得分和总体均值一致，其他指标都低于总体均值。尤其是在组织投资者活动方面表现较差，得分只稍高于总体均值的一半。此外，实际控制人的控制权和现金流权是否分离指标也表现欠佳。

企业社会责任。企业社会责任得分高于总体均值。除了是否披露公司履行社会责任方面存在的不足外，行业内公司是否披露企业社会责任报告、在企业社会责任报告中是否披露环境和可持续发展事宜以及公共关系和社会公益事业事宜几项得分均高于总体均值。

（三）总结

2014年是中国房地产业的"拐点"。随着经济增速的下滑，房地产业也进入了调整期。按照上面的分析,房地产业上市公司质量几乎没有表现突出的优势项目,总体质量居于全国"较差"水平。从大项来看,其主要表现为价值创造和价值分配能力相对较差,只有价值管理能力达到全国平均水平。从分项来看,房地产业上市公司在企业社会责任、内部控制和股价维护方面达到全国平均水平,在其他方面做得较差。优秀公司占比明显偏低。从明细项来看,房地产业优势项目有董事长与总经理是否由一人兼任、机构投资者持股情况、第一大股东是否增持股份以及是否披露企业社会责任报告等。劣势项目有年度股东大会股东出席比例、董事会成员有无持股(除总经理外)、总经理有无持股、是否组织投资者活动等。房地产业上市公司要进一步提高信息披露质量和改善对股东的服务,提高股东大会的股东参与比例,此外在股权激励以及组织投资者活动方面也需要改进。

十 建筑业

(一)行业概况

建筑业包括房屋建筑业、土木工程建筑业、建筑安装业、建筑装饰和其他建筑业。作为我国国民经济的支柱产业,建筑业为经济持续健康发展做出了重要贡献。我国城市住宅除了要面对新增城市人口的需求之外,还要满足已经到来的居民住宅更新换代的巨大需求,住宅建设市场还有很大的开发建设潜力。预计未来,除了在新开发的土地上建设住宅外,对危旧居民区实施的拆迁重建所占比重将会加大。但在中国建筑行业高速发展及面临良好机遇的同时,该行业同样面临诸多问题，如市场环境严峻、行业内部恶性竞争严重、企业利润率低、财务杠杆高，以及经营风险加大。

2014年，全国建筑业实现总产值176713.40亿元，同比增长10.2%；完成竣工产值100719.51亿元，增长7.5%；房屋施工面积达到125.02亿平方米，增长10.4%；房屋竣工面积达到42.31亿平方米，增长5.4%；签订合同额323613.77亿元，增长11.8%；实现利润6913亿元，增长13.7%。截至2014年底，全国有施工活动的建筑业企业81141个，增长2.8%；年末从业人数达到4960.58万人，增长10.3%；建筑业从业人数占全社会就业人员总数的6.4%，比上年提高0.58个百分点。

2014年建筑业实现增加值44725亿元，比上年增长8.9%，增速高出国内生产总值增速1.5个百分点。2005年以来，建筑业增加值占国内生产总值的比重持续稳步上升。2014年再创新高，突破7%，达到7.1%，比上年增加0.17个百分点，进一步巩固了建筑业的国民经济支柱产业地位。

2014年，建筑业固定资产投资4449.94亿元，比上年增长27.2%，占全社会固定资产投资的0.9%。建筑业固定资产投资增速结束了自2012年以来的下滑态势，出现了较大幅度的提高（31.4%）。建筑业在推动地方经济发展、吸纳农村转移人口就业、推进新型城镇化建设和维护社会稳定等方面作用显著。

我国正在实施"一带一路"、京津冀协同发展、长江经济带三大战略，这对于建筑行业来说是利好消息。未来中国建筑业将要迎接更多的机遇与挑战，行业转型升级成为必然趋势。随着中国经济进入新常态，房地产业发展出现调整，中国建筑业除基础设施领域外，将面临更大的下调压力。行业进入个位数增长，甚至面临实际的负增长，都是有可能的。

（二）行业上市公司质量总体情况

在本报告的样本中，建筑业共有59家上市公司，占比为2.4%。其中，主板上市公司36家、中小板21家、创业板2家。建筑业上市公司质量评价平均分为58.43分，低于60.41分的总体均值，处于全国中等水平（见表33）。总评分最高的公司得分为70.08分，排名总样本的第319位；总评分最低的公司得分为42.30分，排名总样本的第2371位。从质量区间分布来看，建筑业上市公司在各质量区间的分布不太均衡。"较好"公司占比最高，达到30.5%，其次是"差"公司，占比为28.8%，"中"和"较差"的公司占比分别为18.6%和15.3%，而"好"公司占比不足10%（见表34）。按照总得分，建筑业质量排名前十位的公司见表35。

表33 建筑业上市公司质量评分情况

项目	平均值（分）	最大值（分）	最小值（分）	标准差	所有上市公司平均值（分）
总评分	58.43	70.08	42.30	7.13	60.41
1. 价值创造能力	56.19	77.19	35.41	10.82	61.69
1.1 公司治理	61.20	92.30	28.67	16.68	62.12
1.2 财务质量	59.91	82.21	38.18	10.54	65.32
1.3 创新能力	47.45	72.60	10.00	17.22	57.62
2. 价值管理能力	78.97	91.67	68.33	3.92	78.47
2.1 内部控制	92.13	100.00	63.33	8.68	90.30
2.2 信息披露	92.23	100.00	91.67	2.11	91.70

续表

项目	平均值(分)	最大值(分)	最小值(分)	标准差	所有上市公司平均值(分)
2.3 股价维护	52.54	83.33	50.00	6.79	53.42
3. 价值分配能力	42.37	70.83	16.67	12.58	39.80
3.1 股利政策	56.78	75.00	25.00	13.60	54.24
3.2 投资者保护	53.81	75.00	25.00	15.96	54.89
3.3 企业社会责任	16.53	100.00	0.00	31.69	10.27

表34 建筑业上市公司在各质量区间的分布

单位：家，%

质量区间	总评分		价值创造能力		价值管理能力		价值分配能力	
	数量	占比	数量	占比	数量	占比	数量	占比
好(0~20%)	4	6.8	3	5.1	10	16.9	14	23.7
较好(20%~40%)	18	30.5	13	22.0	15	25.4	14	23.7
中(40%~60%)	11	18.6	14	23.7	6	10.2	9	15.3
较差(60%~80%)	9	15.3	9	15.3	19	32.2	13	22.0
差(80%~100%)	17	28.8	20	33.9	9	15.3	9	15.3
总体	59	100.0	59	100.0	59	100.0	59	100.0

表35 建筑业质量排名前十位的公司

行业排名	股票代码	证券简称	公司总得分(分)	价值创造能力(分)	价值管理能力(分)	价值分配能力(分)	总排名
1	600068	葛洲坝	70.08	67.24	91.67	54.17	319
2	002081	金螳螂	68.67	77.19	82.78	37.50	414
3	601390	中国中铁	68.55	66.95	77.78	62.50	423
4	601618	中国中冶	67.84	62.77	83.33	62.50	459
5	000065	北方国际	67.05	58.40	80.56	70.83	506
6	002663	普邦园林	66.63	72.33	76.01	45.83	531
7	002375	亚厦股份	66.47	70.91	78.23	45.83	546
8	002062	宏润建设	66.40	61.33	80.45	62.50	550
9	601668	中国建筑	66.33	69.53	80.45	45.83	556
10	002325	洪涛股份	65.97	70.18	86.01	37.50	586

建筑业价值创造能力得分为56.19分，低于61.69分的总体均值，在全国处于"较差"的等级。从3个分项平均得分来看，3项得分都低于总体均值，并且财务质量和创新能力与全国平均水平的差距较大（见表32）。从公司质量区间分布来看，"差"公司占比最大，为33.9%，"较差"的公司占比为15.3%，二者合计占比49.2%，而"好"和"较好"的公司占比之和也只有27.1%，"中等"的公司占比为23.7%。价值创造能力排名前三位的公司分别是金螳螂（002081）、东华科技（002140）和普邦园林（002663）。

公司治理。公司治理得分低于总体均值。主要差距在于年度股东大会股东出席比例、董事会成员有无持股（除总经理外）以及总经理有无持股，这3项得分低于总体均值较多。表现较好的有董事长与总经理是否由一人兼任以及董事会中独立董事人数所占比例两项指标，说明该行业董事会结构较为健康。而机构投资者持股比例与总体水平相当。

财务质量。财务质量得分低于总体均值。从4种能力来看，盈利能力、偿债能力、营运能力和成长能力的得分也均低于总体均值。这表明该行业的财务质量需要全面改善。

创新能力。该行业的创新能力和总体均值相比差距较大。两项评价指标的得分均低于总体均值，尤其是无形资产增长率和总体水平差距较大。

价值管理能力得分为78.97分，和78.47分的总体均值相当，处于全国中等水平。分项目来看，信息披露和内部控制得分超过了总体均值，而股价维护得分则低于总体均值。从价值管理能力质量区间分布来看,"较差"的公司占比最高,为32.2%,"较好"的公司占比次之,为25.4%,"好"和"差"的公司占比分别是16.9%和15.3%。"中等"的公司占比最低,为10.2%。价值管理能力排名前三位的公司分别是葛洲坝(600068)、中国交建(601800)和洪涛股份(002325)。

内部控制。内部控制得分高于总体均值。所有评价指标得分均高于总体均值。这说明该行业公司对于内部控制制度建设比较重视,内部控制的各个方面发展比较均衡。

信息披露。该行业信息披露的得分高于总体均值。从评价指标来看,所有评价指标得分均高于或者等于总体均值。尤其是在交叉上市方面,得分高于总体均值相对较多。

股价维护。股价维护得分低于总体均值。除了管理层是否增持股份得分高于总体均值外,第一大股东增持与否和公司是否回购股份指标得分均低于总体均值。

价值分配能力得分为42.37分,高于39.80分的总体均值,处于全国较好水平。分项目来看,股利政策和企业社会责任表现较好,得分高于总体均值。而投资者保护得分则低于总体均值。从价值分配能力质量区间分布来看,"好"和"较好"的公司占比最高,均为23.7%。其次是"较差"的公司,占比为22%。最后是"中等"和"差"的公司,占比均为15.3%。价值分配能力排名前三位的公司分别是北方国际(000065)、中国中铁(601390)和中国中冶(601618)。

股利政策。股利政策的得分高于总体均值。表现较好的指标有公司章程中是否有现金分红政策和当年是否有分红预案,二者得分均高于总体均值。而最近三年累计现金分红占平均利润的比例和是否说明未分红原因且独立董事发表同意意见两项指标得分均低于总体均值。

投资者保护。投资者保护得分略低于总体均值。主要原因是实行累积投票制的公司占比较低，以及在组织投资者活动方面表现不佳。较好的方面是实际控制人控制权与现金流权分离的公司占比相对较低。

企业社会责任。企业社会责任得分高于总体均值。除了是否披露公司履行社会责任方面存在的不足这一指标得分低于总体均值外，其他3项指标均高于总体均值。其中，是否披露企业社会责任报告、是否披露环境和可持续发展事宜、是否披露公共关系和社会公益事业事宜的得分远高于总体均值。该行业需要加强对公司履行社会责任方面存在不足的披露。

（三）总结

建筑业受经济下行压力和房地产业调整的影响，增速持续下降，但是利润率有所上升。按照上面的分析，分大项来看，建筑业上市公司价值分配能力表现最好，处于全国较好水平，价值管理能力处于全国中等水平，而价值创造能力表现不佳，处于全国较差水平。分小项来看，建筑业上市公司的优势项目是：内部控制、信息披露、股利政策和企业社会责任。劣势项目是公司治理、财务质量、创新能力、股价维护以及投资者保护。优势项目形成的原因主要在于企业违规较少、审计意见较好、有分红预案，以及社会责任披露较为详细。劣势项目形成的原因主要是年度股东大会股东出席比例、董事会成员和总经理持股比例、无形资产增长率以及组织投资者活动方面的得分较低。未来，在保持和巩固优势项目的同时，建筑行业上市公司需要多与股东互动，为股东参会提供更多的信息和便利，增加对董事会成员和总经理的股权激励，提高无形资产的增长速度，以及更多地组织投资者活动。这些方面的改善将提高建筑业上市公司的质量。

十一　建材行业

（一）行业概况

我国建材行业的主要产品是水泥、玻璃、陶瓷三类，这三大子行业对建材行业销售收入和利润的总贡献保持在50%以上的水平。建材行业的上游相关产业包括能源、运输、采矿、设备制造等，下游相关产业包括房地产业、建筑业等，同时又与环保行业密切相关。建材行业与国民经济的诸多基础产业息息相关，这决定了建材行业的发展周期与宏观经济周期密切相关。

中国已经是世界上最大的建筑材料生产国和消费国。主要建材产品——水泥、平板玻璃、建筑卫生陶瓷、石材和墙体材料等的产量多年居世界第一位。同时，建材产品质量不断提高，能源和原材料消耗逐年下降，各种新型建材不断涌现，建材产品不断升级换代。当前，我国建材行业的发展正在从规模速度型向创新驱动型、环境友好型、质量效益型转变。2014年，建材全行业经济运行总体保持了稳中有进的态势，发展质量继续向好。主要产品产量适度增长。其中，高能耗且产能严重过剩的水泥、平板玻璃的产量分别为24.8亿吨、7.9亿重量箱，同比分别增长1.8%、1.1%，增速分别下降了7.8个和10.1个百分点。低耗能、低排放加工产品的产量保持较快增长。例如，商品混凝土产量为15.5亿立方米，同比增长11.4%；钢化玻璃产量为4.2亿平方米，同比增长15.1%。

2014年，规模以上建材企业完成主营业务收入7万亿元，同比增长10.1%，增速同比降低6.9个百分点。规模以上建材企业实现利润总额4770.2亿元，同比增长4.8%。其中，水泥行业实现利润780.2亿元，同比增长1.4%，利润总额仍居建材各子行业之首。水泥制品、轻质建材、玻璃纤维、隔热材料、卫生陶瓷等行业利润同比增速均高于12%。建材及非矿产品出厂价格环比下降0.3%，全年平均价格同比上涨0.2%，总体基本稳定。

展望2015年，建材行业面临的形势依然严峻，机遇与挑战并存。随着新"四化"的同步推进，城镇化和工业化的良性互动，"一带一路"、京津冀一体化、长江经济带等重大战略的实施，基础设施建设投入加大，各项改革措施红利持续释放，为建材行业创造了持续发展的空间。但由于国民经济发展步入新常态，主要靠投资拉动的建材市场的需求增长将非常有限。特别是资源能源和环境约束倒逼行业转变发展方式，传统产业产能过剩制约了质量效益的提升。

（二）行业上市公司质量总体情况

本报告样本中的建材行业共有66家上市公司，占总样本的2.7%。其中，沪深市主板34家、中小板27家、创业板5家。质量评价平均分为 57.92 分，低于 60.41 分的总体均值，上市公司总体质量在全国处于"较差"等级（见表 36）。总评分最高的公司得分为 74.48 分，排名全国第 122 位。总评分最低的公司得分为 37.04 分，排名全国第 2408 位。从质量区间分布来看，建材行业上市公司在各区间的分布不太均衡。"差"公司占比最高，达到 25.8%，而"好"公司占比为 10.6%，"较好"、"中等"和"差"公司占比都是 21.2%（见表 37）。因此，按分布区间来说，建筑业上市公司总体质量处于"较差"区间的原因是"差"和"较差"的公司占比较大，二者合计高达 47%。按照总得分，建材行业质量排名前十位的上市公司见表 38，排名前三位的分别为东方雨虹（002271）、南玻 A（000012）以及纳川股份（300198）。

表 36 建材行业上市公司质量评分情况

项目	平均值(分)	最大值(分)	最小值(分)	标准差	所有上市公司平均值(分)
总评分	57.92	74.48	37.04	8.57	60.41
1. 价值创造能力	57.92	84.16	22.28	12.20	61.69
1.1 公司治理	59.74	89.45	22.73	15.87	62.12
1.2 财务质量	60.02	81.50	25.38	12.94	65.32
1.3 创新能力	53.99	100.000	0.00	22.64	57.62
2. 价值管理能力	77.77	91.67	59.17	5.58	78.47
2.1 内部控制	88.64	100.00	45.83	13.07	90.30
2.2 信息披露	91.64	100.00	78.33	2.77	91.70
2.3 股价维护	53.03	83.33	50.00	7.11	53.42
3. 价值分配能力	38.07	79.17	8.33	14.23	39.80
3.1 股利政策	50.95	75.00	0.00	19.03	54.24
3.2 投资者保护	51.89	100.00	25.00	18.25	54.89
3.3 企业社会责任	11.36	100.00	0.00	29.15	10.27

表37 建材行业上市公司在各质量区间的分布

单位：家，%

质量区间	总评分		价值创造能力		价值管理能力		价值分配能力	
	数量	占比	数量	占比	数量	占比	数量	占比
好(0~20%)	7	10.6	6	9.1	12	18.2	10	15.2
较好(20%~40%)	14	21.2	22	33.3	15	22.7	10	15.2
中(40%~60%)	14	21.2	9	13.6	11	16.7	17	25.8
较差(60%~80%)	14	21.2	12	18.2	10	15.2	14	21.2
差(80%~100%)	17	25.8	17	25.8	18	27.3	15	22.7
总体	66	100.0	66	100.0	66	100.0	66	100.0

表38 建材行业质量排名前十位的公司

行业排名	股票代码	证券简称	公司总得分（分）	价值创造能力（分）	价值管理能力（分）	价值分配能力（分）	总排名
1	002271	东方雨虹	74.48	84.16	83.78	45.83	122
2	000012	南玻A	70.42	67.93	79.17	66.67	299
3	300198	纳川股份	69.80	59.79	80.45	79.17	341
4	002082	栋梁新材	69.14	63.19	79.34	70.83	385
5	002162	斯米克	69.08	70.67	85.00	50.00	391
6	300234	开尔新材	68.82	74.44	80.56	45.83	403
7	002346	柘中股份	67.59	76.20	80.45	37.50	477
8	600562	国睿科技	67.41	72.19	79.44	45.83	487
9	002333	罗普斯金	67.17	73.28	80.45	41.67	496
10	002392	北京利尔	66.90	70.65	80.45	45.83	517

该行业价值创造能力得分为57.92分，低于61.69分的总体均值，在全国所处的位置为中等。分项来看，公司治理、财务质量和创新能力得分均低于总体均值（见表35）。因此，从分项得分来看，3个分项表现平平是建材行业上市公司价值创造能力处在全国

中等水平的主要原因。从质量区间分布来看，公司数量在各质量区间的分布不均衡。"较好"的公司占比最高，为33.3%。其次是"差"的公司，占比为25.8%。再次是"较差"和中等的公司，占比分别为18.2%和13.6%。而"好"公司占比低于10%。因此，从公司区间分布特征来看，建材行业价值创造能力得分居于中游的主要原因是"较好"和"差"的公司占比较高，二者作用相互抵消。价值创造能力排名前三位的公司分别是东方雨虹（002271），柘中股份（002346）和北新建材（000786）。

公司治理。建材行业公司治理得分低于总体均值。其中，董事长与总经理是否由一人兼任指标得分高于总体均值，其他明细项得分都低于总体均值，尤其是董事会成员有无持股（除总经理外）和总经理有无持股两项指标得分与总体均值差距较大，说明建材行业在股权激励方面还有待改进。股东大会的股东出席比例和董事会中独立董事人数所占比例两项得分尽管低于总体均值，但差距较小。

财务质量。建材行业公司财务质量的得分低于总体均值。而且，盈利能力、偿债能力、营运能力和成长能力的得分均低于总体均值。这也是建材行业公司财务质量得分较低的原因。

创新能力。尽管建材行业公司创新能力的得分和总体均值相比还有一定的差距，但是该行业的无形资产增长率已经略高于总体水平，只是研发投入占主营业务收入比例的得分较低，从而影响了整体得分。

价值管理能力得分为77.77分，略低于78.47分的总体均值，在全国居于"较差"水平。分项目来看，股价维护、信息披露和内部控制得分均低于总体均值，但是相差不大。因此，3个分项都表现一般是建材行业上市公司价值管理能力排在"较差"等级的主要原因。从质量区间分布来看,"差"和"较好"的公司占比都超过了 20%,分别为 27.3% 和 22.7%。而"较差"、"中等"和"好"的公司占比都超过了 15%,分别为 15.2%,16.7% 和 18.2%。总体来看,"较差"和"差"的公司占比较高是价值管理能力排在"较差"等级的主要原因,二者合计占比为 42.5%。价值管理能力排名前三位的公司分别是上峰水泥(000672)、亚玛顿(002623)和斯米克(002162)。

内部控制。内部控制得分低于总体均值。从具体评价指标来看,发现内部缺陷情况和会计师事务所行业排名两项得分超过了总体均值,而其他指标得分则低于总体均值,尤其是内部控制缺陷整改情况得分低于总体均值较多,说明该行业内部控制制度建设还需要进一步加强。

信息披露。建材行业信息披露得分和总体均值基本相当。各明细项指标得分也基本和总体均值相等。会计师事务所审计意见得分略高于总体均值,而公司是否交叉上市得分则高于总体均值。

股价维护。股价维护得分略低于总体均值。从 3 项评价指标来看,公司是否回购股份得分高于总体均值,而其他两项得分则均低于总体均值,说明该行业公司交叉上市所占比例相对较少,第一大股东和管理层增持股份的公司占比较低。

价值分配能力得分为 38.07 分,低于 39.80 分的总体均值,在全国属于中等水平。分项目来看,企业社会责任得分超过总体均值,而股利政策和投资者保护得分则低于总体均值,从而对建筑业上市公司总体质量产生不利影响。所以分项来看，股利政策和投资者保护的较低得分是造成建材行业上市公司价值分配能力得分处于中等水平的主要原因。从质量区间分布来看，中等公司占比最高，达到25.8%；其次是"差"和"较差"的公司，得分分别是22.7%和21.2%。"好"和"较好"的公司占比都是15.2%。总体来看，"中等"、"较差"和"差"公司的占比较大，是价值分配能力居于全国中游的主要原因。价值分配能力排名前三位的公司分别是纳川股份（300198）、栋梁新材（002082）和塔牌集团（002233）。

股利政策。股利政策的得分低于总体均值。其主要不足是公司章程中是否有现金分红政策以及是否详细说明未分红原因且独立董事发表同意意见两项指标得分较低。当年是否有分红预案得分高于总体均值，而最近三年累计现金分红占平均利润之比得分则略低于总体均值。

投资者保护。投资者保护得分低于总体均值。表现较差的方面是实际控制人控制权与现金流权是否分离以及是否组织投资者活动。而股东大会实行网络投票制和累积投票制的公司占比与总体水平相当。

企业社会责任。企业社会责任得分高于总体均值。从具体评价指标来看，4项指标得分均高于总体均值，尤其是，是否披露公司履行社会责任方面存在的不足指标得分远高于总体均值。

（三）总结

由于建材行业周期与宏观经济周期有着密切关系，所以目前的经济下行压力对该行业的增长具有负面影响。分大项看，该行业上市公司的价值创造能力和价值分配能力居于中游，价值管理处于"较差"水平，所以从全国来看，建材行业上市公司质量在大项上没有突出的优势项目。分小项来看，建材行业上市公司只有企业社会责任一项的得分超过总体均值，其他小项得分均低于总体均值；在董事会成员和总经理持股、财务质量的4种能力、研发投入占主营业务收入比例、内部控制缺陷整改情况、公司章程中的现金分红政策、是否说明未分红原因且独立董事发表同意意见、实际控制人控制权与现金流权分离等方面与总体水平差距较大。未来，建材行业上市公司在全面改善公司质量的基础上，要重点在以上差距较大的方面加大改进力度，比如增加股权激励、提高研发投入、加强内控缺陷治理等。

十二 公用事业

（一）行业概况

公用事业，又称城市基础设施或市政服务事业，包括电力、热力、燃气及水生产和供应等产业。公用事业是中国经济增长的主导产业，不仅决定了居民生活和城市发展的基础条件，而且直接影响到社会劳动生产效率。在未来城镇化进程中，只有加快填补公用事业供给缺口，才能满足居民"住、行、学"的需求。

在"去产能过剩"和"去杠杆化"等调结构的宏观背景下，2014年公用事业行业整体发展呈现出强劲的逆周期上扬态势。

在行业整体规模方面，各项指标增长较快。例如，截至2014年12月，我国公用事业企业共计8550家，比上年同期增加6.0%；行业企业总资产和主营业务收入分别为12.2万亿元和6.34万亿元，分别比上年同期增加8.5%和4.3%；2014年公用事业固定资产投资额（不含农户）为2.37万亿元，比上年同期增加17.4%，占全社会固定资产投资总额的4.6%。在规模增长的同时，财务绩效明显优化。公用事业类企业平均资产负债率为63.4%，比上年同期下降1.3%；总资产收益率为3.9%，同比增长0.7%。

与城乡居民日益增长的多样化和复杂性需求相比，公用事业仍然存在不少亟待解决的问题。第一，建设资金来源不可持续。公用事业项目具有投资金额大、回收期长、服务公益性等特点，长期以来主要依赖政府财政进行投资建设。随着本届政府"简政放权"改革不断深化，政府财政收入增速下滑趋势仍将继续，为公用事业项目寻找新的资金来源成为当务之急。第二，公用事业产品或服务定价具有"公益性"。长期以来，公用事业产品或服务被定位为公共产品，在满足居民和企业基本消费需求的同时，也面临着过度消耗和供给不足等问题。未来从公用事业产品中划出私人产品空间刺激市场供给，面临着思维惯性的阻碍。第三，公用事业资源在地区间配置不平衡。例如，东部地区经济发达、城镇化水平较高，继续推行公用事业基础设施建设的边际成本低于西部地区，社会资本也会更多地流向东部地区，进一步加剧地区间资源配置失衡。上述问题既是公用事业发展的现实障碍，也是公用事业发展的潜在空间。

从投融资体系创新角度破解公用事业长期以来的供给不足局面，是近年来一项崭新的尝试。2014年9月，财政部发布《关于推广运用政府和社会资本合作模式有关问题的通知》，建议在基础设施建设及公共服务提供中采用PPP模式。PPP模式通过引入社会资本减轻政府在公用事业建设中面临的投融资压力，同时借鉴先进的企业管理制度和项目管理流程提高公用事业项目的建设和运行效率。2014年12月，国家发改委和财政部相继发布《关于开展政府和社会资本合作的指导意见》、《政府和社会资本合作项目通用合同指南（2014版）》，以及《政府和社会资本合作模式操作指南（试行）》，将在城市基础设施及公共服务领域大力推广PPP模式，重点关注城市供水、供暖、供气、污水和垃圾处理，保障性安居工程，地下综合管廊，轨道交通，医疗和养老服务设施等。与此同时，实务界对PPP模式解决公用事业发展的前景也颇为看好。中信证券预测，2015年国内PPP模式融资需求将达到1.6万亿元。然而，PPP模式面临的一些问题也不容忽视。首先，责权划分不清。目前我国缺乏统一的PPP项目主管部门，国家发改委、国土资源部、财政部等对PPP项目均有部分控制权，由此导致各部门之间责任边界不明。其次，相关法律体系并不完善。尽管PPP项目已经在全国快速铺开，但相关法律条文和部门规章仍处在草拟阶段。

从价格体系改革的角度缓解公用事业供给不足局面的努力也从未停止。以电力行业为例，2014年11月，国家发改委下发《关于深圳市开展输配电价改革试点的通知》，正式启动了我国新一轮输配电价改革试点。这一方案改变了电力企业传统的盈利模式，以电网有效资产为基础,核定准许成本和准许收益,坚持"四放开一独立",即输配以外的经营性电价放开、售电业务放开、增量配电业务放开、公益性和调节性以外的发供电计划放开,由此建立了相对独立的电力交易平台。可以预期的是,投融资体制创新和价格体系改革将会破解公用事业当前的困境。

展望未来,公用事业发展将会迎来更多的机遇和挑战。在新型城镇化战略不断快速推进的背景下,城乡居民"住、行、学"的需求将会进一步释放,也为公用事业发展创造出巨大的潜在市场空间。然而,未来潜力转化成现实是需要条件的,这既需要我们重新划定政府与市场的边界,创新投融资模式,吸引更多的民间资本参与公用事业建设和运营;也需要我们打破长期固化的公用事业产品和服务"公共品"属性的思维惯性,重新认识公用事业领域私人产品和公共产品的界限,为更多民间资本进入创造条件。

(二)行业上市公司质量总体情况

本报告样本内的公用事业上市公司共有79家,占样本总数的3.3%。公用事业上市公司质量总体评价情况如表39所示,质量总评分平均值为57.54分,比全国平均水平低2.87分。其中,价值创造能力为55.08分,比全国均值低6.61分;价值管理能力为78.42分,与全国平均水平基本持平;价值分配能力为41.56分,略高于全国平均水平1.76分。由此可见,公用事业上市公司质量略低于全国平均水平主要是由价值创造能力不足所导致的。

表39 公用事业上市公司质量评分情况

项目	平均值(分)	最大值(分)	最小值(分)	标准差	所有上市公司平均值(分)
总评分	57.54	79.33	44.79	6.95	60.41
1. 价值创造能力	55.08	82.97	36.81	8.27	61.69
1.1 公司治理	58.56	90.07	11.44	17.38	62.12
1.2 财务质量	59.17	80.27	33.11	9.94	65.32
1.3 创新能力	47.52	95.90	20.00	13.31	57.62
2. 价值管理能力	78.42	91.67	70.00	3.88	78.47
2.1 内部控制	90.68	100.0	68.33	9.10	90.30
2.2 信息披露	92.05	100.0	88.33	1.89	91.70
2.3 股价维护	52.53	83.33	50.00	7.11	53.42
3. 价值分配能力	41.56	75.00	8.33	15.90	39.80
3.1 股利政策	56.33	75.00	0.00	17.90	54.24
3.2 投资者保护	51.27	100.0	25.00	18.57	54.89
3.3 企业社会责任	17.09	100.0	0.00	33.85	10.27

公用事业上市公司在各质量区间的分布状况如表40所示。处于"好"和"较好"区间的公司数量较少，分别为6家和10家，占比分别为7.6%和12.7%；处于中等区间的公司数量为17家；而处于"较差"和"差"区间的公司数量较多，分别为24家和22家，占比分别为30.4%和27.9%。

表40 公用事业上市公司在各质量区间的分布

单位：家，%

质量区间	总评分		价值创造能力		价值管理能力		价值分配能力	
	数量	占比	数量	占比	数量	占比	数量	占比
好(0~20%)	6	7.6	1	1.3	11	13.9	19	24.1
较好(20%~40%)	10	12.7	9	11.4	18	22.8	10	12.7
中等(40%~60%)	17	21.5	21	26.6	17	21.5	13	16.5
较差(60%~80%)	24	30.4	25	31.7	15	19.0	22	27.9
差(80%~100%)	22	27.9	23	29.1	18	22.8	15	19.0
总计	79	100.0	79	100.0	79	100.0	79	100.0

公用事业上市公司质量排名前十位的公司如表41所示。其中，排名第1位的公司在全部上市公司中名列第22位，而排名第2至第10位的公司处于上市公司总样本排名的第300至第650位的区间内。由此表明，公用事业中质量较好的上市公司在所有上市公司中也属于相对较好的，在总体排名中居于前段。

表41 公用事业质量排名前十位的公司

行业排名	股票代码	证券简称	公司总得分（分）	价值创造能力（分）	价值管理能力（分）	价值分配能力（分）	总排名
1	600483	福能股份	79.33	82.97	80.56	70.83	22
2	600795	国电电力	69.82	60.47	91.67	66.67	339
3	600027	华电国际	69.33	61.57	83.33	70.83	371
4	000690	宝新能源	69.14	61.61	78.33	75.00	387
5	002039	黔源电力	68.36	63.79	75.00	70.83	431
6	600578	京能电力	67.76	67.18	78.33	58.33	466
7	601991	大唐发电	67.33	62.43	77.78	66.67	489
8	600874	创业环保	67.24	61.55	83.33	62.50	492
9	600995	文山电力	66.60	57.51	80.56	70.83	532
10	600396	金山股份	65.48	60.12	79.17	62.50	627

公用事业上市公司价值创造能力评分均值为55.08分，比总体均值低6.61分。其中，公司治理得分为58.56分，比总体均值低3.56分；财务质量得分为59.17分，比总体均值低6.15分；创新能力得分为47.52分，低于总体均值10.10分。由此可见，公用事业价值创造能力与全国平均水平的差距较大，需要从公司治理、财务质量和创新能力3个层面进行改善。

公用事业上市公司价值创造能力质量区间分布呈金字塔形。其中,处于"好"区间的公司仅有1家,占比为1.3%;处于"较好"区间的公司有9家,占比为11.4%;处于"中等"、"较差"和"差"区间的公司占比分别为26.6%、31.7%和29.1%。价值创造能力排名前三位的公司是福能股份(600483)、金鸿能源(000669)、瀚蓝环境(600323)。

公司治理。公司治理得分低于总体均值。主要差距在于年度股东大会股东出席比例、董事会成员有无持股(除总经理外)以及总经理有无持股三项指标得分低于总体均值较多。表现较好的项目有董事长与总经理是否由一人兼任以及机构投资者持股情况,表明该行业董事会结构较为健康。

财务质量。财务质量得分低于总体均值。其表现为盈利能力、偿债能力、营运能力和成长能力4种能力得分普遍低于总体均值,这可能与行业特征有关系。

创新能力。该行业的创新能力和总体均值相比差距较大。两项评价指标的得分均低于总体均值,其中无形资产增长率与总体均值的差距更是高达6.43分。

公用事业上市公司价值管理能力评分均值为78.42分,与全国水平相当。其中,内部控制得分为90.68分,比总体均值高0.38分;信息披露得分为92.05分,比总体均值高0.35分;股价维护得分为52.53分,比总体均值低0.89分。由此可见,公用事业上市公司在股价维护方面仍存在改善空间。

公用事业上市公司价值管理能力分布除了处于"好"区间的公司数量较少以外,在其他各个区间分布比较平均。但值得注意的是,处于"差"区间的公司仍有18家,占比为22.8%。因此该行业的价值管理能力并未体现出竞争优势。价值管理能力排名前三位的公司是广州发展（600098）、国电电力（600795）、新能泰山（000720）。

内部控制。内部控制得分略高于总体均值。从评价指标来看，内部控制表现较好主要是由于会计师事务所行业排名、公司是否违规和接受处罚类型3个方面得分较高，而内控缺陷整改情况和审计意见类型得分仍低于总体均值。

信息披露。该行业信息披露的得分高于总体均值。从评价指标来看，其主要是因为会计师事务所审计意见和公司是否交叉上市得分较高。

股价维护。股价维护得分低于总体均值。从评价指标来看，其主要是由管理层是否增持股份和公司是否回购股份得分较低所致。

公用事业上市公司价值分配能力评分均值为41.56分，比总体均值高1.76分。股利政策得分均值为56.33分，比总体均值高2.09分；在投资者保护方面，得分低于总体均值3.62分；而在企业社会责任方面表现更为出色，比总体均值高6.82分。由此可见，企业社会责任因素对公用事业上市公司价值分配能力的良好表现贡献较大。

公用事业上市公司价值分配能力排名处于"好"和"较好"区间的公司数分别为19家和10家，占比分别为24.1%和12.7%；处于"中等"、"较差"和"差"区间的公司数分别为13家、22家和15家，分别占16.5%、27.9%和19.0%，其中处于"较差"和"差"区间的公司占比合计为46.8%。相对来讲，公用事业上市公司价值分配能力处于中等水平。价值分配能力排名前三位的公司是宝新能源（000690）、华电国际（600027）、福能股份（600483）。

股利政策。股利政策得分高于总体均值。从评价指标来看，其主要原因是公司章程中是否有股东回报规划或现金分红政策和当年是否有分红预案两者得分较高。

投资者保护。投资者保护得分低于总体均值。从评价指标来看，其主要是由组织投资者活动较少和股东大会较少实行累积投票制所致。但在实际控制人控制权与现金流权是否分离方面，行业公司仍然表现出色。

企业社会责任。企业社会责任得分远高于总体均值。从评价指标来看，是否披露企业社会责任报告、是否披露环境和可持续发展事宜、是否披露公共关系和社会公益事业事宜以及是否披露公司履行社会责任方面存在的不足等项的得分远高于总体均值。

（三）总结

2014年公用事业整体发展呈现出强劲的逆周期上扬态势，不仅行业规模快速攀升，而且在盈利能力提升的同时负债水平有所下降。公用事业上市公司质量评价结果显示该行业存在以下几个方面的问题：首先，创新能力急需提高，与全国平均水平差距较大；其次，财务质量和公司治理能力有待提高，与全国平均水平存在一定差距；第三，价值管理能力与全国平均水平存在差距，主要表现在股价维护方面；第四，在价值分配能力方面，该行业公司在投资者保护方面表现较差。

未来，公用事业上市公司应着力于以下3个方面提高价值创造能力。首先，提高创新能力，加大研发投入。借力PPP模式带来的政策性机遇，积极研发新技术、新工艺，塑造未来的新增长点。其次，提升财务质量。尤其需要在降低财务管理费用和经营成本的同时，进一步刺激市场需求，最终提高盈利能力。最后，提高公司治理能力。鼓励董事会成员和公司高管持股，强化公司内部治理能力，以进一步提升企业经营绩效。

十三 交通运输业

（一）行业概况

交通运输业是专门从事货物和旅客运送的社会生产部门，具体包括铁路运输业、道路运输业、城市公共交通业、水上运输业、航空运输业、管道运输业和装卸搬运及其他运输服务业。交通运输业是中国经济增长的支柱产业，不仅是联系生产、分配交换和消费的纽带，而且是社会经济发展运行的支撑系统。在未来"一带一路"战略和新型城镇化战略进程中，只有加快推进公路、铁路、民航和海运的互联互通，才能为最终形成区域经济一体化创造条件。

在经济增速放缓的新常态背景下，交通运输业整体发展呈现出稳中有进的态势。从行业投资规模来看，2014年交通运输、仓储和邮政业行业固定资产投资4.3万亿元，比上年同期增加18.3%，占全国投资总量的8.6%。具体到不同行业中，增速有所差异。2014年末铁路营业里程11.2万公里，比上年同期增加8.4%；公路总里程446.39万公里，比上年同期增加2.4%；全国港口拥有万吨级及以上泊位2110个，比上年同期增加5.5%。从业务量来看，

2014年交通运输、仓储和邮政业行业增加值为2.88万亿元，比上年同期增加4.2%，占国内生产总值的4.5%。2014年客运量总计220.9亿人次，比上年同期增加4.1%。2014年货运量总计438.1亿吨，比上年同期增加6.9%。在规模增长的同时，财务绩效略有提升。2014年交通运输业总资产报酬率为1.3%，比上年增加0.1%；销售利润率为3.2%，比上年同期增加0.2%。

在高速增长的同时，交通运输业仍存在制约行业发展的问题：如城市公交系统路网密度不高、布局不合理等，无法满足居民出行需求；东部地区发达、中西部地区相对落后的区域交通资源失衡现象普遍存在；城市交通快速发展带来的高能耗、重污染问题严重破坏居民生存环境；不同运输模式之间难以无缝联通，导致现有交通基础设施未能发挥协同效应，严重影响综合运输效率；过度依赖政府投资的基建模式导致行业负债规模快速攀升，信贷紧缩和利率市场化进一步推高融资成本。

2014年全国交通运输工作会议提出"四个交通"，即中国当前和今后一段时期将集中力量加快推进综合交通、智慧交通、绿色交通、平安交通发展。其中，综合交通重在优化交通运输主要通道和主要枢纽节点布局，统筹各种运输方式在区域间、城市间、城乡间、城市内的协调发展，发挥组合效率和整体优势，实现各种运输方式转向一体化、集约化发展，加快构建网络设施配套衔接、技术装备先进适用、运输服务安全高效的综合交通系统。智慧交通重在完善全行业开放协同创新机制，注重以信息化、智能化引领提升交通运输管理效能，促进现代信息技术在行业监管、运行管理和服务领域的深度应用。绿色交通重在规划、建设、运营、养护等各个环节集约节约利用资源、保护生态环境，建成以低消耗、低排放、低污染、高效能、高效率、高效益为主要特征的绿色交通系统。平安交通重在把安全发展理念贯穿于各领域、全过程，强化安全治理体系和治理能力建设，提高交通运输安全发展的防、管、控能力。

展望未来，交通运输业仍具备良好的发展前景：一方面得益于经济增长带来的居民收入水平稳步提高，其直接带动了国内衣、食、用消费市场不断扩大和旅游出行人次逐年上涨；另一方面得益于"一带一路"战略和区域一体化战略的不断深化，其拉动国内外商品贸易规模快速增长。然而，未来潜力转化成当前现实是需要条件的，这既需要我们树立"大交通"观，从国家战略角度打破区域交通障碍，建立综合信息平台，提升各类交通工具互联互通效率；也需要我们降低行业壁垒，允许社会资本进入航空、铁路等领域，化解长期累积的行业风险，再次实现交通运输业的大发展。

（二）行业上市公司质量总体情况

本报告样本中的交通运输业上市公司共有74家，占全部样本的3.1%。交通运输业上市公司质量总体评价状况如表42所示，公司质量总评分平均值为57.65分，比全国平均值低2.76分。其中，价值创造能力54.44分，比全国均值低7.25分；价值管理能力78.72分，略高于全国平均水平0.25分；价值分配能力43.02分，略高于全国平均水平3.22分。由此可见，交通运输业上市公司质量略低于全国平均水平主要由价值创造能力不足所致。

表 42 交通运输业上市公司质量评分情况

项 目	平均值(分)	最大值(分)	最小值(分)	标准差	所有上市公司平均值(分)
总评分	57.65	73.89	38.87	6.18	60.41
1. 价值创造能力	54.44	76.08	30.23	8.53	61.69
1.1 公司治理	58.80	88.73	28.49	16.62	62.12
1.2 财务质量	56.76	76.14	21.98	8.82	65.32
1.3 创新能力	47.76	86.10	20.00	12.75	57.62
2. 价值管理能力	78.72	88.89	61.67	4.58	78.47
2.1 内部控制	91.56	100.00	50.00	10.16	90.30
2.2 信息披露	92.79	100.00	85.00	3.39	91.70
2.3 股价维护	51.80	66.67	50.00	5.21	53.42
3. 价值分配能力	43.02	83.33	16.67	13.50	39.80
3.1 股利政策	55.41	75.00	25.00	14.35	54.24
3.2 投资者保护	54.39	100.00	25.00	17.24	54.89
3.3 企业社会责任	19.26	100.00	0.00	33.25	10.27

交通运输业上市公司质量总评分分布状况如表43所示。总评分分布状况表明：处于"好"区间的公司仅3家，占比为4.1%；处于"较好"、"中等"、"较差"和"差"区间的占比分别为17.6%、25.7%、31.1%和21.6%。

表 43 交通运输业上市公司在各质量区间的分布

单位：家，%

质量区间	总评分		价值创造能力		价值管理能力		价值分配能力	
	数量	占比	数量	占比	数量	占比	数量	占比
好(0~20%)	3	4.1	3	4.1	13	17.6	21	28.4
较好(20%~40%)	13	17.6	7	9.5	19	25.7	10	13.5
中等(40%~60%)	19	25.7	14	18.9	14	18.9	14	18.9
较差(60%~80%)	23	31.1	23	31.1	13	17.6	18	24.3
差(80%~100%)	16	21.6	27	36.5	15	20.3	11	14.9
总　计	74	100.0	74	100.0	74	100.0	74	100.0

交通运输业上市公司质量排名前十位的公司如表44所示。其中，排名第1位的公司在上市公司总评分排名中仅位于第151位；排名第2位的公司在上市公司总评分排名中位于第283位；排名第10位的公司在上市公司总评分排名中位于第757位。由此可见，行业排名前十位的上市公司在所有上市公司排名中相对靠前。

表44 交通运输业质量排名前十位的公司

行业排名	股票代码	证券简称	公司总得分（分）	价值创造能力（分）	价值管理能力（分）	价值分配能力（分）	总排名
1	600269	赣粤高速	73.89	72.65	79.44	70.83	151
2	601018	宁波港	70.73	56.74	86.11	83.33	283
3	002245	澳洋顺昌	68.66	76.08	85.00	37.50	415
4	600004	白云机场	66.51	65.80	76.11	58.33	540
5	600897	厦门空港	65.49	73.06	78.33	37.50	625
6	600115	东方航空	65.46	61.47	80.56	58.33	629
7	000582	北部湾港	64.81	62.26	80.56	54.17	693
8	600270	外运发展	64.66	61.96	80.56	54.17	711
9	600717	天津港	64.36	62.48	78.33	54.17	737
10	601111	中国国航	64.22	57.47	79.44	62.50	757

交通运输业上市公司价值创造能力平均分值为54.44分，比总体均值低7.25分。其中，公司治理得分为58.80分，比总体均值低3.32分；财务质量得分为56.76分，比总体均值低8.55分；创新能力得分为47.76分，低于总体均值9.86分。由此可见，交通运输业价值创造能力与全国平均水平之间的差距较大，需要从财务质量和创新能力两个方面着手改善。

交通运输业上市公司价值创造能力在各质量区间的分布如表43所示，各区间分布呈金字塔形。其中处于"好"区间的公司仅

3家，占比为4.1%，处于"较好"、"中等"、"较差"和"差"区间的公司占比依次增加，分别为9.5%、18.9%、31.1%和36.5%。价值创造能力排名前三位的公司依次是澳洋顺昌（002245）、厦门空港（600897）、赣粤高速（600269）。

公司治理。公司治理得分低于总体均值。主要差距在于年度股东大会股东出席比例、董事会中独立董事人数所占比例、董事会成员有无持股（除总经理外）以及总经理有无持股4项指标得分低于总体均值较多。表现较好的有董事长与总经理是否由一人兼任以及机构投资者持股情况两项指标，表明该行业董事会结构较为健康。

财务质量。财务质量得分远低于总体均值。表现为盈利能力、偿债能力、营运能力和成长能力4种能力得分普遍低于总体均值，表明该行业财务质量需要全面改善。

创新能力。该行业创新能力和总体均值相比差距较大。两项评价指标的得分均低于总体均值，其中研发投入占主营业务收入比和总体水平的差距更是高达5.6分。

交通运输业上市公司价值管理能力评分均值为78.72分，比总体均值高0.25分。其中，内部控制得分为91.56分，比总体均值高1.27分；信息披露得分为92.79分，比总体均值高1.09分；股价维护得分为51.80分，低于总体均值1.62分。由此可见，交通运输业上市公司的价值管理能力评分较高主要是因为公司在内部控制和信息披露方面与全国平均水平相比略占优势。

交通运输业价值管理能力排名居于"较好"区间的公司有19家，占比为25.7%，处于"好"、"中等"、"较差"和"差"区间的公司分别有13家、14家、13家和15家。价值管理能力排名前三位的公司依次是皖通高速（600012）、南方航空（600029）、四川成渝（601107）。

内部控制。内部控制总体得分略高于总体均值。从评价指标来看，主要原因是审核内部控制评价报告的会计师事务所行业排名、上市公司是否违规和接受处罚类型等方面得到较好控制。

信息披露。该行业信息披露的得分高于总体均值。从评价指标来看，主要原因是公司是否交叉上市指标得分较高。

股价维护。股价维护得分低于总体均值。从评价指标来看，主要是由管理层是否增持股份和公司是否回购股份两项指标得分较低所致；但是第一大股东是否增持股份的得分却比总体均值高出6.5分。

交通运输业上市公司价值分配能力评分均值为43.02分，比总体均值高3.22分。其中，股利政策得分为55.41分，比总体均值高1.17分；在投资者保护方面的得分低于总体均值0.50分；但是交通运输业上市公司在企业社会责任方面表现出色，得分比总体均值高8.99分。由此可见，企业社会责任因素对交通运输业上市公司的价值分配能力表现好的贡献较大。

交通运输业上市公司价值分配能力处于"好"和"较好"区间的公司数量分别为21家和10家，占比分别为28.4%和13.5%；处于"中等"、"较差"和"差"区间的公司数量分别为14家、18家和11家，分别占18.9%、24.3%和14.9%。相对来讲，交通运输业上市公司价值分配能力略高于全国平均水平，排名前三位的依次是宁波港（601018）、宁沪高速（600377）、赣粤高速（600269）。

股利政策。股利政策的得分高于总体均值。从评价指标来看，主要原因是当年有分红预案的上市公司较多。

投资者保护。投资者保护得分略低于总体均值。从评价指标来看，主要是由组织投资者活动较少所致，但交通运输业上市公司在股东大会是否实行累积投票制和实际控制人控制权与现金流权是否分离方面，仍然表现出色。

企业社会责任。企业社会责任得分远高于总体均值。从评价指标来看，是否披露企业社会责任报告、是否披露环境和可持续发展事宜、是否披露公共关系和社会公益事业事宜3项指标得分远高于总体均值。

（三）总结

在经济增速放缓的新常态宏观背景下，2014年交通运输业整体呈现出稳中有进的发展态势。交通运输业上市公司质量主要存在以下几方面问题：第一，在价值创造能力方面，公司治理、创新能力和财务质量与全国平均水平存在较大差距；第二，价值管理能力略高于全国平均水平，但在股价维护方面存在不小的相对差距；第三，价值分配能力高于全国平均水平，但在投资者保护方面表现相对欠佳。

未来，交通运输业上市公司应着力在以下5个方面提高质量。第一，提高公司治理能力，鼓励董事会成员和公司高管持股，增加年度股东大会股东出席比例，提高公司内部治理能力。第二，提高创新能力，尤其是提高研发投入占主营业务收入的比例。第三，提升财务质量，系统性地提升行业盈利能力、偿债能力和营运能力。第四，提升股价维护能力，鼓励管理层增持公司股票。第五，提高投资者保护水平，积极组织投资者活动，改善投资者关系。

十四 批发和零售业

（一）行业概况

批发和零售业不仅是社会化大生产过程中的重要环节，而且是市场化程度最高、竞争最激烈的行业之一。在全面建设小康社会背景下，我国消费市场存在较大提升空间，为行业带来新的发展机遇。

经过三十多年的发展，批发和零售业在国民经济中的地位稳步提高，表现为增加值占 GDP 比重不断攀升、解决就业人口数量和贡献税收收入不断增加、市场资源配置作用日渐完善。但与全球经济融合下商品流通要求尚有差距，产业创新和企业商业模式创新不足、营商环境有待改善、政策监管能力滞后、流通基础设施建设缓慢等方面制约了批发和零售业竞争力的提升。随着自贸区战略的推进，区域经贸一体化加速，国际市场竞争压力将会进一步挤压本土批发和零售业的发展空间。在经济增速放缓的新常态背景下，批发和零售业整体发展呈现出艰难增长的态势。从行业规模来看，2014年批发和零售业增加值为 6.22 万亿元，同比增加 5.4%，占国内生产总值的 9.8%；固定资产投资 1.57 万亿元，增加 25.7%。在规模增长的同时，零售企业财务绩效略有下降。2014 年批发零售业销售利润率为 2.2%，比上年同期下降 0.1%；总资产报酬率为 2.8%，比上年同期下降 0.1%；资产负债率为 65%，与上年同期持平。

"互联网+"战略是推动批发和零售业商业模式创新和转型的重大举措。在《关于积极推进"互联网+"行动的指导意见》推出之前，中央政府已经着手从顶层设计层面制定国家"互联网+"发展战略，促进互联网与传统产业融合创新。其中，互联网与批发和零售业结合，促进了电子商务大市场的形成，实现了海量供求信息的全局和实时匹配，也驱使各类生产要素在互联网平台上自由流动。近年来，网络销售规模保持高成长态势。以商务部重点监测的5000家零售企业为例，2014年网络销售收入增长33.2%，比上年增长率高出1.3个百分点。在释放巨大内需潜力的同时，"互联网+"战略也推动了批发和零售业商业模式创新。批发和零售业并购重组案例大幅增加，线下实体和线上电商开始寻找并购机会，加快线上线下融合步伐。

从政策层面改善批发和零售业营商环境的努力也是重头戏。2014年11月初，国务院办公厅发布《关于促进内贸流通健康发展的若干意见》，提出了推进现代流通方式发展、加强流通基础设施建设、深化流通领域改革创新、改善营商环境等方面的工作。当月，商务部会同国家发改委、工商总局、质检总局、财政部等部门初步确定在上海、青岛、广州、南京、厦门、成都和黄石7个城市开展地方改革试点。从成效上看，整顿市场秩序效果显现。2014年商务部废止或修改妨碍市场公平竞争的规章文件476份；立案查处虚假违法电视购物广告691个，查处企业及播出机构316家，查处违法网站265个，关停16家非法电视购物频道，责令整改和停播广告7803条，最终使得违法违规电视购物广告数量下降83.9%。

展望未来，批发和零售业将会迎来更广阔的市场机遇和更激烈的国际竞争。在全面建设小康社会不断深入的背景下，城乡居民消费需求仍将继续增长，为批发和零售业创造出巨大的市场空间。然而，市场容量的扩大并不必然导致产业竞争力提升，这既需要我们从宏观层面上深化流通体制改革，改善营商环境，从制度环境上为批发和零售业打造产业竞争力；也需要我们从微观层面引入互联网思维，促进线上线下融合，从商业模式上为批发和零售行业打造和增强企业竞争力。

（二）行业上市公司质量总体情况

本报告样本中的批发和零售业上市公司共有143家，占全部样本的5.9%。批发和零售业上市公司质量总体评价情况如表45所示。公司质量总评分平均值为56.37分，比总体均值低4.04分。其中，价值创造能力为55.98分，比总体均值低5.71分；价值管理能力为77.17分，比总体均值低1.30分；价值分配能力为36.36分，比总体均值低3.44分。由此可见，批发和零售业上市公司质量略低于全国平均水平主要由价值创造能力和价值分配能力不足所致。

批发和零售业上市公司在各质量区间的分布情况如表46所示。处于"好"区间的公司仅有2家，占比为1.4%；处于"较好"区间的公司仅有19家，占比为13.3%；处于"中等"、"较差"和"差"区间的公司分别有37家、46家和39家，占比分别为25.9%、32.2%和27.3%。因此按分布区间来看，该行业上市公司总体质量相对较低。

表 45　批发和零售业上市公司质量评分情况

项　　目	平均值(分)	最大值(分)	最小值(分)	标准偏差	所有上市公司平均值(分)
总评分	56.37	74.24	31.44	6.30	60.41
1. 价值创造能力	55.98	76.57	29.40	8.19	61.69
1.1 公司治理	63.02	95.19	21.88	17.00	62.12
1.2 财务质量	60.88	78.63	21.00	10.57	65.32
1.3 创新能力	44.05	74.60	20.00	11.08	57.62
2. 价值管理能力	77.17	90.45	50.28	5.36	78.47
2.1 内部控制	87.52	100.00	32.50	12.94	90.30
2.2 信息披露	91.42	100.00	68.33	2.21	91.70
2.3 股价维护	52.56	83.33	50.00	6.94	53.42
3. 价值分配能力	36.36	66.67	8.33	12.03	39.80
3.1 股利政策	51.22	75.00	0.00	17.51	54.24
3.2 投资者保护	50.52	100.00	25.00	19.56	54.89
3.3 企业社会责任	7.34	100.00	0.00	22.56	10.27

表 46　批发和零售业上市公司在各质量区间的分布

单位：家，%

质量区间	总评分		价值创造能力		价值管理能力		价值分配能力	
	数量	占比	数量	占比	数量	占比	数量	占比
好(0~20%)	2	1.4	4	2.8	16	11.2	20	14.0
较好(20%~40%)	19	13.3	19	13.3	21	14.7	25	17.5
中等(40%~60%)	37	25.9	46	32.2	38	26.6	15	10.5
较差(60%~80%)	46	32.2	43	30.1	22	15.4	38	26.6
差(80%~100%)	39	27.3	31	21.7	46	32.2	45	31.5
总　　计	143	100.0	143	100.0	143	100.0	143	100.0

批发和零售业上市公司质量排名前十位的公司如表47所示。其中排名第1位的公司在上市公司总排名中仅位于第136位；排名第2的公司在上市公司总排名中位于第432位，与本行业排名第1位的

公司相距296名之多；行业排名第4至第10位的公司处于上市公司总排名的第500至第700位之间。由此可见，批发和零售业质量较好的上市公司在所有上市公司中也是质量较好的公司。

表47 批发和零售业质量排名前十位的公司

行业排名	股票代码	证券简称	公司总得分（分）	价值创造能力（分）	价值管理能力（分）	价值分配能力（分）	总排名
1	601607	上海医药	74.24	72.79	88.89	62.50	136
2	002419	天虹商场	68.35	60.87	85.00	66.67	432
3	600511	国药股份	67.17	66.98	80.56	54.17	495
4	002262	恩华药业	66.99	75.00	80.45	37.50	509
5	600704	物产中大	66.12	58.49	85.00	62.50	572
6	000028	国药一致	65.98	60.44	80.56	62.50	583
7	002462	嘉事堂	65.85	64.33	72.22	62.50	594
8	000026	飞亚达A	65.83	65.42	78.33	54.17	597
9	600682	南京新百	64.86	76.57	77.12	29.17	685
10	600626	申达股份	64.82	70.61	80.56	37.50	690

批发和零售业上市公司价值创造能力评分均值为55.98分，比总体均值低5.71分。其中，公司治理得分均值为63.02分，比总体均值高0.90分；财务质量得分均值为60.88分，比总体均值低4.44分；创新能力得分均值为44.05分，比总体均值低13.57分。由此可见，创新能力和财务质量得分低于总体均值，成为批发和零售行业价值创造能力较低的主要原因。

批发和零售业上市公司价值创造能力处于"中等"和"较差"区间的公司数量为89家，占比之和为62.2%；处于"好"区间的公司仅4家，占比为2.8%；处于"差"区间的公司有31家，占比为21.7%。从区间分布特征来看，批发和零售业价值创造能力得分偏低的主要原因是"差"公司所占比例较高。价值创造能力排名前三位的公司分别是南京新百（600682）、恩华药业（002262）、健民集团（600976）。

公司治理。公司治理得分略高于总体均值。从评价指标来看，其主要是因为年度股东大会股东出席比例、董事长与总经理是否由一人兼任、机构投资者持股情况3项指标表现较好。

财务质量。财务质量得分远低于总体均值。其主要表现为偿债能力、营运能力和成长能力3项能力得分普遍低于总体均值，表明该行业财务质量需要全面改善。

创新能力。该行业创新能力和总体均值相比差距较大。两项评价指标的得分均低于总体均值，其中在无形资产增长率方面的差距更是高达8.69分。

批发和零售业上市公司价值管理能力评分均值为77.17分，比总体均值低1.30分。其中，内部控制得分为87.52分，比总体均值低2.78分；信息披露得分为91.42分，比全国均值低0.28分；股价维护得分为52.56分，比总体均值低0.86分。由此可见，批发和零售业上市公司价值管理能力低于全国平均水平，主要是由公司内部控制和股价维护得分较低所致。

该行业上市公司价值管理能力排名略靠后。处于"好"区间的公司为16家，占比为11.2%，处于"中等"、"较差"和"差"区间的公司占比之和超过70%，分别为26.6%、15.4%和32.2%。总体来说，处于"差"区间的公司占比较高是价值管理能力较弱的主要原因。价值管理能力排名前三位的公司依次是新华都（002264）、上海医药（601607）、宏图高科（600122）。

内部控制。内部控制总体得分低于总体均值。从评价指标来看，其主要是由内控缺陷整改情况、会计师事务所行业排名和公司违规情况得分较低所致。

信息披露。该行业信息披露的得分略低于总体均值。从评价指标来看，主要是由一季度报告的及时性和公司交叉上市方面的得分略低所致。

股价维护。股价维护得分低于总体均值。从评价指标来看，其主要是由管理层增持股份和公司回购股份方面的得分较低所致。

批发和零售业上市公司价值分配能力评分均值为36.36分，低于总体均值3.44分。其中，公司股利政策得分均值为51.22分，比总体均值低3.02分；投资者保护得分均值为50.52分，低于总体均值4.37分；企业社会责任得分均值为7.34分，低于总体均值2.93分。

批发和零售业上市公司价值分配能力处于"较差"和"差"区间的公司数量分别为38家和45家，两者合计占比达到58%；而处于"好"区间的公司仅20家，占比为14%。从区间分布特征来看，价值分配能力得分偏低的主要原因是"差"公司所占比例较高。价值分配能力排名前三位的公司依次是天虹商场（002419）、上海医药（601607）、物产中大（600704）。

股利政策。股利政策的得分低于总体均值。从评价指标来看，其主要是由最近三年累计现金分红占平均利润的比例、公司章程中是否有现金分红政策和当年是否有分红预案3项指标得分较低所致。

投资者保护。投资者保护得分略低于总体均值。从评价指标来看，其主要是由实际控制人控制权与现金流权是否分离指标得分较低，以及组织投资者活动较少所致。

企业社会责任。企业社会责任得分远低于总体均值。从评价指标来看，其主要是由披露企业社会责任报告的公司较少所致。

（三）总结

在经济增速放缓的新常态宏观背景下，2014年批发和零售业整体发展呈现出艰难增长的态势。批发和零售业上市公司质量主要存在以下几方面问题：第一，在价值创造能力方面，财务质量和创新能力与全国平均水平存在较大差距；第二，价值管理能力略低于全国平均水平，其中在内部控制方面存在不小的差距；第三，价值分配能力低于全国平均水平，投资者保护表现相对欠佳。

未来，批发和零售业上市公司应着力从以下4个方面提高公司质量：首先，提高公司财务质量，需要系统性地提升行业偿债能力和营运能力；其次，提高创新能力，尤其是提高无形资产增长率；再次，提升内部控制水平，加强内控缺陷整改，同时聘用知名会计师事务所进行内部控制报告审计；最后，提高投资者保护水平，积极组织投资者活动。

十五 汽车行业

（一）行业概况

根据中国汽车工业协会数据，2014年我国汽车行业企业数量为12407家，全国汽车产销量分别为2372万辆和2349万辆，同比增长7.3%和6.9%，销售收入6.67万亿元，同比增长12.28%，约占全国GDP的10%。从行业财务表现来看，2014年汽车行业总资产为5.21万亿元，行业负债2.95万亿元，行业利润5991亿元。行业排名前十位的企业汽车销量合计2107.7万辆，较上年同期增长8.9%，高于全行业增速2个百分点。整体来看，受经济下行、环境成本提高等因素的影响，汽车市场也由快速增长期进入稳定增长阶段。与此同时，在国际汽车市场上，由于各国从经济危机中复苏的不确定性，加之外国品牌汽车加快推广、中小型车推出力度加大，以及产品价格下降等因素，中国品牌汽车出口压力增大。

汽车行业未来发展仍面临巨大机遇。从需求方面来看，目前需求向三、四线城市转移，但一、二线城市的需求潜力仍然巨大。国内市场由东部向西部转移，西部将是汽车行业销售的主战场。从供给方面来看，汽车营销和服务模式也在创新，由传统单一的4S店模式向汽车电子商务等多种模式转变，由重资源型市场向重服务型市场转变。从国家政策角度看，国家的新型城镇化发展战略和新能源汽车等政策为汽车行业带来了持续发展机遇。

支持新能源汽车发展的政策利好频出，使其迅速成为行业亮点，新能源汽车销售增长显著。2014年5月，国家电网公司宣布全面开放电动汽车充换电设施市场，引入社会投资参与充换电设施建设。7月9日，国务院总理李克强主持召开国务院常务会议，决定自2014年9月1日至2017年底，对获得许可在中国境内销售（包括进口）的纯电动以及符合条件的插电式（含增程式）混合动力、燃料电池三类新能源汽车，免征车辆购置税。新政策降低了购置成本，刺激了市场需求，全年新能源汽车产销同比增长达5倍。

（二）行业上市公司质量总体评价情况

截至2014年底，全国汽车行业共有73家上市公司，占全部样本的3.0%。其中，来自沪深股市主板的上市公司42家，中小板26家，创业板5家。该行业上市公司质量评分情况如表48所示。上市公司质量总评分平均值为59.59分，略低于60.41分的总体均值，其中价值创造能力比总体均值略低，而价值管理能力和价值分配能力略高于总体均值。总评分最高的公司得分为74.97分，在全国排名第106位；总评分最低的公司得分为41.15分，在全国排名倒数第33位（第2385位）。

表48 汽车行业上市公司质量评分情况

项目	平均值(分)	最大值(分)	最小值(分)	标准差	所有上市公司平均值(分)
总评分	59.59	74.97	41.15	7.13	60.41
1. 价值创造能力	59.09	78.28	34.24	9.96	61.69
1.1 公司治理	62.70	92.05	14.19	17.10	62.12
1.2 财务质量	60.11	78.84	29.92	11.19	65.32
1.3 创新能力	54.48	100.00	20.30	16.99	57.62
2. 价值管理能力	79.42	91.67	63.61	4.20	78.47
2.1 内部控制	92.05	100.00	49.17	10.36	90.30
2.2 信息披露	92.10	100.00	88.33	2.26	91.70
2.3 股价维护	54.11	83.33	50.00	8.23	53.42
3. 价值分配能力	40.75	79.17	16.67	12.56	39.80
3.1 股利政策	55.82	75.00	0.00	16.28	54.24
3.2 投资者保护	55.14	100.00	25.00	20.82	54.89
3.3 企业社会责任	11.30	75.00	0.00	27.02	10.27

从总评分排名分布来看，汽车行业上市公司数量在质量总评分排名区间的分布较不均衡。如表49所示，处于"中等"区间的公司最多（18家），占比达到24.66%；处于"较好"和"差"区间的公司较多（分别为15家和17家），占比也均超过了20%。处于"好"区间的公司数量最少（11家），占比仅为15.07%；另一个公司数占比微高的是"较差"区间（12家），占比为16.44%。整体来看，质量评分高的公司数量少是该行业处于全国平均水平以下的主要原因。

表49 汽车行业上市公司在各质量区间的分布

单位：家，%

质量区间	总评分		价值创造能力		价值管理能力		价值分配能力	
	数量	占比	数量	占比	数量	占比	数量	占比
好(0~20%)	11	15.07	6	8.22	16	21.92	15	20.55
较好(20%~40%)	15	20.55	23	31.51	24	32.88	12	16.44
中(40%~60%)	18	24.66	15	20.55	14	19.18	23	31.51
较差(60%~80%)	12	16.44	12	16.44	10	13.70	12	16.44
差(80%~100%)	17	23.29	17	23.29	9	12.33	11	15.07
总体	73	100.00	73	100.00	73	100.00	73	100.00

汽车行业上市公司质量排名前十位的公司如表50所示，行业排名第1位的公司在上市公司总排名中列第106位，行业排名第2至第10位的公司处于上市公司总排名的第200至第500名区间内。其中，价值创造能力除比亚迪（行业第8名）外，均在70分以上，明显高于全国61.69分的平均水平；价值管理能力只有潍柴动力（行业第2名）和威孚高科（行业第9名）略低于全国78.47分的平均水平；行业排名前十位公司的价值分配能力均高于全国平均水平。

表50 汽车行业质量排名前十位的公司

排名	股票代码	证券简称	公司总得分(分)	价值创造能力(分)	价值管理能力(分)	价值分配能力(分)	总排名
1	600066	宇通客车	74.97	78.28	85.00	58.33	106
2	000338	潍柴动力	72.26	70.91	76.39	70.83	222
3	601633	长城汽车	72.13	74.12	81.94	58.33	225
4	601238	广汽集团	71.72	70.52	83.33	62.50	240
5	000550	江铃汽车	70.92	70.32	80.56	62.50	273
6	002448	中原内配	70.52	77.90	80.45	45.83	293
7	002602	世纪华通	70.33	75.24	85.00	45.83	305
8	002594	比亚迪	69.02	60.95	83.33	70.83	395
9	000581	威孚高科	68.48	71.95	75.83	54.17	428
10	002085	万丰奥威	67.75	74.45	80.45	41.67	467

1. 价值创造能力

汽车行业上市公司的价值创造能力评分均值为59.09分，略低于总体均值，这主要是因为该行业财务质量和创新能力得分低于总体均值，尤其以财务质量的差距最为明显（5.21分），而该行业公司的治理能力得分仅略高于总体均值。整体上看，近一半上市公司（36家）的价值创造能力在全国61.69分平均值的上下，最高分为78.28分，最低分为34.24分。从价值创造能力排名分布来看（如表49所示），汽车行业上市公司价值创造能力在各区间分布呈近似的纺锤形。处于"好"和"较好"区间的公司与处于"较差"和"差"区间公司的数量相当，均为29家，占比为39.73%；处于"好"区间的上市公司仅为6家，占比为8.22%。

2. 价值管理能力

如表48所示，汽车行业上市公司的价值管理能力评分均值为79.42分，略高于总体均值，这主要是因为该行业内部控制、信息披露和股价维护得分均略高于总体均值。整体上看，该行业52家上市公司的价值管理能力高于全国78.47分的平均值，最高分为91.67分，最低分为63.61分。从价值管理能力排名分布来看（如表49所示），汽车行业上市公司价值管理能力在各区间的分布呈纺锤形。处于"好"和"较好"区间的公司数量（40家）明显高于处于"较差"和"差"区间的公司数量（19家），处于中等及以上区间的公司数量占比达到74%，因此该行业的价值管理能力较高。综合来看，经济下行、市场不景气以及环境保护等因素并未对汽车公司在内部控制整体上所具有的比较优势造成影响。

3. 价值分配能力

如表48所示，汽车行业上市公司的价值分配能力评分均值为40.75分，绝对水平不高，但略高于总体均值。其主要原因是该行业股利政策、投资者保护和企业社会责任得分均略高于总体均值。整体上看，该行业有34家上市公司的价值分配能力高于全国39.80分的平均值，得分超过50分的仅12家；价值分配能力得分最高分为79.17分，最低分为16.67分。从价值分配能力排名分布来看（如表49所示），汽车行业上市公司价值分配能力在各区间的分布呈近似的纺锤形。处于"好"和"较好"区间的公司数量（27家）与处于"较差"和"差"区间的公司数量（23家）大体相当，处于中等及以上区间的公司数量占比达到68%，因此该行业的价值分配能力相对略高。

（三）总结

按照上面的分析，汽车行业的优势项目分大项来看是价值管理能力和价值分配能力，劣势是价值创造能力。分小项来看，汽车行业的劣势项目是财务质量和创新能力，且差距明显，其余项目均为优势项目，但优势皆不明显。综合来看，经济下行、市场不景气以及环境保护等因素导致汽车行业的行业经营业绩与全国平均水平差距较大。国有与外资的合资公司并未表现出比民营公司更强的创新能力和动机，汽车行业在研发投入及创新机制上有待加强。未来通过扩大规模控制成本，以及通过创新和营销等措施全方位提高盈利、偿债、运营和成长能力从而提高财务质量是汽车行业的首要任务。公司治理能力、内部控制等方面具有优势与该行业较高的合资公司比例以及较高的跨国经营比例有关。值得关注的是，企业社会责任虽然高于社会平均水平，但绝对水平仍非常低，说明未来汽车行业在绿色低碳环保等方面的贡献亟待加强。汽车行业的上市公司同时也需要保持在信息披露和股价维护等方面的既有优势。

十六　机械设备行业

（一）行业概况

机械设备行业包括通用设备制造业和专用设备制造业。通用设备制造业是装备制造业中的基础性产业，为工业各行业提供动力、传动、基础加工、起重运输、热处理等基础设备，钢铁铸件、锻件等初级产品，以及轴承、齿轮、紧固件、密封件等基础零部件，具体包括锅炉及原动设备制造、金属加工机械制造、物料搬运设备制造，以及泵、阀门和压缩机等9个子门类。根据WIND数据，2014年我国通用设备制造行业企业有23301家，规模以上企业有5309家，销售收入4.63万亿元，同比增长8.3%，约占全国GDP的7.3%。从行业财务表现来看，全行业拥有资产总额3.76万亿元，全年实现主营业务收入9384亿元，实现利润总额3018亿元。工业增加值保持平稳增长，2014年通用设备制造业工业增加值增长率为7.3%，其中规模以上企业增加值增长率达到9.1%。专用设备制造业包括矿山、冶金、建筑专用设备制造，化工、木材、非金属加工专用设备制造，食品、饮料、烟草及饲料生产专用设备制造，印刷、制药、日化生产专用设备制造，纺织、服装和皮革工业专用设备制造，电子和电工机械专用设备制造，医疗仪器设备及器械制造，以及环保、社会公共安全及其他专用设备制造等子行业。根据WIND数据，2014年我国专用设备制造业企业共16331家，销售收入3.48万亿元，同比增长7.1%，约占全国GDP的5.5%。2014年专用设备制造业工业增加值增长缓慢，增速仅为3.8%。从行业财务表现来看，全行业拥有资产总额3.30万亿元，实现利润总额2168亿元。

整体来看，我国机械设备行业存在产业结构不合理、中低端产品严重过剩、高端产品需大量进口、自主创新能力不强等问题，行业发展水平难以满足国民经济和基础设施建设需要。在目前经济下行过程中，行业出现合同订货量不足、合同存量不足的局面。传统市场新增项目减少，设备改造项目虽有增加但不能满足行业产能，而新兴产业发展缓慢，这种市场状况短时间难以改变；同时也存在应收账款持续时间延长、销售回款质量下降等问题。

在经济发展新常态下，我国新型工业化、信息化、城镇化和农业现代化进程不断推进，经济增长模式从粗放式走向集约式创新增长。机械行业需要淘汰落后产能，进入精益发展、提质增效、集约发展阶段。未来几年机械行业将呈现以品质效益型为主导的中低速发展态势。传统行业需要依靠智能化和自动化积极创新变革以重焕生机，高端装备在创新发展的方向上走得更远，已成为我国实现《中国制造2025》规划目标的重要力量。同时，"一带一路"战略的实施也有助于化解机械设备行业的产能过剩和促进其出口增长，行业也需要把握机会积极开拓海外市场，继续保持贸易顺差的增长，为中国制造向中国创造的战略转型和提高我国在国际分工中的地位发挥重要作用。

（二）行业上市公司质量总体评价情况

我们样本中的机械设备行业共有210家上市公司，占全部样本（2417家）的8.69%。其中来自沪深股市主板的上市公司81家，中小板76家，创业板53家。该行业上市公司质量评分情况如表51所示，上市公司质量总评分平均值为59.47分，略低于60.41分的全国平均水平，其中价值创造能力比全国平均水平略低，而价值管理能力和价值分配能力略高于全国平均水平。总评分最高的公司得分77.86分，全国排名第40位；总评分最低的公司得分39.65分，全国排名倒数第21位（第2397位）。

表51 机械设备行业上市公司质量评分情况

项目	平均值(分)	最大值(分)	最小值(分)	标准差	所有上市公司平均值(分)
总评分	59.47	77.86	39.65	6.52	60.41
1. 价值创造能力	58.84	80.58	31.81	8.73	61.69
1.1 公司治理	63.55	95.01	15.66	15.08	62.12
1.2 财务质量	60.12	84.58	29.46	10.71	65.32
1.3 创新能力	52.85	100.00	1.50	17.40	57.62
2. 价值管理能力	78.62	86.11	60.00	3.91	78.47
2.1 内部控制	91.23	100.00	41.67	9.62	90.30
2.2 信息披露	91.84	100.00	81.67	1.91	91.70
2.3 股价维护	52.78	66.67	50.00	6.23	53.42
3. 价值分配能力	41.57	79.17	8.33	13.44	39.80
3.1 股利政策	54.58	75.00	0.00	17.69	54.24
3.2 投资者保护	58.93	100.00	25.00	19.12	54.89
3.3 企业社会责任	11.19	100.00	0.00	27.88	10.27

从总评分排名分布来看，机械设备行业上市公司数量在质量总评分排名区间的分布较不均衡，呈现纺锤形的格局。如表52所示，处于"中等"和"较差"区间的公司数量相同且最多（55家），占比均为26.19%；处于"好"和"较好"区间的公司分别为21家和48家，合计占比超过了30%，处于"较差"和"差"区间的公司合计占比为40.95%。整体来看，质量评分高的公司数量相对较少是该行业处于全国平均分以下的主要原因。

机械设备行业上市公司质量排名前十位的公司如表53所示，各公司的质量总评分均在70分以上，行业排名第1位的公司在上市公司总排名中列第40位，行业排名第2至第10位的公司处于上市公司总评分排名的第100至第300位区间内，整体处于全体样本的上游水平。行业排名前十位公司的价值创造能力得分均高

表52 机械设备行业上市公司在各质量区间的分布

单位：家，%

质量区间	总评分		价值创造能力		价值管理能力		价值分配能力	
	数量	占比	数量	占比	数量	占比	数量	占比
好(0~20%)	21	10.00	13	6.19	35	16.67	46	21.90
较好(20%~40%)	48	22.86	54	25.71	39	18.57	51	24.29
中(40%~60%)	55	26.19	50	23.81	50	23.81	47	22.38
较差(60%~80%)	55	26.19	60	28.57	55	26.19	36	17.14
差(80%~100%)	31	14.76	33	15.71	31	14.76	30	14.29
总体	210	100.0	210	100.0	210	100.0	210	100.0

于全国61.69分的平均水平；在价值管理能力方面，只有汉威电子（第1名）、中国南车（第4名）、广日股份（第6名）和东方精工（第10名）得分高于全国78.47分的平均水平；10个公司的价值分配能力得分均显著高于全国39.80分的平均水平。

表53 机械设备行业质量排名前十位的公司

排名	股票代码	证券简称	公司总得分(分)	价值创造能力(分)	价值管理能力(分)	价值分配能力(分)	全国排名
1	300007	汉威电子	77.86	80.58	79.44	70.83	40
2	002073	软控股份	74.71	75.40	77.22	70.83	114
3	002595	豪迈科技	73.35	72.30	73.78	75.00	170
4	601766	中国南车	72.80	72.69	83.33	62.50	190
5	002353	杰瑞股份	72.00	70.53	76.11	70.83	230
6	600894	广日股份	71.45	69.29	80.56	66.67	254
7	002509	天广消防	70.89	63.03	78.33	79.17	275
8	300259	新天科技	70.76	67.50	77.22	70.83	281
9	002559	亚威股份	70.76	77.91	77.22	50.00	282
10	002611	东方精工	70.60	73.14	86.11	50.00	290

如表51所示，机械设备行业上市公司的价值创造能力评分均值为58.84分，低于总体均值，这主要是因为该行业财务质量和创

新能力得分明显低于总体均值，尤其以财务质量的差距最为明显（5.20分），而该行业公司治理能力仅略高于全国水平。整体上看，79家（37.62%）上市公司的价值创造能力高于全国61.69分的平均水平，最高分为80.58分，最低分为31.81分。从价值创造能力排名分布来看（如表52所示），机械设备行业上市公司价值创造能力在各区间的分布呈现近似的纺锤形。处于"好"区间的公司数量仅占6.19%，处于"较好"、"中等"和"较差"区间的公司数量均不少于50家；处于中等以下区间的公司达93家，占比合计44.28%，明显高于中等以上公司占比合计（31.9%）。

该行业上市公司的价值管理能力评分均值为78.62分，略高于总体均值，这主要是因为该行业内部控制和信息披露得分略高于总体均值。而股价维护得分略低于总体均值。整体上看，该行业超过半数的上市公司（109家）的价值管理能力高于全国78.47分的平均水平，最高分为86.11分，最低分为60.00分。从价值管理能力排名分布来看（如表52所示），机械设备行业上市公司价值管理能力在各区间分布呈现上小下大的纺锤形。处于"好"和"较好"区间的公司数量达74家，占比合计35.24%；处于"较差"和"差"区间的公司数量达到86家，占比合计40.95%。处于等级较高质量区间的公司比例高于全国水平是该行业的价值管理能力较高的主要原因。

该行业上市公司的价值分配能力评分均值为41.57分，绝对水平不高，但略高于总体均值，主要因为该行业股利政策、投资者保护和企业社会责任得分均高于总体均值，其中投资者保护表现较为显著。整体上看，该行业超过半数的上市公司（109家）的价值分配能力得分高于全国39.80分的平均水平，得分超过50分的仅46

家；整体得分最高分为79.17分，最低分为8.33分。从价值分配能力排名分布来看（如表52所示），机械设备行业上市公司价值分配能力在各区间分布较均衡。处于"好"和"较好"区间的公司数量达到97家，合计占比为46.19%，明显高于处于"较差"和"差"区间的公司数量（66家）和合计占比（31.43%），因此该行业的价值分配能力相对略高。

（三）总结

按照上面的分析，机械设备行业的优势项目分大项来看是价值管理能力和价值分配能力，劣势项目是价值创造能力。分小项来看，机械设备行业的劣势项目是财务质量、创新能力和股价维护，前两个分项目的差距明显；其余项目均为优势项目，但除投资者保护外，优势皆不明显。因此，要想提高电气设备行业上市公司质量，公司急需在如下劣势方面加以改进。首先，通过提高盈利、营运和成长能力来提高财务质量，目前降息的货币政策将有利于国内固定资产投资增速稳定，稳定机械行业的整体需求，降低机械行业的融资成本，提升企业的盈利能力；通过杠杆收缩和相应的产能收缩，提高偿债能力、经营效率和成长能力。其次，智能化和自动化的趋势要求机械设备行业提高研发投入的比例，以满足国内外产业和消费升级的需求。再次，提高大股东和高管层的股价维护意识，为我国机械行业的升级提供持续的资本支撑，也为其通过并购等方式实现跨国发展提供有力的资本支撑。最后，在优势项目方面，除了要继续保持在投资者保护、企业社会责任和信息披露等方面的优势外，还需要对某些项目进行改进，包括提高股东大会的股东出席比例、减少董事长与总经理兼任的情况、提高机构投资者持股比例、合理增加现金分红、更好地保护投资者利益,以及积极实行股东大会累积投票制等。

十七 电气设备行业

(一)行业概况

电气设备行业属于具有重要战略意义的传统行业,包括电机制造,输配电及控制设备制造,电池制造,家用电力器具制造,非电力家用器具制造,照明器具制造,电线、电缆、光缆和电工器材制造,以及其他电器机械及器材制造等子行业类别。根据 WIND 数据,2014 年我国电气设备行业企业有 21999 家,销售收入 6.66 万亿元,同比增长 8.8%,为最近 5 年来最高,约占全国 GDP 的 10.5%。2014 年,行业规模以上工业增加值增长率达到 9.4%。从行业财务表现来看,2014 年总资产为 5.16 万亿元,行业负债为 2.96 万亿元。行业累计利润 3947 亿元,利润总额为最近 5 年来最高,同比增长 14.4%。2014 年电气设备行业前十名公司营业收入总额达 4667 亿元。

作为电气设备行业的重要组成部分,我国的电力装备技术先进,成本优势显著,具备较强的出口竞争力。中国现已成为发电装机总量世界排名第一的国家。据南方电网报 2015 年初报道,我国的电力装备在发电设备、输变电设备(包括特高压)、低压电器等细分领域普遍实现了较高程度的自主研发和大规模生产制造,技术实力与外资电气巨头可比肩,且国产成本优势更为显著。民族证券研究认为,电网投资预计保持平稳,在未来跨区域交流电路有望得到核准的情况下,特高压成为行业的亮点。随着我国经济发展进入新常态阶段，国内用电增速放缓，电力装备等设备产品供应相对过剩。尽管国家仍有可能将电力投资作为阶段性保增长的手段，但国内电力投资整体进入平稳增长的新常态，而且国内需求不足以消化电力设备行业过剩的产能。东北证券研究认为，未来海外市场是广阔的蓝海，开拓海外市场将成为行业消化产能的有效途径。中国电力装备企业已有一定的海外项目设计与总包经验，是未来泛亚地区基础设施建设的重要参与者，随着"一带一路"战略的实施会有更广阔的发展空间。

（二）行业上市公司质量总体情况

本报告样本中的电气设备行业共有151家上市公司，占比6.25%。其中来自沪深股市主板的上市公司54家，中小板64家，创业板33家。该行业上市公司质量评分情况如表54所示，上市公司质量总评分平均值为59.41分，低于60.41分的总体均值，其中价值创造能力得分比总体均值略低，而价值管理能力和价值分配能力得分略高于总体均值。总评分最高的公司得分76.85分，全国排名第61位；总评分最低的公司得分为42.54分，全国排名倒数第51位（第2367位）。

表54　电气设备行业上市公司质量评分情况

项目	平均值(分)	最大值(分)	最小值(分)	标准差	所有上市公司平均值(分)
总评分	59.41	76.85	42.54	5.86	60.41
1. 价值创造能力	58.94	78.52	32.21	8.38	61.69
1.1 公司治理	65.12	88.50	25.29	13.99	62.12
1.2 财务质量	58.68	85.03	22.13	11.16	65.32
1.3 创新能力	53.01	94.80	1.70	17.61	57.62
2. 价值管理能力	79.29	91.67	67.22	3.73	78.47

续表

项目	平均值(分)	最大值(分)	最小值(分)	标准差	所有上市公司平均值(分)
2.1 内部控制	91.95	100.00	53.85	8.14	90.30
2.2 信息披露	91.73	100.00	85.00	1.10	91.70
2.3 股价维护	54.19	83.33	50.00	7.51	53.42
3. 价值分配能力	40.45	83.33	16.67	10.68	39.80
3.1 股利政策	58.94	75.00	12.50	14.60	54.24
3.2 投资者保护	56.95	100.00	25.00	18.74	54.89
3.3 企业社会责任	5.46	100.00	0.00	20.80	10.27

从总评分排名分布来看，电气设备行业上市公司数量在各质量区间的分布较不均衡，呈现纺锤形的格局。如表55所示，处于中等区间的公司最多（44家），占比近30%；处于"好"和"差"区间的公司较少，分别为11家和24家，占比分别为7.28%和15.89%；"较好"与"较差"区间公司分布数量相当，分别为35家和37家，占比均近25%。处于中等以上区间的公司占比合计为30.46%，而处于中等以下区间的公司占比合计为40.39%。整体来看，质量评分高的公司比例低于全国水平是该行业处于全国平均分以下的主要原因。

表55 电气设备行业上市公司在各质量区间的分布

单位：家，%

区间	总评分		价值创造能力		价值管理能力		价值分配能力	
	数量	占比	数量	占比	数量	占比	数量	占比
好(0~20%)	11	7.28	4	2.65	33	21.85	24	15.89
较好(20%~40%)	35	23.18	46	30.46	25	16.56	36	23.84
中(40%~60%)	44	29.14	42	27.81	34	22.52	43	28.48
较差(60%~80%)	37	24.50	35	23.18	42	27.81	34	22.52
差(80%~100%)	24	15.89	24	15.89	17	11.26	14	9.27
总体	151	100.00	151	100.00	151	100.00	151	100.00

电气设备行业上市公司质量排名前十位的公司如表56所示，各公司的质量总评分均在65分以上，排名第1位的公司在上市公司总排名中列第61位，排名第2至第10位的公司处于上市公司总评分排名的第100至500位区间内。其中，价值创造能力除百利电气（第10名）外皆高于61.69分的总体均值；价值管理能力均接近80分，且除金信诺（第8名）外皆高于78.47分的总体均值；价值分配能力除中恒电气（第5名）外皆显著高于39.80分的总体均值。

表56 电气设备行业质量排名前十位的公司

排名	股票代码	证券简称	公司总得分（分）	价值创造能力（分）	价值管理能力（分）	价值分配能力（分）	总评分排名
1	002249	大洋电机	76.85	72.30	79.44	83.33	61
2	000400	许继电气	73.76	71.83	80.56	70.83	156
3	300124	汇川技术	71.69	66.99	86.11	66.67	243
4	601126	四方股份	70.30	70.60	81.67	58.33	306
5	002364	中恒电气	70.13	78.52	86.01	37.50	315
6	002056	横店东磁	69.16	64.63	84.89	62.50	382
7	300014	亿纬锂能	68.20	70.42	86.11	45.83	443
8	300252	金信诺	67.81	74.24	76.94	45.83	461
9	300018	中元华电	67.67	67.98	80.56	54.17	472
10	600468	百利电气	67.63	57.48	80.56	75.00	475

电气设备行业上市公司的价值创造能力评分均值为58.94分，低于总体均值，这主要是因为该行业财务质量和创新能力得分明显低于总体均值，尤其以财务质量的差距最为明显（6.64分），而该行业公司治理能力得分高于总体均值3分。整体上看，62家

(41.1%）上市公司的价值创造能力高于全国61.69分的总体均值，最高分为78.52分，最低分为32.21分。从价值创造能力排名分布来看（见表53），电气设备行业上市公司价值创造能力在各区间的分布呈近似的纺锤形。处于"好"区间的公司数量占比最小，为2.65%，处于"较好"区间的公司数量占比最大，达到30.46%；处于"中等"、"较差"和"差"区间的公司数量占比依次降低；处于中等以下区间的公司占比为39.17%（59家），略高于处于中等以上区间的公司占比33.11%（50家）。

电气设备行业上市公司的价值管理能力评分均值为79.29分，略高于总体均值，这主要是因为该行业内部控制、信息披露和股价维护得分皆略高于总体均值。整体上看，该行业具有较强的价值管理能力，超过半数的上市公司（87家）的价值管理能力得分高于全国78.47分的平均水平，最高分为91.67分，最低分为67.22分。从价值管理能力排名分布来看，电气设备行业上市公司价值管理能力在各质量区间的分布呈倒"N"形。处于"好"和"较好"区间的公司数量与处于"较差"和"差"区间的公司数量相当，分别达58家和59家，占比合计均超过38%。处于较高等级质量区间的公司比例高于全国平均水平是该行业的价值管理能力较高的主要原因。

电气设备行业上市公司的价值分配能力评分均值为40.45分，绝对水平不高，但略高于总体均值。具体分项来看，该行业股利政策和投资者保护均值高于总体均值，相对优势分别为4.7分和2.06分；而该行业企业社会责任得分仅为5.46分，显著低于总体均值，差距为4.81分。整体上看，该行业近半数的上市公司

(73家）的价值分配能力高于全国39.80分的平均值，得分超过50分的有24家；最高分为83.33分，最低分为16.67分。从价值分配能力排名分布来看，电气设备行业上市公司价值分配能力在各质量区间的分布呈纺锤形。处于中等区间的公司达到43家，占比近30%；处于中等以上区间的公司数量为60家，占比为39.73%，而处于中等以下区间的公司数量为48家，占比为31.79%。处于"差"区间的公司数量最少，占比不足10%。处于质量等级较高区间的公司比例高，该行业的价值分配能力相对略高。

（三）总结

电气设备行业的优势项目分大项来看是价值管理能力和价值分配能力，劣势是价值创造能力。分小项来看，电气设备行业的劣势项目是财务质量、创新能力和企业社会责任，以财务质量的差距最显著，其余项目均为优势项目，但除股利政策外优势皆不明显。因此，要想提高电气设备行业上市公司质量，就要通过提高盈利、偿债、营运和成长能力来全方位提高财务质量（4个方面的能力皆在全国平均水平以下）；提高研发投入的比例；积极披露企业社会责任报告，并包括环境与可持续发展事宜、公共关系以及社会公益事业事宜等内容。优势项目中也存在需要改进的指标，包括提高机构投资者持股比例以使行业扩张更趋经济性，减少董事长与总经理兼任的情况，提高大股东股价维护意识，合理提高股利分红等。同时，电气设备行业的上市公司也需要保持内部控制和信息披露等项目的比较优势。

附 录

2015年A股上市公司质量速查表

（依股票代码排序）

股票代码	证券简称	综合质量评分（分）	排名	分项评分（分）		
				价值创造能力	价值管理能力	价值分配能力
000002	万科A	69.23	377	63.32	87.78	62.50
000004	国农科技	53.60	1941	55.03	79.34	25.00
000005	世纪星源	49.20	2219	47.29	77.22	25.00
000006	深振业A	65.98	584	51.40	86.11	75.00
000007	零七股份	50.70	2139	59.64	66.84	16.67
000008	神州高铁	47.87	2265	47.67	79.44	16.67
000009	中国宝安	68.58	420	72.30	83.89	45.83
000010	深华新	41.80	2377	37.22	76.11	16.67
000011	深物业A	51.99	2060	50.23	78.33	29.17
000012	南玻A	70.42	299	67.93	79.17	66.67
000014	沙河股份	51.94	2063	44.86	80.56	37.50
000016	深康佳A	55.09	1796	44.20	86.11	45.83
000017	深中华A	56.18	1683	60.84	78.06	25.00
000018	中冠A	53.48	1955	55.30	78.33	25.00
000019	深深宝A	57.69	1503	54.82	79.44	41.67
000020	深华发A	42.12	2373	32.03	79.44	25.00
000021	深科技	64.29	748	57.61	79.44	62.50
000022	深赤湾A	59.80	1264	60.57	80.56	37.50

续表

股票代码	证券简称	综合质量评分（分）	排名	分项评分(分)		
				价值创造能力	价值管理能力	价值分配能力
000023	深天地A	54.96	1808	51.44	79.44	37.50
000024	招商地产	68.81	405	63.86	85.00	62.50
000025	特力A	58.54	1403	55.96	80.56	41.67
000026	飞亚达A	65.83	597	65.42	78.33	54.17
000027	深圳能源	63.58	820	52.17	79.17	70.83
000028	国药一致	65.98	583	60.44	80.56	62.50
000029	深深房A	54.82	1825	53.39	79.17	33.33
000030	富奥股份	56.32	1664	57.78	80.56	29.17
000031	中粮地产	55.49	1760	52.64	79.17	37.50
000032	深桑达A	56.84	1597	54.66	80.56	37.50
000033	*ST新都	30.71	2417	24.75	56.67	16.67
000034	深信泰丰	54.45	1865	60.28	80.56	16.67
000035	中国天楹	61.57	1056	66.88	79.17	33.33
000036	华联控股	51.93	2065	52.33	78.06	25.00
000037	深南电A	46.45	2304	47.07	75.00	16.67
000038	深大通	39.17	2399	35.28	77.78	8.33
000039	中集集团	64.79	695	64.99	83.33	45.83
000040	宝安地产	50.55	2149	51.10	79.17	20.83
000042	中洲控股	55.19	1787	51.35	80.56	37.50
000043	中航地产	57.40	1540	56.33	79.44	37.50
000045	深纺织A	57.91	1475	60.55	77.22	33.33
000046	泛海控股	67.33	490	73.54	80.56	41.67
000048	康达尔	63.61	819	82.63	72.50	16.67
000049	德赛电池	56.54	1640	56.70	79.44	33.33
000050	深天马A	70.98	271	68.35	80.56	66.67
000055	方大集团	70.13	316	82.34	78.33	37.50
000056	深国商	51.45	2094	54.30	80.56	16.67
000058	深赛格	55.78	1728	57.94	73.89	33.33

续表

股票代码	证券简称	综合质量评分（分）	排名	分项评分(分)		
				价值创造能力	价值管理能力	价值分配能力
000059	*ST 华锦	59.59	1286	70.56	80.56	16.67
000060	中金岭南	83.22	4	86.58	80.56	79.17
000061	农产品	62.97	897	62.60	85.00	41.67
000062	深圳华强	57.35	1545	55.68	80.56	37.50
000063	中兴通讯	64.51	724	64.43	83.33	45.83
000065	北方国际	67.05	506	58.40	80.56	70.83
000066	长城电脑	52.16	2054	48.63	78.06	33.33
000068	*ST 华赛	45.25	2330	42.45	79.44	16.67
000069	华侨城 A	70.71	284	60.16	91.67	70.83
000070	特发信息	61.43	1075	59.68	80.56	45.83
000078	海王生物	57.08	1574	62.49	78.33	25.00
000088	盐田港	56.84	1598	50.48	80.56	45.83
000089	深圳机场	54.66	1845	50.28	80.56	37.50
000090	天健集团	58.04	1458	52.88	80.56	45.83
000096	广聚能源	55.47	1761	49.14	77.78	45.83
000099	中信海直	50.97	2118	44.57	77.22	37.50
000100	TCL 集团	71.85	235	59.54	85.00	83.33
000150	宜华健康	50.81	2129	45.23	79.44	33.33
000151	中成股份	53.55	1947	49.33	73.89	41.67
000153	丰原药业	49.87	2186	47.11	76.11	29.17
000155	ST 川化	36.69	2409	29.64	62.50	25.00
000156	华数传媒	54.31	1877	43.89	79.44	50.00
000157	中联重科	65.24	648	54.51	81.11	70.83
000158	常山股份	72.64	203	89.44	78.33	33.33
000159	国际实业	54.56	1852	49.81	72.78	45.83
000301	东方市场	53.61	1939	45.70	77.22	45.83
000333	美的集团	62.07	994	60.81	85.00	41.67
000338	潍柴动力	72.26	222	70.91	76.39	70.83

续表

股票代码	证券简称	综合质量评分（分）	排名	分项评分(分)		
				价值创造能力	价值管理能力	价值分配能力
000400	许继电气	73.76	156	71.83	80.56	70.83
000401	冀东水泥	56.28	1671	58.25	71.11	37.50
000402	金融街	71.39	256	61.53	91.67	70.83
000403	ST生化	45.04	2334	52.17	59.17	16.67
000404	华意压缩	77.68	47	92.73	79.44	45.83
000407	胜利股份	63.96	781	56.95	75.28	66.67
000408	金谷源	42.96	2362	40.65	65.56	25.00
000409	山东地矿	53.89	1907	56.26	78.06	25.00
000410	沈阳机床	59.08	1348	59.69	79.44	37.50
000411	英特集团	54.21	1881	52.59	78.33	33.33
000413	东旭光电	61.82	1024	61.55	82.50	41.67
000415	渤海租赁	53.52	1951	58.43	80.56	16.67
000417	合肥百货	60.03	1246	61.58	79.44	37.50
000418	小天鹅A	57.38	1543	55.32	77.22	41.67
000419	通程控股	51.44	2096	55.52	73.89	20.83
000420	吉林化纤	59.06	1349	64.79	81.67	25.00
000421	南京中北	57.77	1492	54.00	77.22	45.83
000422	湖北宜化	52.64	2024	50.98	79.44	29.17
000423	东阿阿胶	68.00	454	68.63	80.56	54.17
000425	徐工机械	65.81	599	54.82	82.78	70.83
000426	兴业矿业	52.97	1998	56.90	77.22	20.83
000428	华天酒店	56.80	1604	59.29	79.44	29.17
000429	粤高速A	60.54	1188	60.10	76.11	45.83
000430	张家界	61.67	1044	60.56	75.56	50.00
000488	晨鸣纸业	73.56	160	81.15	94.44	37.50
000498	山东路桥	47.41	2277	44.27	76.11	25.00
000501	鄂武商A	62.38	957	66.85	78.33	37.50
000502	绿景控股	50.72	2136	48.65	80.56	25.00

续表

股票代码	证券简称	综合质量评分（分）	排名	分项评分（分）		
				价值创造能力	价值管理能力	价值分配能力
000503	海虹控股	55.25	1778	54.12	79.44	33.33
000504	南华生物	38.15	2403	28.79	70.00	25.00
000505	珠江控股	42.39	2368	42.98	66.94	16.67
000506	中润资源	41.43	2382	39.10	75.00	12.50
000507	珠海港	59.48	1298	55.76	80.56	45.83
000509	华塑控股	38.23	2402	30.06	67.78	25.00
000510	*ST金路	54.34	1870	56.47	79.44	25.00
000511	烯碳新材	52.82	2007	63.13	64.17	20.83
000513	丽珠集团	59.38	1307	58.34	83.33	37.50
000514	渝开发	57.61	1512	53.97	85.00	37.50
000516	国际医学	58.01	1466	57.97	70.28	45.83
000517	荣安地产	58.64	1387	59.92	77.22	37.50
000518	四环生物	47.95	2263	38.96	80.56	33.33
000519	江南红箭	54.54	1854	56.85	79.44	25.00
000520	*ST凤凰	48.07	2260	43.91	79.44	25.00
000521	美菱电器	57.71	1500	54.18	85.00	37.50
000523	广州浪奇	62.25	976	58.53	86.11	45.83
000524	东方宾馆	61.44	1074	57.60	80.56	50.00
000525	红太阳	56.71	1619	54.39	80.56	37.50
000526	银润投资	45.49	2325	47.51	70.28	16.67
000528	柳工	68.69	412	54.74	86.11	79.17
000529	广弘控股	58.79	1379	63.42	75.00	33.33
000530	大冷股份	62.66	924	64.08	85.00	37.50
000531	穗恒运A	61.95	1012	62.79	80.56	41.67
000532	力合股份	66.06	575	70.87	85.00	37.50
000533	万家乐	52.84	2005	55.54	79.44	20.83
000534	万泽股份	61.58	1053	65.52	81.94	33.33
000536	华映科技	53.18	1978	36.22	65.28	75.00

195

续表

股票代码	证券简称	综合质量评分（分）	排名	分项评分(分)		
				价值创造能力	价值管理能力	价值分配能力
000537	广宇发展	56.57	1637	56.21	80.56	33.33
000538	云南白药	59.37	1309	56.65	78.33	45.83
000539	粤电力A	56.53	1642	58.76	79.44	29.17
000540	中天城投	69.44	363	63.05	85.00	66.67
000541	佛山照明	61.49	1069	59.93	76.11	50.00
000543	皖能电力	57.85	1481	56.40	72.78	45.83
000544	中原环保	52.13	2056	43.15	80.56	41.67
000545	金浦钛业	53.47	1957	50.70	79.17	33.33
000546	金圆股份	64.51	721	78.11	76.84	25.00
000547	闽福发A	71.57	247	70.22	75.00	70.83
000548	湖南投资	53.87	1911	49.28	79.44	37.50
000550	江铃汽车	70.92	273	70.32	80.56	62.50
000551	创元科技	59.35	1312	62.03	75.83	37.50
000552	靖远煤电	57.93	1473	52.66	80.56	45.83
000553	沙隆达A	58.44	1413	66.18	80.56	20.83
000554	泰山石油	53.25	1970	60.67	75.00	16.67
000555	神州信息	63.32	854	59.83	79.44	54.17
000557	*ST广夏	35.98	2410	29.10	69.06	16.67
000558	莱茵置业	59.14	1342	56.74	77.22	45.83
000559	万向钱潮	65.41	632	61.93	79.44	58.33
000560	昆百大A	59.16	1337	57.62	83.89	37.50
000561	烽火电子	57.38	1542	63.66	77.22	25.00
000564	西安民生	56.07	1692	57.83	79.44	29.17
000565	渝三峡A	54.39	1869	48.91	73.89	45.83
000566	海南海药	59.87	1257	59.89	82.22	37.50
000567	海德股份	48.50	2243	40.06	80.56	33.33
000568	泸州老窖	66.04	576	61.25	66.67	75.00
000570	苏常柴A	56.62	1635	54.49	71.67	45.83

续表

股票代码	证券简称	综合质量评分（分）	排名	分项评分(分)		
				价值创造能力	价值管理能力	价值分配能力
000571	新大洲A	57.48	1531	60.11	80.56	29.17
000572	海马汽车	59.16	1335	53.05	80.56	50.00
000573	粤宏远A	53.99	1899	57.43	76.11	25.00
000576	广东甘化	66.98	510	86.18	62.22	33.33
000581	威孚高科	68.48	428	71.95	75.83	54.17
000582	北部湾港	64.81	693	62.26	80.56	54.17
000584	友利控股	61.55	1059	76.17	68.89	25.00
000585	东北电气	42.54	2367	37.85	77.78	16.67
000586	汇源通信	40.02	2395	38.93	73.89	8.33
000587	金叶珠宝	60.93	1138	66.16	73.89	37.50
000589	黔轮胎A	77.01	56	95.27	71.67	45.83
000590	紫光古汉	43.42	2353	40.73	83.89	8.33
000591	桐君阁	48.32	2253	43.71	85.00	20.83
000592	平潭发展	56.81	1602	58.06	86.11	25.00
000593	大通燃气	55.26	1777	55.79	76.11	33.33
000595	西北轴承	53.85	1914	51.30	79.44	33.33
000596	古井贡酒	58.05	1456	65.40	80.56	20.83
000597	东北制药	49.08	2220	43.99	91.67	16.67
000598	兴蓉投资	58.55	1401	41.95	79.44	70.83
000599	青岛双星	73.53	161	88.03	80.56	37.50
000600	建投能源	61.24	1104	60.39	78.33	45.83
000601	韶能股份	63.69	810	67.79	81.67	37.50
000603	盛达矿业	55.42	1765	62.79	71.11	25.00
000605	渤海股份	53.64	1938	55.66	78.23	25.00
000606	青海明胶	43.84	2349	35.59	79.17	25.00
000607	华媒控股	55.52	1755	47.21	86.01	41.67
000608	阳光股份	52.22	2049	45.42	80.56	37.50
000609	绵世股份	57.04	1577	58.52	86.11	25.00

续表

股票代码	证券简称	综合质量评分（分）	排名	分项评分(分)		
				价值创造能力	价值管理能力	价值分配能力
000610	西安旅游	51.98	2061	49.65	79.44	29.17
000611	内蒙发展	45.14	2333	47.41	60.73	25.00
000612	焦作万方	72.42	211	82.48	87.22	37.50
000613	大东海A	49.06	2223	45.34	80.56	25.00
000615	湖北金环	70.44	297	85.05	78.33	33.33
000616	海航投资	60.73	1165	62.98	79.44	37.50
000617	石油济柴	50.56	2147	43.91	81.11	33.33
000619	海螺型材	59.22	1329	56.50	78.06	45.83
000620	新华联	53.97	1903	46.70	85.00	37.50
000622	恒立实业	52.54	2029	61.75	70.00	16.67
000623	吉林敖东	61.53	1066	68.20	80.56	29.17
000625	长安汽车	67.67	473	76.30	80.56	37.50
000626	如意集团	51.00	2116	55.06	77.22	16.67
000627	天茂集团	58.06	1453	47.23	79.44	58.33
000628	高新发展	47.23	2284	40.42	74.72	33.33
000629	攀钢钒钛	58.22	1431	64.22	79.44	25.00
000630	铜陵有色	73.58	159	91.19	82.78	29.17
000631	顺发恒业	55.22	1781	50.44	78.33	41.67
000632	三木集团	42.90	2364	43.45	59.72	25.00
000633	合金投资	39.65	2397	31.81	78.33	16.67
000635	英力特	55.17	1789	47.15	80.56	45.83
000636	风华高科	55.19	1786	51.36	80.56	37.50
000637	茂化实华	63.18	869	77.61	72.50	25.00
000638	万方发展	44.67	2344	37.12	79.44	25.00
000639	西王食品	68.09	448	83.25	68.33	37.50
000650	仁和药业	58.95	1363	58.04	78.06	41.67
000651	格力电器	55.64	1742	53.37	78.33	37.50
000652	泰达股份	55.39	1768	51.74	63.89	54.17

续表

股票代码	证券简称	综合质量评分（分）	排名	分项评分(分)		
				价值创造能力	价值管理能力	价值分配能力
000655	金岭矿业	58.31	1424	58.14	79.44	37.50
000656	金科股份	60.03	1245	60.21	73.89	45.83
000657	中钨高新	64.07	770	76.48	78.33	25.00
000659	*ST中富	51.37	2099	56.35	76.11	16.67
000661	长春高新	68.49	427	71.57	85.00	45.83
000662	索芙特	52.77	2013	53.87	78.33	25.00
000663	永安林业	61.14	1117	53.94	78.33	58.33
000665	湖北广电	54.24	1880	51.68	76.11	37.50
000666	经纬纺机	72.97	184	88.02	86.67	29.17
000667	美好集团	47.89	2264	40.64	72.78	37.50
000668	荣丰控股	45.33	2329	52.74	55.00	20.83
000669	金鸿能源	65.17	654	72.01	79.17	37.50
000670	盈方微	51.72	2077	52.60	76.67	25.00
000671	阳光城	65.08	664	67.79	87.22	37.50
000672	上峰水泥	57.38	1544	50.17	91.67	37.50
000673	当代东方	39.75	2396	27.01	71.67	33.33
000676	智度投资	49.52	2205	52.09	77.22	16.67
000677	*ST海龙	62.97	895	74.27	78.33	25.00
000678	襄阳轴承	64.92	679	78.74	77.22	25.00
000679	大连友谊	52.79	2010	51.97	78.06	29.17
000680	山推股份	58.04	1457	55.53	79.44	41.67
000681	视觉中国	71.72	239	76.51	83.89	50.00
000682	东方电子	61.58	1052	66.91	75.00	37.50
000683	远兴能源	54.76	1832	57.43	75.00	29.17
000685	中山公用	57.72	1497	51.69	81.67	45.83
000687	恒天天鹅	72.00	231	85.39	83.89	33.33
000688	建新矿业	54.80	1828	60.29	73.61	25.00
000690	宝新能源	69.14	387	61.61	78.33	75.00

续表

股票代码	证券简称	综合质量评分（分）	排名	分项评分(分)		
				价值创造能力	价值管理能力	价值分配能力
000691	亚太实业	40.85	2389	36.55	73.61	16.67
000692	惠天热电	56.46	1651	53.05	82.22	37.50
000693	华泽钴镍	59.13	1343	59.93	75.00	41.67
000695	滨海能源	44.79	2343	36.81	80.56	25.00
000697	炼石有色	55.73	1732	52.43	80.56	37.50
000698	沈阳化工	70.18	312	87.58	80.56	25.00
000700	模塑科技	53.55	1948	45.57	77.22	45.83
000701	厦门信达	60.23	1222	53.79	79.17	54.17
000702	正虹科技	65.29	641	74.19	79.44	33.33
000703	恒逸石化	56.09	1691	63.57	68.06	29.17
000705	浙江震元	60.26	1220	62.06	79.44	37.50
000707	双环科技	52.80	2009	51.29	79.44	29.17
000708	大冶特钢	66.75	526	79.90	78.06	29.17
000709	河北钢铁	71.46	253	85.71	76.94	37.50
000710	天兴仪表	52.69	2017	46.07	76.94	41.67
000711	*ST京蓝	43.17	2359	39.95	76.11	16.67
000713	丰乐种业	59.15	1338	62.61	73.89	37.50
000715	中兴商业	56.44	1655	58.44	71.39	37.50
000716	黑芝麻	56.70	1620	56.04	77.22	37.50
000717	韶钢松山	62.38	958	67.82	80.56	33.33
000718	苏宁环球	56.80	1603	56.80	76.11	37.50
000719	大地传媒	50.99	2117	48.79	68.89	37.50
000720	新能泰山	54.77	1830	58.71	85.00	16.67
000721	西安饮食	47.79	2270	45.86	70.28	29.17
000722	湖南发展	48.43	2247	51.57	73.89	16.67
000723	美锦能源	64.30	744	74.16	71.39	37.50
000725	京东方A	60.14	1235	61.11	85.00	33.33
000726	鲁泰A	83.20	5	92.10	86.11	62.50

续表

股票代码	证券简称	综合质量评分（分）	排名	分项评分(分)		
				价值创造能力	价值管理能力	价值分配能力
000727	华东科技	54.11	1886	55.17	72.78	33.33
000729	燕京啤酒	64.74	701	69.48	74.17	45.83
000731	四川美丰	51.45	2095	48.59	79.44	29.17
000732	泰禾集团	55.85	1720	51.98	86.11	33.33
000733	振华科技	53.73	1928	55.93	73.89	29.17
000735	罗牛山	58.61	1393	55.14	70.00	54.17
000736	中房地产	55.61	1746	52.20	80.56	37.50
000737	南风化工	50.61	2144	53.30	70.83	25.00
000738	中航动控	51.58	2084	48.99	79.17	29.17
000739	普洛药业	56.65	1630	61.91	73.61	29.17
000748	长城信息	54.81	1827	51.02	71.39	45.83
000751	锌业股份	63.81	796	76.51	77.22	25.00
000752	西藏发展	50.79	2131	47.28	79.44	29.17
000753	漳州发展	56.74	1613	45.42	73.61	62.50
000755	*ST三维	52.61	2026	59.12	75.56	16.67
000756	新华制药	53.10	1990	46.33	82.22	37.50
000757	浩物股份	74.28	134	88.00	79.44	41.67
000758	中色股份	58.75	1383	59.59	78.33	37.50
000759	中百集团	60.30	1217	65.47	72.78	37.50
000760	斯太尔	57.51	1525	63.35	78.33	25.00
000761	本钢板材	75.43	99	96.00	80.56	29.17
000762	西藏矿业	60.03	1247	55.33	79.44	50.00
000766	通化金马	45.43	2326	44.47	76.11	16.67
000767	漳泽电力	48.77	2238	55.88	75.00	8.33
000768	中航飞机	62.64	929	55.56	72.78	66.67
000777	中核科技	61.84	1022	61.05	79.44	45.83
000778	新兴铸管	74.23	138	89.44	80.56	37.50
000779	三毛派神	60.75	1162	74.55	77.22	16.67

续表

股票代码	证券简称	综合质量评分（分）	排名	分项评分（分）		
				价值创造能力	价值管理能力	价值分配能力
000780	平庄能源	50.94	2122	50.90	72.78	29.17
000782	美达股份	63.54	825	72.92	79.17	29.17
000785	武汉中商	48.84	2235	48.78	72.78	25.00
000786	北新建材	64.99	669	74.85	72.78	37.50
000788	北大医药	49.21	2217	50.22	67.22	29.17
000789	万年青	60.15	1232	62.53	78.06	37.50
000790	华神集团	65.52	620	70.49	79.44	41.67
000791	甘肃电投	52.97	1997	46.91	80.56	37.50
000792	盐湖股份	61.43	1076	47.17	80.56	70.83
000793	华闻传媒	62.30	973	50.98	84.72	62.50
000795	太原刚玉	60.89	1145	71.78	75.00	25.00
000796	易食股份	46.04	2313	40.42	78.33	25.00
000797	中国武夷	56.69	1622	59.21	62.50	45.83
000798	中水渔业	50.88	2125	43.84	78.33	37.50
000799	酒鬼酒	42.70	2366	32.68	80.45	25.00
000800	一汽轿车	64.72	706	49.58	80.56	79.17
000801	四川九洲	59.93	1254	57.22	79.44	45.83
000802	北京文化	58.53	1404	57.49	69.17	50.00
000803	金宇车城	56.57	1638	65.36	70.56	25.00
000806	银河投资	49.25	2215	42.81	78.06	33.33
000807	云铝股份	71.51	250	87.47	86.11	25.00
000809	铁岭新城	50.27	2167	45.27	77.22	33.33
000810	创维数字	62.73	917	62.87	79.34	45.83
000811	烟台冰轮	67.23	493	77.44	84.89	29.17
000812	陕西金叶	68.89	398	78.76	80.56	37.50
000813	天山纺织	55.40	1766	50.80	78.33	41.67
000815	*ST美利	50.18	2170	49.53	76.67	25.00
000816	江淮动力	57.59	1515	57.27	78.33	37.50

续表

股票代码	证券简称	综合质量评分（分）	排名	分项评分(分)		
				价值创造能力	价值管理能力	价值分配能力
000818	方大化工	49.06	2224	50.61	78.33	16.67
000819	岳阳兴长	77.66	48	82.83	78.33	66.67
000820	金城股份	55.16	1790	62.55	62.22	33.33
000821	京山轻机	54.25	1879	55.31	77.22	29.17
000822	山东海化	49.37	2208	50.13	80.56	16.67
000823	超声电子	63.23	864	63.81	79.44	45.83
000825	太钢不锈	68.85	402	78.66	80.56	37.50
000826	桑德环境	69.10	389	63.06	79.44	70.83
000828	东莞控股	63.99	779	63.81	78.33	50.00
000829	天音控股	51.19	2107	50.85	69.72	33.33
000830	鲁西化工	58.83	1373	61.33	79.34	33.33
000831	五矿稀土	64.68	710	74.36	85.00	25.00
000833	贵糖股份	73.17	174	90.51	78.33	33.33
000835	长城动漫	56.03	1702	52.90	76.67	41.67
000836	鑫茂科技	45.62	2322	41.65	78.33	20.83
000837	秦川机床	59.22	1330	70.80	70.28	25.00
000838	国兴地产	55.49	1759	51.81	85.00	33.33
000839	中信国安	56.94	1586	40.69	83.89	62.50
000848	承德露露	63.70	807	71.57	78.33	33.33
000850	华茂股份	68.22	441	90.20	71.67	20.83
000851	高鸿股份	60.33	1212	61.63	80.56	37.50
000852	江钻股份	57.17	1561	56.42	70.00	45.83
000856	冀东装备	43.32	2355	37.88	72.50	25.00
000858	五粮液	68.73	409	73.71	81.67	45.83
000859	国风塑业	66.29	558	80.92	78.33	25.00
000860	顺鑫农业	63.68	812	68.05	72.78	45.83
000861	海印股份	57.86	1480	53.63	78.33	45.83
000862	银星能源	57.50	1527	66.94	79.44	16.67

股票代码	证券简称	综合质量评分（分）	排名	价值创造能力	价值管理能力	价值分配能力
000863	三湘股份	56.04	1700	56.25	78.33	33.33
000868	安凯客车	54.67	1842	53.50	78.33	33.33
000869	张裕A	56.66	1627	63.33	79.17	20.83
000875	吉电股份	55.24	1780	53.54	80.56	33.33
000876	新希望	70.16	313	84.90	81.67	29.17
000877	天山股份	61.42	1079	64.37	79.44	37.50
000878	云南铜业	60.75	1161	73.30	71.39	25.00
000880	潍柴重机	58.92	1369	50.47	80.56	54.17
000881	大连国际	46.56	2301	47.42	70.56	20.83
000882	华联股份	58.66	1386	61.48	78.33	33.33
000883	湖北能源	63.80	798	62.88	83.61	45.83
000885	同力水泥	63.32	851	55.67	79.44	62.50
000886	海南高速	56.22	1677	57.63	80.45	29.17
000887	中鼎股份	77.82	41	95.50	82.78	37.50
000888	峨眉山A	68.03	451	77.59	79.44	37.50
000889	茂业物流	55.90	1714	61.39	71.67	29.17
000890	法尔胜	50.38	2161	47.57	77.22	29.17
000892	*ST星美	40.48	2393	36.51	63.89	25.00
000893	东凌粮油	62.57	936	74.58	76.11	25.00
000895	双汇发展	77.02	55	78.20	85.00	66.67
000897	津滨发展	47.06	2286	48.29	75.00	16.67
000898	鞍钢股份	85.33	3	93.57	83.33	70.83
000899	赣能股份	58.52	1409	59.95	72.50	41.67
000900	现代投资	63.39	846	66.08	83.89	37.50
000901	航天科技	54.51	1858	54.16	80.56	29.17
000902	新洋丰	72.90	187	76.90	79.44	58.33
000903	云内动力	70.82	279	79.56	78.33	45.83
000905	厦门港务	54.86	1819	51.81	78.33	37.50

续表

股票代码	证券简称	综合质量评分（分）	排名	分项评分(分)		
				价值创造能力	价值管理能力	价值分配能力
000906	物产中拓	59.28	1323	53.84	79.44	50.00
000908	景峰医药	59.09	1346	61.29	80.45	33.33
000909	数源科技	50.68	2140	45.53	78.33	33.33
000910	大亚科技	68.45	429	77.88	80.56	37.50
000911	南宁糖业	60.04	1244	63.13	80.56	33.33
000912	*ST 天化	37.67	2406	35.19	55.28	25.00
000913	钱江摩托	67.56	478	81.93	77.22	29.17
000915	山大华特	58.05	1454	57.08	80.56	37.50
000916	华北高速	58.08	1447	55.75	75.00	45.83
000917	电广传媒	55.05	1801	51.63	79.44	37.50
000918	嘉凯城	46.92	2290	45.92	75.00	20.83
000919	金陵药业	61.79	1026	59.27	82.78	45.83
000920	南方汇通	54.91	1812	52.88	80.56	33.33
000921	海信科龙	58.97	1359	56.84	88.89	33.33
000922	佳电股份	48.29	2255	42.26	79.44	29.17
000923	河北宣工	44.16	2348	38.73	78.33	20.83
000925	众合科技	63.92	786	68.66	85.00	33.33
000926	福星股份	65.99	581	69.91	78.33	45.83
000927	*ST 夏利	64.78	697	65.94	77.22	50.00
000928	中钢国际	51.60	2083	47.41	78.23	33.33
000929	兰州黄河	58.12	1442	64.16	75.00	29.17
000930	中粮生化	60.50	1191	57.52	72.78	54.17
000931	中关村	46.50	2302	37.16	78.33	33.33
000932	华菱钢铁	65.76	604	82.08	73.89	25.00
000933	神火股份	78.35	33	82.39	86.11	62.50
000935	四川双马	48.36	2251	41.85	80.56	29.17
000936	华西股份	72.90	186	81.50	82.78	45.83
000937	冀中能源	53.42	1962	48.92	78.33	37.50

续表

股票代码	证券简称	综合质量评分（分）	排名	分项评分(分)		
				价值创造能力	价值管理能力	价值分配能力
000938	紫光股份	57.27	1551	53.02	77.22	45.83
000939	凯迪电力	60.75	1160	63.59	78.33	37.50
000948	南天信息	54.86	1818	51.81	78.33	37.50
000949	新乡化纤	77.69	46	89.97	85.00	45.83
000950	建峰化工	62.35	962	55.12	76.67	62.50
000951	中国重汽	51.36	2100	43.69	80.56	37.50
000952	广济药业	52.66	2020	53.10	79.44	25.00
000953	河池化工	50.81	2130	40.50	80.56	41.67
000955	欣龙控股	58.21	1432	65.60	68.33	33.33
000957	中通客车	64.16	762	65.69	79.44	45.83
000958	东方能源	50.11	2174	42.44	73.89	41.67
000959	首钢股份	62.85	907	67.13	83.78	33.33
000960	锡业股份	71.35	259	81.58	84.72	37.50
000961	中南建设	51.14	2109	44.36	78.33	37.50
000962	东方钽业	63.69	809	77.79	78.33	20.83
000963	华东医药	63.73	804	66.97	79.34	41.67
000965	天保基建	57.65	1506	54.74	75.28	45.83
000966	长源电力	55.21	1783	54.58	78.33	33.33
000967	上风高科	54.28	1878	54.26	79.44	29.17
000968	煤气化	51.33	2102	47.81	80.56	29.17
000969	安泰科技	78.58	29	86.74	78.33	62.50
000970	中科三环	66.25	561	60.00	82.50	62.50
000971	蓝鼎控股	61.24	1103	74.97	78.33	16.67
000972	新中基	42.26	2372	39.80	64.44	25.00
000973	佛塑科技	75.86	86	87.97	81.67	45.83
000975	银泰资源	55.86	1719	50.05	81.67	41.67
000976	*ST春晖	62.43	949	77.91	77.22	16.67
000977	浪潮信息	67.80	463	62.69	75.00	70.83

续表

股票代码	证券简称	综合质量评分（分）	排名	分项评分(分)		
				价值创造能力	价值管理能力	价值分配能力
000978	桂林旅游	52.54	2028	45.23	78.06	41.67
000979	中弘股份	63.16	871	60.22	90.56	41.67
000980	金马股份	48.96	2231	44.73	77.22	29.17
000981	银亿股份	53.65	1937	48.83	79.44	37.50
000982	中银绒业	58.49	1412	60.30	75.83	37.50
000983	西山煤电	59.61	1284	59.49	73.61	45.83
000985	大庆华科	57.88	1476	56.74	80.56	37.50
000987	广州友谊	63.39	845	65.11	81.67	41.67
000988	华工科技	56.53	1643	50.97	78.33	45.83
000989	九芝堂	55.08	1797	49.59	79.44	41.67
000990	诚志股份	59.52	1295	56.40	79.44	45.83
000993	闽东电力	57.85	1484	43.89	72.78	70.83
000995	皇台酒业	46.32	2308	43.48	81.67	16.67
000996	中国中期	55.05	1802	52.51	86.01	29.17
000997	新大陆	61.19	1107	60.30	78.33	45.83
000998	隆平高科	70.33	304	79.42	85.00	37.50
000999	华润三九	65.23	650	58.94	80.56	62.50
001696	宗申动力	68.72	410	88.97	76.11	20.83
001896	豫能控股	58.57	1397	60.20	80.56	33.33
002001	新和成	60.76	1157	67.21	79.44	29.17
002002	鸿达兴业	54.72	1837	53.10	79.34	33.33
002003	伟星股份	77.88	39	92.47	84.89	41.67
002004	华邦颖泰	60.70	1168	59.74	81.67	41.67
002005	德豪润达	56.67	1624	57.51	78.33	33.33
002006	精功科技	62.22	979	55.61	79.34	58.33
002007	华兰生物	72.32	219	64.65	85.00	75.00
002008	大族激光	72.77	192	84.48	80.45	41.67
002009	天奇股份	61.85	1019	61.06	79.44	45.83

续表

股票代码	证券简称	综合质量评分（分）	排名	分项评分(分)		
				价值创造能力	价值管理能力	价值分配能力
002010	传化股份	66.47	544	70.36	79.34	45.83
002011	盾安环境	74.83	108	91.19	79.44	37.50
002012	凯恩股份	64.76	700	71.09	79.34	37.50
002013	中航机电	53.25	1971	51.36	72.78	37.50
002014	永新股份	76.96	58	91.69	82.78	41.67
002015	*ST霞客	50.78	2133	55.64	66.84	25.00
002016	世荣兆业	47.99	2262	37.57	79.34	37.50
002017	东信和平	56.82	1600	58.82	80.45	29.17
002018	华信国际	58.83	1375	49.93	77.12	58.33
002019	亿帆鑫富	61.26	1102	61.40	80.56	41.67
002020	京新药业	60.92	1139	62.82	80.56	37.50
002021	中捷资源	43.28	2356	35.16	73.61	29.17
002022	科华生物	68.23	440	71.23	80.45	50.00
002023	海特高新	64.62	715	66.60	79.44	45.83
002024	苏宁云商	62.97	896	54.41	80.56	62.50
002025	航天电器	60.11	1238	61.88	79.17	37.50
002026	山东威达	55.99	1705	53.51	79.44	37.50
002027	七喜控股	46.65	2298	39.20	74.89	33.33
002028	思源电气	60.64	1175	62.30	80.45	37.50
002029	七匹狼	72.36	214	88.53	74.89	37.50
002030	达安基因	70.63	287	69.73	80.56	62.50
002031	巨轮股份	60.06	1241	61.64	79.44	37.50
002032	苏泊尔	76.77	63	94.43	84.89	33.33
002033	丽江旅游	64.12	764	53.65	78.33	70.83
002034	美欣达	72.41	212	84.33	79.34	41.67
002035	华帝股份	61.66	1046	65.39	78.33	37.50

续表

股票代码	证券简称	综合质量评分（分）	排名	分项评分(分)		
				价值创造能力	价值管理能力	价值分配能力
002036	汉麻产业	69.89	333	84.98	80.45	29.17
002037	久联发展	53.21	1973	52.25	79.17	29.17
002038	双鹭药业	63.37	849	64.10	79.44	45.83
002039	黔源电力	68.36	431	63.79	75.00	70.83
002040	南京港	50.14	2172	45.47	80.45	29.17
002041	登海种业	65.94	588	74.01	78.23	37.50
002042	华孚色纺	70.21	309	86.11	79.44	29.17
002043	兔宝宝	62.37	959	63.50	85.00	37.50
002044	江苏三友	69.57	357	79.46	86.01	33.33
002045	国光电器	62.26	975	60.69	86.01	41.67
002046	轴研科技	57.11	1569	53.81	75.00	45.83
002047	宝鹰股份	57.84	1486	54.63	80.45	41.67
002048	宁波华翔	60.92	1140	63.36	79.44	37.50
002049	同方国芯	65.14	658	72.36	78.33	37.50
002050	三花股份	73.07	178	84.90	85.00	37.50
002051	中工国际	59.68	1280	59.35	78.33	41.67
002052	同洲电子	54.83	1822	52.03	73.61	41.67
002053	云南盐化	55.43	1764	48.78	78.33	45.83
002054	德美化工	64.83	689	66.51	80.45	45.83
002055	得润电子	60.52	1189	62.07	80.45	37.50
002056	横店东磁	69.16	382	64.63	84.89	62.50
002057	中钢天源	56.04	1699	50.06	78.23	45.83
002058	威尔泰	72.08	228	83.66	79.34	41.67
002059	云南旅游	53.71	1929	57.29	79.44	20.83
002060	粤水电	53.90	1906	48.76	80.56	37.50
002061	江山化工	57.48	1532	50.24	79.44	50.00

续表

股票代码	证券简称	综合质量评分（分）	排名	分项评分(分)		
				价值创造能力	价值管理能力	价值分配能力
002062	宏润建设	66.40	550	61.33	80.45	62.50
002063	远光软件	66.96	513	68.00	86.01	45.83
002064	华峰氨纶	74.73	110	90.49	80.45	37.50
002065	东华软件	67.04	508	72.69	76.94	45.83
002066	瑞泰科技	57.34	1547	55.65	80.56	37.50
002067	景兴纸业	73.36	167	86.17	79.44	41.67
002068	黑猫股份	60.54	1185	58.49	79.34	45.83
002069	獐子岛	54.85	1820	51.28	75.17	41.67
002070	众和股份	69.45	362	81.73	72.67	41.67
002071	长城影视	52.26	2046	43.42	80.56	41.67
002072	凯瑞德	57.43	1535	68.53	76.01	16.67
002073	软控股份	74.71	114	75.40	77.22	70.83
002074	东源电器	59.47	1300	60.51	79.34	37.50
002075	沙钢股份	71.15	263	87.08	77.12	33.33
002076	雪莱特	56.38	1658	48.04	79.44	50.00
002077	大港股份	56.00	1704	57.69	79.44	29.17
002078	太阳纸业	74.23	137	86.72	86.01	37.50
002079	苏州固锝	58.76	1382	58.54	80.45	37.50
002080	中材科技	74.25	135	80.36	73.78	62.50
002081	金螳螂	68.67	414	77.19	82.78	37.50
002082	栋梁新材	69.14	385	63.19	79.34	70.83
002083	孚日股份	74.14	141	90.69	86.01	29.17
002084	海鸥卫浴	69.38	370	80.48	79.06	37.50
002085	万丰奥威	67.75	467	74.45	80.45	41.67
002086	东方海洋	49.27	2213	42.76	78.23	33.33
002087	新野纺织	73.67	158	90.53	76.11	37.50

续表

股票代码	证券简称	综合质量评分（分）	排名	分项评分(分)		
				价值创造能力	价值管理能力	价值分配能力
002088	鲁阳股份	64.43	731	72.62	75.00	37.50
002089	新海宜	58.38	1418	55.24	77.22	45.83
002090	金智科技	61.68	1040	66.01	77.22	37.50
002091	江苏国泰	63.96	782	66.44	77.12	45.83
002092	中泰化学	66.82	521	67.66	86.11	45.83
002093	国脉科技	57.01	1579	51.99	78.23	45.83
002094	青岛金王	61.84	1023	63.59	82.67	37.50
002095	生意宝	55.07	1798	52.55	77.67	37.50
002096	南岭民爆	61.99	1010	64.67	72.78	45.83
002097	山河智能	54.31	1874	50.71	78.33	37.50
002098	浔兴股份	68.60	419	76.78	75.00	45.83
002099	海翔药业	63.85	792	67.19	79.34	41.67
002100	天康生物	76.70	64	93.26	82.78	37.50
002101	广东鸿图	59.75	1272	62.75	76.01	37.50
002102	冠福股份	65.89	590	80.12	70.00	33.33
002103	广博股份	70.50	294	85.35	73.78	37.50
002104	恒宝股份	65.68	607	66.13	80.45	50.00
002105	信隆实业	70.04	322	78.96	80.56	41.67
002106	莱宝高科	64.29	747	52.94	80.45	70.83
002107	沃华医药	58.17	1435	63.62	80.45	25.00
002108	沧州明珠	69.15	383	79.42	76.11	41.67
002109	兴化股份	48.45	2246	42.10	80.45	29.17
002110	三钢闽光	69.63	355	81.39	78.23	37.50
002111	威海广泰	62.34	965	66.76	78.33	37.50
002112	三变科技	58.13	1440	53.68	79.34	45.83
002113	天润控股	51.96	2062	56.41	78.33	16.67

续表

股票代码	证券简称	综合质量评分（分）	排名	分项评分(分)		
				价值创造能力	价值管理能力	价值分配能力
002114	罗平锌电	59.72	1275	74.16	73.89	16.67
002115	三维通信	64.49	725	70.52	79.44	37.50
002116	中国海诚	61.39	1084	61.72	80.45	41.67
002117	东港股份	78.66	27	93.44	86.11	41.67
002118	紫鑫药业	50.41	2158	48.17	67.78	37.50
002119	康强电子	61.18	1110	61.15	84.89	37.50
002120	新海股份	74.57	118	82.39	79.34	54.17
002121	科陆电子	74.44	125	83.46	85.00	45.83
002122	天马股份	53.80	1919	53.30	79.44	29.17
002123	荣信股份	51.60	2082	44.78	79.34	37.50
002124	天邦股份	74.42	127	84.03	83.78	45.83
002125	湘潭电化	47.50	2275	38.61	79.44	33.33
002126	银轮股份	58.54	1402	60.84	75.00	37.50
002127	新民科技	46.77	2295	46.60	68.89	25.00
002128	露天煤业	56.88	1591	58.91	80.56	29.17
002129	中环股份	59.33	1316	56.63	78.23	45.83
002130	沃尔核材	62.22	980	58.47	86.11	45.83
002131	利欧股份	64.36	738	67.52	84.89	37.50
002132	恒星科技	59.85	1260	59.34	74.89	45.83
002133	广宇集团	58.99	1357	56.17	86.11	37.50
002134	天津普林	54.00	1897	48.33	86.01	33.33
002135	东南网架	61.39	1086	61.52	85.00	37.50
002136	安纳达	59.91	1256	64.59	77.12	33.33
002137	实益达	63.11	881	60.16	90.45	41.67
002138	顺络电子	62.63	931	64.20	80.45	41.67
002139	拓邦股份	64.84	687	64.40	80.56	50.00

续表

股票代码	证券简称	综合质量评分（分）	排名	分项评分(分)		
				价值创造能力	价值管理能力	价值分配能力
002140	东华科技	64.08	768	74.55	78.06	29.17
002141	蓉胜超微	54.45	1864	56.68	71.11	33.33
002143	印纪传媒	54.08	1891	55.93	79.44	25.00
002144	宏达高科	75.55	97	88.52	79.34	45.83
002145	中核钛白	56.14	1687	58.71	73.78	33.33
002146	荣盛发展	62.45	947	67.82	85.00	29.17
002147	方圆支承	58.62	1390	55.15	78.33	45.83
002148	北纬通信	57.21	1558	53.44	76.11	45.83
002149	西部材料	68.01	452	78.16	78.23	37.50
002150	通润装备	53.81	1917	44.43	80.56	45.83
002151	北斗星通	64.37	736	66.10	79.44	45.83
002152	广电运通	80.63	14	95.99	80.56	50.00
002153	石基信息	67.65	474	60.72	78.33	70.83
002154	报喜鸟	75.20	104	91.42	80.45	37.50
002155	辰州矿业	71.50	251	68.42	78.33	70.83
002156	通富微电	56.21	1680	54.50	78.33	37.50
002157	正邦科技	73.77	155	92.53	72.50	37.50
002158	汉钟精机	58.00	1467	55.45	79.44	41.67
002159	三特索道	53.71	1930	53.68	78.33	29.17
002160	常铝股份	68.58	421	84.43	80.45	25.00
002161	远望谷	57.63	1510	60.68	71.67	37.50
002162	斯米克	69.08	391	70.67	85.00	50.00
002163	*ST三鑫	46.33	2307	45.90	76.84	16.67
002164	宁波东力	54.91	1813	50.84	80.45	37.50
002165	红宝丽	63.93	783	67.72	82.78	37.50
002166	莱茵生物	56.78	1607	56.68	80.45	33.33

续表

股票代码	证券简称	综合质量评分（分）	排名	分项评分（分）		
				价值创造能力	价值管理能力	价值分配能力
002167	东方锆业	53.52	1952	48.76	74.89	41.67
002168	深圳惠程	54.32	1873	60.78	74.89	20.83
002169	智光电气	55.98	1707	55.20	76.01	37.50
002170	芭田股份	65.49	626	70.48	79.34	41.67
002171	精诚铜业	71.14	264	84.93	77.22	37.50
002172	澳洋科技	64.72	705	79.73	82.78	16.67
002173	千足珍珠	65.15	656	71.32	80.45	37.50
002174	游族网络	69.23	378	58.60	80.56	79.17
002175	广陆数测	63.54	827	63.93	80.45	45.83
002176	江特电机	56.45	1652	54.43	79.44	37.50
002177	御银股份	74.34	131	81.37	80.45	54.17
002178	延华智能	59.03	1354	55.89	82.67	41.67
002179	中航光电	59.23	1328	60.59	78.23	37.50
002180	艾派克	62.11	988	65.20	80.56	37.50
002181	粤传媒	51.82	2071	41.55	78.33	45.83
002182	云海金属	70.00	323	80.55	68.89	50.00
002183	怡亚通	58.08	1449	53.51	79.44	45.83
002184	海得控制	61.54	1065	63.69	77.12	41.67
002185	华天科技	62.98	892	66.99	80.45	37.50
002186	全聚德	69.74	346	75.31	78.33	50.00
002187	广百股份	59.24	1327	53.25	80.45	50.00
002188	新嘉联	51.87	2069	47.96	78.23	33.33
002189	利达光电	68.32	434	62.33	86.11	62.50
002190	成飞集成	55.82	1723	50.25	76.94	45.83
002191	劲嘉股份	77.16	53	92.57	86.01	37.50
002192	*ST 路翔	49.70	2196	45.43	74.62	33.33

续表

股票代码	证券简称	综合质量评分（分）	排名	分项评分(分)		
				价值创造能力	价值管理能力	价值分配能力
002193	山东如意	72.02	229	89.18	80.56	29.17
002194	武汉凡谷	61.99	1009	60.00	77.95	50.00
002195	二三四五	59.16	1336	56.57	86.01	37.50
002196	方正电机	75.72	90	90.95	79.34	41.67
002197	证通电子	73.35	169	83.51	80.56	45.83
002198	嘉应制药	60.77	1154	58.39	72.12	54.17
002199	东晶电子	50.86	2127	49.63	70.83	33.33
002200	云投生态	56.43	1656	54.53	75.00	41.67
002201	九鼎新材	71.34	260	85.05	86.11	29.17
002202	金风科技	82.89	6	88.70	83.33	70.83
002203	海亮股份	78.21	35	92.39	90.56	37.50
002204	大连重工	52.18	2051	49.50	80.56	29.17
002205	国统股份	55.01	1804	57.94	75.00	29.17
002206	海利得	80.66	12	93.87	84.89	50.00
002207	准油股份	59.67	1281	64.53	80.45	29.17
002208	合肥城建	57.97	1470	58.64	77.12	37.50
002209	达意隆	57.99	1468	55.01	76.11	45.83
002210	飞马国际	54.88	1815	51.49	74.89	41.67
002211	宏达新材	47.84	2267	52.27	70.17	16.67
002212	南洋股份	52.83	2006	48.90	76.01	37.50
002213	特尔佳	60.84	1148	66.03	73.78	37.50
002214	大立科技	58.07	1450	57.73	71.01	45.83
002215	诺普信	62.71	920	64.91	79.34	41.67
002216	三全食品	67.50	484	63.20	72.78	70.83
002217	合力泰	62.99	890	69.04	80.56	33.33
002218	拓日新能	65.14	657	69.78	79.34	41.67

续表

股票代码	证券简称	综合质量评分（分）	排名	分项评分(分)		
				价值创造能力	价值管理能力	价值分配能力
002219	恒康医疗	61.31	1094	56.70	86.01	45.83
002220	天宝股份	69.39	368	79.81	80.45	37.50
002221	东华能源	59.05	1352	60.79	77.12	37.50
002222	福晶科技	63.93	784	65.41	74.89	50.00
002223	鱼跃医疗	69.78	344	85.26	79.44	29.17
002224	三力士	77.05	54	90.96	80.45	45.83
002225	濮耐股份	65.87	592	70.21	77.22	45.83
002226	江南化工	64.46	728	63.69	80.45	50.00
002227	奥特迅	66.51	539	67.66	84.89	45.83
002228	合兴包装	71.07	268	78.99	80.45	45.83
002229	鸿博股份	79.50	21	88.58	78.33	62.50
002230	科大讯飞	70.27	307	64.49	77.12	75.00
002231	奥维通信	55.53	1754	47.50	77.12	50.00
002232	启明信息	53.78	1921	53.82	78.33	29.17
002233	塔牌集团	66.85	518	60.13	76.28	70.83
002234	民和股份	62.34	966	62.50	82.67	41.67
002235	安妮股份	64.12	763	74.83	73.51	33.33
002236	大华股份	68.34	433	62.44	86.01	62.50
002237	恒邦股份	76.95	59	92.80	68.06	54.17
002238	天威视讯	56.72	1615	53.78	73.51	45.83
002239	金飞达	48.99	2228	43.17	80.45	29.17
002240	威华股份	71.37	258	88.07	76.01	33.33
002241	歌尔声学	72.34	216	73.16	80.56	62.50
002242	九阳股份	57.62	1511	54.73	79.34	41.67
002243	通产丽星	68.01	453	77.55	79.44	37.50
002244	滨江集团	58.59	1395	62.92	79.34	29.17

续表

股票代码	证券简称	综合质量评分（分）	排名	分项评分(分)		
				价值创造能力	价值管理能力	价值分配能力
002245	澳洋顺昌	68.66	415	76.08	85.00	37.50
002246	北化股份	57.49	1529	54.62	74.89	45.83
002247	帝龙新材	71.85	236	85.27	79.34	37.50
002248	*ST东数	46.47	2303	51.19	66.84	16.67
002249	大洋电机	76.85	61	72.30	79.44	83.33
002250	联化科技	70.40	302	77.60	80.56	45.83
002251	步步高	61.46	1071	62.36	79.44	41.67
002252	上海莱士	68.88	399	77.27	79.34	41.67
002253	川大智胜	60.93	1136	62.97	76.11	41.67
002254	泰和新材	69.83	337	87.49	79.34	25.00
002255	海陆重工	70.09	317	81.16	80.56	37.50
002256	彩虹精化	63.43	837	65.11	73.51	50.00
002258	利尔化学	63.78	800	64.42	80.45	45.83
002259	升达林业	67.77	465	74.57	76.11	45.83
002260	伊立浦	57.16	1562	57.44	80.45	33.33
002261	拓维信息	60.75	1159	59.42	78.33	45.83
002262	恩华药业	66.99	509	75.00	80.45	37.50
002263	大东南	58.07	1451	68.64	70.00	25.00
002264	新华都	59.72	1274	55.47	90.45	37.50
002265	西仪股份	48.50	2244	42.19	80.45	29.17
002266	浙富控股	72.75	193	80.08	85.00	45.83
002267	陕天然气	59.18	1332	60.58	78.06	37.50
002268	卫士通	67.93	457	73.77	78.33	45.83
002269	美邦服饰	69.23	376	81.52	80.56	33.33
002270	法因数控	61.90	1016	61.17	79.44	45.83
002271	东方雨虹	74.48	122	84.16	83.78	45.83

续表

股票代码	证券简称	综合质量评分（分）	排名	分项评分(分)		
				价值创造能力	价值管理能力	价值分配能力
002272	川润股份	53.88	1910	49.90	78.23	37.50
002273	水晶光电	66.49	543	73.16	77.95	41.67
002274	华昌化工	49.38	2207	41.40	77.22	37.50
002275	桂林三金	63.23	863	65.96	79.34	41.67
002276	万马股份	63.65	814	66.05	85.00	37.50
002277	友阿股份	53.15	1982	48.38	78.33	37.50
002278	神开股份	58.12	1444	65.40	60.00	41.67
002279	久其软件	66.33	557	73.63	80.56	37.50
002280	联络互动	62.11	989	58.94	80.56	50.00
002281	光迅科技	66.26	560	57.25	83.89	66.67
002282	博深工具	64.29	746	64.98	77.22	50.00
002283	天润曲轴	58.59	1394	58.77	79.34	37.50
002284	亚太股份	61.65	1047	64.82	79.44	37.50
002285	世联行	68.24	439	76.62	78.06	41.67
002286	保龄宝	69.82	338	83.45	74.89	37.50
002287	奇正藏药	55.66	1741	56.79	75.73	33.33
002288	超华科技	50.89	2123	39.28	79.17	45.83
002289	宇顺电子	49.06	2221	50.07	62.78	33.33
002290	禾盛新材	57.27	1550	56.07	79.44	37.50
002291	星期六	68.10	445	77.74	79.44	37.50
002292	奥飞动漫	57.77	1491	58.73	76.11	37.50
002293	罗莱家纺	78.63	28	95.10	82.67	41.67
002294	信立泰	63.32	853	65.58	80.45	41.67
002295	精艺股份	65.96	587	77.20	76.11	33.33
002296	辉煌科技	62.98	893	70.27	65.56	45.83
002297	博云新材	59.75	1273	61.63	78.23	37.50

续表

股票代码	证券简称	综合质量评分（分）	排名	分项评分（分）		
				价值创造能力	价值管理能力	价值分配能力
002298	鑫龙电器	57.25	1554	60.19	79.44	29.17
002299	圣农发展	69.81	340	64.34	83.89	66.67
002300	太阳电缆	58.03	1459	57.73	75.00	41.67
002301	齐心集团	74.49	121	81.63	97.22	37.50
002302	西部建设	55.06	1799	52.35	78.06	37.50
002303	美盈森	75.63	93	88.62	79.44	45.83
002304	洋河股份	66.22	563	68.88	81.28	45.83
002305	南国置业	66.52	538	74.58	79.44	37.50
002306	中科云网	49.00	2226	55.13	69.06	16.67
002307	北新路桥	49.06	2222	44.23	82.78	25.00
002308	威创股份	52.40	2035	49.52	77.22	33.33
002309	中利科技	56.89	1590	56.42	77.22	37.50
002310	东方园林	61.43	1077	59.67	80.56	45.83
002311	海大集团	74.69	115	89.81	81.67	37.50
002312	三泰控股	59.55	1291	60.13	80.45	37.50
002313	日海通讯	50.32	2164	38.90	86.01	37.50
002314	雅致股份	54.13	1885	54.00	79.34	29.17
002315	焦点科技	60.65	1172	57.75	77.12	50.00
002316	键桥通讯	51.06	2113	46.56	73.61	37.50
002317	众生药业	67.19	494	70.77	77.22	50.00
002318	久立特材	75.87	84	93.26	79.44	37.50
002319	乐通股份	57.63	1509	56.79	79.44	37.50
002320	海峡股份	62.16	985	68.07	75.00	37.50
002321	华英农业	54.96	1807	48.81	80.56	41.67
002322	理工监测	59.71	1276	65.12	79.44	29.17
002323	中联电气	68.91	397	77.82	78.33	41.67

续表

股票代码	证券简称	综合质量评分（分）	排名	分项评分(分)		
				价值创造能力	价值管理能力	价值分配能力
002324	普利特	74.72	113	86.24	80.56	45.83
002325	洪涛股份	65.97	586	70.18	86.01	37.50
002326	永太科技	68.27	438	73.35	80.56	45.83
002327	富安娜	73.96	149	84.73	80.56	45.83
002328	新朋股份	54.86	1816	50.75	80.45	37.50
002329	皇氏集团	64.09	767	58.79	80.45	58.33
002330	得利斯	57.32	1548	60.34	71.11	37.50
002331	皖通科技	65.77	603	56.40	79.44	70.83
002332	仙琚制药	64.83	688	60.77	79.44	58.33
002333	罗普斯金	67.17	496	73.28	80.45	41.67
002334	英威腾	65.60	610	65.22	86.11	45.83
002335	科华恒盛	65.24	647	69.85	83.78	37.50
002336	人人乐	47.30	2281	43.77	68.33	33.33
002337	赛象科技	63.68	811	68.19	85.00	33.33
002338	奥普光电	65.89	591	70.67	80.56	41.67
002339	积成电子	62.13	987	62.45	86.11	37.50
002340	格林美	74.50	120	77.46	80.56	62.50
002341	新纶科技	62.05	997	63.74	74.89	45.83
002342	巨力索具	55.46	1762	64.17	72.67	20.83
002343	禾欣股份	73.43	165	81.58	80.56	50.00
002344	海宁皮城	72.95	185	66.60	79.44	79.17
002345	潮宏基	75.86	87	92.83	76.11	41.67
002346	柘中股份	67.59	477	76.20	80.45	37.50
002347	泰尔重工	56.28	1670	51.31	85.00	37.50
002348	高乐股份	80.65	13	80.47	78.33	83.33
002349	精华制药	63.17	870	62.03	82.78	45.83

续表

股票代码	证券简称	综合质量评分（分）	排名	分项评分(分)		
				价值创造能力	价值管理能力	价值分配能力
002350	北京科锐	64.63	713	68.71	79.44	41.67
002351	漫步者	59.47	1299	54.22	79.44	50.00
002352	鼎泰新材	62.08	992	63.04	80.56	41.67
002353	杰瑞股份	72.00	230	70.53	76.11	70.83
002354	天神娱乐	60.33	1211	62.75	78.33	37.50
002355	兴民钢圈	55.68	1739	52.38	80.45	37.50
002356	浩宁达	73.87	152	93.02	76.11	33.33
002357	富临运业	60.43	1199	62.39	79.44	37.50
002358	森源电气	61.03	1127	63.72	79.17	37.50
002359	齐星铁塔	66.81	523	81.59	74.89	29.17
002360	同德化工	61.99	1008	66.07	78.33	37.50
002361	神剑股份	57.53	1522	55.62	68.89	50.00
002362	汉王科技	65.21	652	69.31	80.56	41.67
002363	隆基机械	55.89	1717	56.91	80.56	29.17
002364	中恒电气	70.13	315	78.52	86.01	37.50
002365	永安药业	61.00	1131	59.41	79.34	45.83
002366	丹甫股份	73.46	164	86.42	79.34	41.67
002367	康力电梯	65.62	609	64.90	82.67	50.00
002368	太极股份	68.57	422	62.55	78.33	70.83
002369	卓翼科技	61.27	1099	55.09	84.89	50.00
002370	亚太药业	63.26	858	68.10	79.34	37.50
002371	七星电子	55.90	1715	59.77	74.89	29.17
002372	伟星新材	66.03	579	68.73	85.00	41.67
002373	千方科技	65.26	643	70.58	78.23	41.67
002374	丽鹏股份	75.89	83	88.64	80.45	45.83
002375	亚厦股份	66.47	546	70.91	78.23	45.83

续表

股票代码	证券简称	综合质量评分（分）	排名	分项评分(分)		
				价值创造能力	价值管理能力	价值分配能力
002376	新北洋	64.77	698	70.57	80.45	37.50
002377	国创高新	76.28	77	89.78	83.89	41.67
002378	章源钨业	70.48	295	82.53	79.34	37.50
002379	鲁丰环保	60.17	1228	65.33	72.50	37.50
002380	科远股份	64.61	716	63.58	77.12	54.17
002381	双箭股份	77.81	42	90.95	79.34	50.00
002382	蓝帆医疗	71.63	245	79.99	84.89	41.67
002383	合众思壮	61.35	1090	62.70	78.33	41.67
002384	东山精密	75.34	101	88.03	79.44	45.83
002385	大北农	77.76	43	86.83	91.56	45.83
002386	天原集团	56.45	1653	50.31	79.34	45.83
002387	黑牛食品	62.30	970	62.02	79.34	45.83
002388	新亚制程	57.25	1552	54.00	79.34	41.67
002389	南洋科技	58.82	1376	55.06	79.34	45.83
002390	信邦制药	60.36	1204	61.75	80.45	37.50
002391	长青股份	65.11	660	64.94	80.56	50.00
002392	北京利尔	66.90	517	70.65	80.45	45.83
002393	力生制药	61.90	1017	62.73	80.45	41.67
002394	联发股份	68.29	436	76.03	79.44	41.67
002395	双象股份	69.55	358	78.55	79.44	41.67
002396	星网锐捷	62.64	927	48.26	74.89	79.17
002397	梦洁家纺	73.98	148	83.85	78.23	50.00
002398	建研集团	64.24	753	66.40	78.33	45.83
002399	海普瑞	57.19	1559	49.10	80.56	50.00
002400	省广股份	59.15	1340	59.27	80.56	37.50
002401	中海科技	58.64	1389	55.19	78.33	45.83

续表

股票代码	证券简称	综合质量评分（分）	排名	分项评分(分)		
				价值创造能力	价值管理能力	价值分配能力
002402	和而泰	62.39	956	60.20	79.17	50.00
002403	爱仕达	74.57	119	88.08	80.45	41.67
002404	嘉欣丝绸	73.46	163	81.70	80.45	50.00
002405	四维图新	72.34	215	69.55	79.44	70.83
002406	远东传动	63.62	818	66.69	79.44	41.67
002407	多氟多	60.37	1202	58.16	79.34	45.83
002408	齐翔腾达	63.64	815	67.27	82.50	37.50
002409	雅克科技	63.06	884	64.64	77.12	45.83
002410	广联达	67.04	507	70.20	77.78	50.00
002411	九九久	61.89	1018	63.36	75.00	45.83
002412	汉森制药	61.85	1020	65.78	78.33	37.50
002413	常发股份	52.25	2047	51.35	77.12	29.17
002414	高德红外	64.47	727	70.47	79.44	37.50
002415	海康威视	80.81	11	78.90	90.45	75.00
002416	爱施德	59.95	1252	65.09	80.45	29.17
002417	三元达	49.79	2190	43.81	78.23	33.33
002418	康盛股份	69.14	386	88.19	71.01	29.17
002419	天虹商场	68.35	432	60.87	85.00	66.67
002420	毅昌股份	71.77	237	89.23	79.44	29.17
002421	达实智能	54.02	1894	53.52	71.56	37.50
002422	科伦药业	73.78	154	62.05	83.51	87.50
002423	中原特钢	51.62	2080	51.72	73.89	29.17
002424	贵州百灵	57.52	1523	50.31	79.44	50.00
002425	凯撒股份	64.97	672	74.44	73.51	37.50
002426	胜利精密	63.39	844	63.17	77.22	50.00
002427	尤夫股份	73.30	171	88.17	79.34	37.50

续表

股票代码	证券简称	综合质量评分（分）	排名	分项评分(分)		
				价值创造能力	价值管理能力	价值分配能力
002428	云南锗业	71.47	252	80.29	79.44	45.83
002429	兆驰股份	61.11	1120	61.66	83.61	37.50
002430	杭氧股份	63.22	865	63.85	79.34	45.83
002431	棕榈园林	65.80	600	68.40	80.56	45.83
002432	九安医疗	65.57	615	78.96	79.34	25.00
002433	太安堂	58.94	1366	58.34	81.56	37.50
002434	万里扬	61.33	1093	64.25	79.34	37.50
002435	长江润发	54.67	1841	57.25	75.00	29.17
002436	兴森科技	62.31	969	61.05	77.12	50.00
002437	誉衡药业	62.63	930	66.98	74.89	41.67
002438	江苏神通	68.07	449	62.16	77.12	70.83
002439	启明星辰	62.24	977	65.45	80.56	37.50
002440	闰土股份	66.49	542	74.00	72.12	45.83
002441	众业达	58.34	1422	57.85	76.01	41.67
002442	龙星化工	56.29	1669	57.43	72.78	37.50
002443	金洲管道	71.57	248	84.71	79.34	37.50
002444	巨星科技	58.55	1399	58.62	79.44	37.50
002445	中南重工	53.20	1976	53.20	77.22	29.17
002446	盛路通信	63.80	799	58.91	91.56	45.83
002447	壹桥海参	61.76	1029	65.61	78.33	37.50
002448	中原内配	70.52	293	77.90	80.45	45.83
002449	国星光电	54.64	1847	51.70	73.51	41.67
002450	康得新	73.35	168	93.98	67.95	37.50
002451	摩恩电气	60.35	1206	61.67	80.56	37.50
002452	长高集团	63.40	841	64.72	78.33	45.83
002453	天马精化	50.53	2150	45.97	72.67	37.50

续表

股票代码	证券简称	综合质量评分（分）	排名	分项评分(分)		
				价值创造能力	价值管理能力	价值分配能力
002454	松芝股份	63.57	821	63.94	80.56	45.83
002455	百川股份	59.96	1250	60.52	77.12	41.67
002456	欧菲光	60.38	1201	62.29	79.44	37.50
002457	青龙管业	55.91	1712	57.58	79.34	29.17
002458	益生股份	62.64	926	68.34	80.56	33.33
002459	天业通联	42.98	2361	40.18	74.89	16.67
002460	赣锋锂业	72.64	201	80.75	79.06	50.00
002461	珠江啤酒	56.85	1596	56.94	76.01	37.50
002462	嘉事堂	65.85	594	64.33	72.22	62.50
002463	沪电股份	56.30	1668	57.79	80.45	29.17
002464	金利科技	60.61	1177	68.35	72.39	33.33
002465	海格通信	69.93	329	74.58	80.56	50.00
002466	天齐锂业	60.35	1207	64.36	79.34	33.33
002467	二六三	66.92	516	66.34	85.00	50.00
002468	艾迪西	56.07	1694	53.16	80.45	37.50
002469	三维工程	58.43	1414	58.43	79.34	37.50
002470	金正大	62.64	925	66.82	79.44	37.50
002471	中超电缆	59.06	1351	58.17	78.23	41.67
002472	双环传动	70.61	289	85.57	73.78	37.50
002473	圣莱达	45.69	2318	44.49	77.12	16.67
002474	榕基软件	58.40	1417	54.76	78.23	45.83
002475	立讯精密	57.94	1471	52.69	80.56	45.83
002476	宝莫股份	64.62	714	67.21	78.23	45.83
002477	雏鹰农牧	56.00	1703	56.86	72.78	37.50
002478	常宝股份	74.73	111	92.15	77.12	37.50
002479	富春环保	59.11	1345	59.05	85.00	33.33

续表

股票代码	证券简称	综合质量评分（分）	排名	分项评分(分)		
				价值创造能力	价值管理能力	价值分配能力
002480	新筑股份	56.40	1657	56.46	79.34	33.33
002481	双塔食品	65.44	631	68.25	79.44	45.83
002482	广田股份	65.32	639	71.61	80.56	37.50
002483	润邦股份	54.46	1861	49.89	80.56	37.50
002484	江海股份	62.34	964	63.16	77.22	45.83
002485	希努尔	66.23	562	79.31	77.12	29.17
002486	嘉麟杰	72.62	205	82.09	80.45	45.83
002487	大金重工	64.65	712	67.49	86.11	37.50
002488	金固股份	59.94	1253	55.20	79.34	50.00
002489	浙江永强	80.13	16	91.42	79.34	58.33
002490	山东墨龙	56.94	1585	56.11	78.06	37.50
002491	通鼎互联	62.99	891	66.58	77.12	41.67
002492	恒基达鑫	58.56	1398	58.09	80.56	37.50
002493	荣盛石化	74.09	143	89.76	79.34	37.50
002494	华斯股份	74.39	129	86.20	79.34	45.83
002495	佳隆股份	66.07	574	64.13	86.01	50.00
002496	辉丰股份	61.60	1051	62.01	84.89	37.50
002497	雅化集团	67.34	488	70.01	79.34	50.00
002498	汉缆股份	59.61	1283	60.24	80.45	37.50
002499	科林环保	57.09	1571	55.15	80.56	37.50
002501	利源精制	75.67	92	88.15	80.56	45.83
002502	骅威股份	74.34	132	87.76	76.01	45.83
002503	搜于特	71.40	255	82.30	79.34	41.67
002504	东光微电	54.71	1839	57.39	74.89	29.17
002505	大康牧业	50.10	2175	43.86	79.34	33.33
002506	*ST集成	46.57	2300	47.30	66.67	25.00

续表

股票代码	证券简称	综合质量评分（分）	排名	分项评分(分)		
				价值创造能力	价值管理能力	价值分配能力
002507	涪陵榨菜	70.64	286	76.00	80.56	50.00
002508	老板电器	66.39	551	71.72	80.45	41.67
002509	天广消防	70.89	275	63.03	78.33	79.17
002510	天汽模	60.04	1242	64.59	73.51	37.50
002511	中顺洁柔	75.01	105	89.80	74.62	45.83
002512	达华智能	62.48	944	61.76	80.56	45.83
002513	蓝丰生化	49.89	2184	50.80	77.12	20.83
002514	宝馨科技	66.73	527	72.95	79.34	41.67
002515	金字火腿	61.54	1064	60.50	79.34	45.83
002516	江苏旷达	75.87	85	86.87	83.89	45.83
002517	泰亚股份	68.60	418	74.70	75.00	50.00
002518	科士达	62.57	935	60.84	82.78	45.83
002519	银河电子	68.20	442	71.18	80.45	50.00
002520	日发精机	66.47	545	69.66	84.89	41.67
002521	齐峰新材	79.57	20	93.78	84.89	45.83
002522	浙江众成	75.36	100	85.49	80.45	50.00
002523	天桥起重	65.32	638	64.68	86.11	45.83
002524	光正集团	48.97	2229	45.22	80.45	25.00
002526	山东矿机	58.24	1430	54.94	77.22	45.83
002527	新时达	66.81	524	72.50	80.56	41.67
002528	英飞拓	73.01	180	75.25	91.56	50.00
002529	海源机械	61.95	1013	48.25	80.45	70.83
002530	丰东股份	55.39	1767	53.48	77.12	37.50
002531	天顺风能	63.00	888	62.39	77.22	50.00
002532	新界泵业	61.27	1098	59.95	79.34	45.83
002533	金杯电工	61.17	1112	63.02	72.78	45.83

续表

股票代码	证券简称	综合质量评分（分）	排名	分项评分(分)		
				价值创造能力	价值管理能力	价值分配能力
002534	杭锅股份	76.40	72	90.20	79.34	45.83
002535	林州重机	60.51	1190	43.66	75.56	79.17
002536	西泵股份	60.64	1174	62.86	79.34	37.50
002537	海立美达	61.16	1113	56.96	84.89	45.83
002538	司尔特	60.46	1196	67.22	78.23	29.17
002539	新都化工	62.39	955	57.34	84.89	50.00
002540	亚太科技	76.42	71	91.37	77.12	45.83
002541	鸿路钢构	72.68	199	86.90	79.44	37.50
002542	中化岩土	65.29	640	69.20	72.78	50.00
002543	万和电气	61.40	1081	68.13	76.01	33.33
002544	杰赛科技	57.41	1538	53.28	77.22	45.83
002545	东方铁塔	68.64	416	75.25	78.23	45.83
002546	新联电子	67.08	504	74.72	77.22	41.67
002547	春兴精工	74.64	116	85.67	77.22	50.00
002548	金新农	75.33	102	74.00	78.33	75.00
002549	凯美特气	61.74	1032	63.90	81.67	37.50
002550	千红制药	65.82	598	68.02	77.22	50.00
002551	尚荣医疗	75.59	95	83.82	80.56	54.17
002552	宝鼎重工	58.98	1358	60.38	86.01	29.17
002553	南方轴承	71.30	261	82.46	70.28	50.00
002554	惠博普	65.69	606	68.18	80.56	45.83
002555	顺荣三七	64.74	702	66.14	85.00	41.67
002556	辉隆股份	57.93	1474	53.21	79.44	45.83
002557	洽洽食品	56.19	1682	54.33	82.78	33.33
002558	世纪游轮	49.69	2198	49.39	62.50	37.50
002559	亚威股份	70.76	282	77.91	77.22	50.00

续表

股票代码	证券简称	综合质量评分（分）	排名	分项评分(分)		
				价值创造能力	价值管理能力	价值分配能力
002560	通达股份	64.74	703	54.33	79.44	70.83
002561	徐家汇	63.66	813	63.71	77.22	50.00
002562	兄弟科技	63.03	887	63.42	79.44	45.83
002563	森马服饰	74.44	124	87.78	80.56	41.67
002564	天沃科技	57.15	1563	52.83	77.12	45.83
002565	上海绿新	61.69	1038	78.93	68.06	20.83
002566	益盛药业	58.49	1411	53.78	80.56	45.83
002567	唐人神	73.08	177	88.29	78.23	37.50
002568	百润股份	64.03	774	71.12	80.56	33.33
002569	步森股份	66.00	580	80.61	73.61	29.17
002570	贝因美	66.43	547	62.58	90.56	50.00
002571	德力股份	69.59	356	81.32	78.23	37.50
002572	索菲亚	78.97	24	93.35	79.17	50.00
002573	国电清新	56.47	1649	53.13	77.95	41.67
002574	明牌珠宝	66.42	549	66.04	79.44	54.17
002575	群兴玩具	68.81	404	80.67	80.56	33.33
002576	通达动力	56.37	1660	57.24	73.51	37.50
002577	雷柏科技	56.73	1614	56.52	80.56	33.33
002578	闽发铝业	76.45	70	90.87	78.23	45.83
002579	中京电子	53.37	1965	48.33	79.34	37.50
002580	圣阳股份	64.03	775	62.64	85.00	45.83
002581	万昌科技	68.09	446	71.46	79.44	50.00
002582	好想你	64.97	671	67.30	79.44	45.83
002583	海能达	58.03	1462	52.86	80.56	45.83
002584	西陇化工	71.13	265	62.31	84.89	75.00
002585	双星新材	73.01	181	85.88	82.78	37.50

续表

股票代码	证券简称	综合质量评分（分）	排名	价值创造能力	价值管理能力	价值分配能力
002586	围海股份	60.37	1203	60.18	79.44	41.67
002587	奥拓电子	65.26	646	62.52	86.01	50.00
002588	史丹利	64.23	755	72.22	75.00	37.50
002589	瑞康医药	60.59	1179	60.26	76.01	45.83
002590	万安科技	64.26	752	63.93	91.67	37.50
002591	恒大高新	63.46	835	61.50	85.00	45.83
002592	八菱科技	61.29	1095	62.03	79.44	41.67
002593	日上集团	57.84	1487	52.53	80.45	45.83
002594	比亚迪	69.02	395	60.95	83.33	70.83
002595	豪迈科技	73.35	170	72.30	73.78	75.00
002596	海南瑞泽	62.30	971	65.62	80.45	37.50
002597	金禾实业	62.04	1000	64.69	77.12	41.67
002598	山东章鼓	62.72	918	65.50	78.23	41.67
002599	盛通股份	74.91	107	89.41	75.00	45.83
002600	江粉磁材	55.21	1782	50.42	70.00	50.00
002601	佰利联	75.80	89	73.13	86.11	70.83
002602	世纪华通	70.33	305	75.24	85.00	45.83
002603	以岭药业	63.72	806	66.61	75.83	45.83
002604	龙力生物	69.15	384	79.27	80.56	37.50
002605	姚记扑克	70.78	280	78.93	79.44	45.83
002606	大连电瓷	60.08	1239	56.14	78.06	50.00
002607	亚夏汽车	53.66	1933	57.60	70.28	29.17
002608	舜天船舶	42.06	2374	42.24	62.95	20.83
002609	捷顺科技	63.24	862	61.07	85.00	45.83
002610	爱康科技	52.95	1999	48.96	80.56	33.33
002611	东方精工	70.60	290	73.14	86.11	50.00

续表

股票代码	证券简称	综合质量评分（分）	排名	分项评分(分)		
				价值创造能力	价值管理能力	价值分配能力
002612	朗姿股份	77.74	45	90.26	80.45	50.00
002613	北玻股份	57.08	1573	55.97	70.56	45.83
002614	蒙发利	73.12	176	83.04	80.56	45.83
002615	哈尔斯	77.74	44	90.82	79.34	50.00
002616	长青集团	61.69	1037	59.78	77.22	50.00
002617	露笑科技	50.95	2120	47.74	70.83	37.50
002618	丹邦科技	54.84	1821	47.59	78.33	45.83
002619	巨龙管业	60.46	1194	68.76	79.34	25.00
002620	瑞和股份	64.24	754	69.45	80.56	37.50
002621	大连三垒	64.09	766	65.04	80.45	45.83
002622	永大集团	54.78	1829	54.28	77.22	33.33
002623	亚玛顿	66.83	519	67.75	86.01	45.83
002624	金磊股份	47.63	2272	40.39	80.56	29.17
002625	龙生股份	60.29	1218	62.11	79.44	37.50
002626	金达威	69.44	364	77.77	80.56	41.67
002627	宜昌交运	59.41	1304	55.62	80.56	45.83
002628	成都路桥	55.54	1751	48.44	79.44	45.83
002629	仁智油服	64.81	694	72.26	77.22	37.50
002630	华西能源	72.60	206	85.38	73.78	45.83
002631	德尔家居	72.56	208	86.64	79.44	37.50
002632	道明光学	64.74	704	71.00	79.44	37.50
002633	*ST申科	55.86	1718	60.89	85.00	16.67
002634	棒杰股份	71.01	269	85.82	74.89	37.50
002635	安洁科技	72.20	223	68.29	77.22	75.00
002636	金安国纪	49.95	2180	51.98	75.00	20.83
002637	赞宇科技	62.68	923	62.72	79.44	45.83

续表

股票代码	证券简称	综合质量评分（分）	排名	分项评分（分）		
				价值创造能力	价值管理能力	价值分配能力
002638	勤上光电	53.59	1943	53.06	70.73	37.50
002639	雪人股份	64.93	678	68.34	77.22	45.83
002640	百圆裤业	60.61	1178	60.24	76.11	45.83
002641	永高股份	60.76	1156	64.44	85.00	29.17
002642	荣之联	63.06	885	64.03	78.33	45.83
002643	烟台万润	68.75	408	72.28	80.45	50.00
002644	佛慈制药	53.77	1923	48.51	80.56	37.50
002645	华宏科技	57.58	1517	57.79	77.22	37.50
002646	青青稞酒	65.53	619	63.57	85.00	50.00
002647	宏磊股份	49.65	2200	50.05	61.01	37.50
002648	卫星石化	52.74	2016	51.18	79.44	29.17
002649	博彦科技	64.35	739	64.53	78.33	50.00
002650	加加食品	60.71	1167	56.75	79.34	50.00
002651	利君股份	63.12	879	61.57	79.34	50.00
002652	扬子新材	61.19	1108	67.57	80.45	29.17
002653	海思科	63.15	873	66.64	86.01	33.33
002654	万润科技	59.38	1306	59.74	80.56	37.50
002655	共达电声	50.39	2159	49.25	73.89	29.17
002656	卡奴迪路	76.93	60	84.55	76.11	62.50
002657	中科金财	66.80	525	66.23	80.56	54.17
002658	雪迪龙	62.58	934	64.09	80.45	41.67
002659	中泰桥梁	53.12	1987	49.63	75.73	37.50
002660	茂硕电源	54.11	1887	49.24	80.45	37.50
002661	克明面业	69.87	335	76.41	85.00	41.67
002662	京威股份	63.12	878	65.74	79.34	41.67
002663	普邦园林	66.63	531	72.33	76.01	45.83

续表

股票代码	证券简称	综合质量评分（分）	排名	分项评分（分）		
				价值创造能力	价值管理能力	价值分配能力
002664	信质电机	61.13	1118	63.10	85.00	33.33
002665	首航节能	62.28	974	59.98	91.67	37.50
002666	德联集团	69.32	372	77.72	76.01	45.83
002667	鞍重股份	59.53	1294	61.75	77.12	37.50
002668	奥马电器	56.14	1686	53.80	79.44	37.50
002669	康达新材	59.78	1270	63.72	70.00	41.67
002670	华声股份	67.51	483	62.84	86.01	58.33
002671	龙泉股份	62.22	982	66.10	66.67	50.00
002672	东江环保	66.95	514	69.88	82.22	45.83
002674	兴业科技	76.30	75	91.95	83.78	37.50
002675	东诚药业	54.46	1862	48.22	83.89	37.50
002676	顺威股份	69.22	379	77.53	76.01	45.83
002677	浙江美大	59.96	1249	59.37	79.44	41.67
002678	珠江钢琴	76.26	78	89.33	80.56	45.83
002679	福建金森	52.38	2036	44.13	83.78	37.50
002680	黄海机械	60.25	1221	57.35	80.45	45.83
002681	奋达科技	61.11	1121	61.85	74.89	45.83
002682	龙洲股份	56.06	1697	54.21	78.33	37.50
002683	宏大爆破	65.79	601	66.36	80.45	50.00
002684	猛狮科技	61.57	1055	62.22	76.01	45.83
002685	华东重机	55.89	1716	48.59	80.56	45.83
002686	亿利达	61.01	1129	61.05	76.11	45.83
002687	乔治白	70.42	300	83.95	80.45	33.33
002688	金河生物	60.16	1231	62.68	73.61	41.67
002689	博林特	61.27	1100	62.54	78.33	41.67
002690	美亚光电	68.30	435	71.92	79.34	50.00

续表

股票代码	证券简称	综合质量评分（分）	排名	分项评分(分)		
				价值创造能力	价值管理能力	价值分配能力
002691	石中装备	56.64	1632	63.19	79.34	20.83
002692	远程电缆	63.25	860	65.03	77.12	45.83
002693	双成药业	62.16	986	56.32	86.01	50.00
002694	顾地科技	54.77	1831	56.21	65.00	41.67
002695	煌上煌	66.20	565	69.26	80.45	45.83
002696	百洋股份	59.02	1356	56.16	77.95	45.83
002697	红旗连锁	57.56	1520	51.92	80.56	45.83
002699	美盛文化	59.71	1278	58.86	79.44	41.67
002700	新疆浩源	60.78	1153	66.62	72.39	37.50
002701	奥瑞金	78.20	37	89.78	91.56	41.67
002702	海欣食品	72.49	210	67.95	74.89	79.17
002703	浙江世宝	60.67	1171	57.30	82.22	45.83
300001	特锐德	62.07	993	72.06	75.00	29.17
300002	神州泰岳	65.29	642	65.99	79.17	50.00
300003	乐普医疗	77.42	51	89.55	80.56	50.00
300004	南风股份	64.91	681	68.85	76.11	45.83
300005	探路者	76.99	57	91.49	75.00	50.00
300006	莱美药业	60.01	1248	59.06	76.11	45.83
300007	汉威电子	77.86	40	80.58	79.44	70.83
300008	上海佳豪	55.20	1785	55.54	80.56	29.17
300009	安科生物	67.80	464	71.99	77.22	50.00
300010	立思辰	60.16	1229	58.29	78.23	45.83
300011	鼎汉技术	77.42	50	93.04	86.11	37.50
300012	华测检测	69.68	350	74.63	79.44	50.00
300013	新宁物流	52.66	2019	46.30	80.56	37.50
300014	亿纬锂能	68.20	443	70.42	86.11	45.83

续表

股票代码	证券简称	综合质量评分（分）	排名	分项评分(分)		
				价值创造能力	价值管理能力	价值分配能力
300015	爱尔眼科	70.59	291	65.90	83.89	66.67
300016	北陆药业	80.82	10	75.31	89.34	83.33
300017	网宿科技	71.09	267	66.54	80.45	70.83
300018	中元华电	67.67	472	67.98	80.56	54.17
300019	硅宝科技	74.63	117	73.75	76.01	75.00
300020	银江股份	58.21	1433	60.86	73.61	37.50
300021	大禹节水	75.49	98	87.84	80.45	45.83
300022	吉峰农机	48.13	2259	44.04	79.44	25.00
300023	宝德股份	57.86	1479	62.30	73.51	33.33
300024	机器人	64.30	745	67.07	77.22	45.83
300025	华星创业	58.02	1464	57.57	71.11	45.83
300026	红日药业	65.50	624	69.25	86.01	37.50
300027	华谊兄弟	69.69	349	65.81	80.45	66.67
300028	金亚科技	62.00	1005	56.01	86.01	50.00
300029	天龙光电	64.46	729	73.50	69.17	41.67
300030	阳普医疗	69.20	381	79.37	80.56	37.50
300031	宝通带业	73.48	162	83.35	77.22	50.00
300032	金龙机电	66.97	511	69.22	79.44	50.00
300033	同花顺	62.19	983	62.29	78.33	45.83
300034	钢研高纳	62.89	904	63.71	78.33	45.83
300035	中科电气	63.78	801	64.41	80.45	45.83
300036	超图软件	63.83	794	66.28	76.94	45.83
300037	新宙邦	71.63	246	80.67	79.34	45.83
300038	梅泰诺	57.67	1504	49.93	85.00	45.83
300039	上海凯宝	69.99	325	66.37	80.56	66.67
300040	九洲电气	57.50	1528	60.69	79.44	29.17

续表

股票代码	证券简称	综合质量评分（分）	排名	分项评分（分）		
				价值创造能力	价值管理能力	价值分配能力
300041	回天新材	69.78	343	76.38	80.56	45.83
300042	朗科科技	56.31	1666	47.90	79.44	50.00
300043	互动娱乐	58.29	1425	55.62	76.11	45.83
300044	赛为智能	53.12	1988	49.16	85.00	29.17
300045	华力创通	76.14	79	86.04	78.33	54.17
300046	台基股份	50.74	2135	43.15	75.00	41.67
300047	天源迪科	65.52	621	54.65	73.61	79.17
300048	合康变频	65.34	636	69.57	80.56	41.67
300049	福瑞股份	68.04	450	76.36	86.11	33.33
300050	世纪鼎利	62.99	889	63.40	79.34	45.83
300051	三五互联	55.25	1779	45.78	71.11	58.33
300052	中青宝	49.85	2187	43.17	83.89	29.17
300053	欧比特	62.98	894	63.37	79.34	45.83
300054	鼎龙股份	73.73	157	75.79	85.00	58.33
300055	万邦达	65.90	589	69.16	79.44	45.83
300056	三维丝	62.89	906	60.49	80.56	50.00
300057	万顺股份	72.75	194	82.86	79.44	45.83
300058	蓝色光标	64.02	776	63.88	78.33	50.00
300059	东方财富	62.42	952	63.03	73.61	50.00
300061	康耐特	72.33	218	86.19	79.44	37.50
300062	中能电气	61.40	1080	58.00	83.78	45.83
300063	天龙集团	62.04	999	60.89	80.56	45.83
300064	豫金刚石	56.32	1663	55.84	76.11	37.50
300065	海兰信	58.97	1361	55.30	79.44	45.83
300066	三川股份	62.48	943	66.68	79.06	37.50
300067	安诺其	68.54	424	65.20	77.12	66.67

续表

股票代码	证券简称	综合质量评分（分）	排名	分项评分(分)		
				价值创造能力	价值管理能力	价值分配能力
300068	南都电源	58.80	1377	54.32	84.89	41.67
300069	金利华电	61.07	1122	59.55	79.34	45.83
300070	碧水源	67.09	503	71.54	79.44	45.83
300071	华谊嘉信	56.79	1606	54.55	80.56	37.50
300072	三聚环保	65.99	582	69.90	78.33	45.83
300073	当升科技	72.58	207	81.96	80.56	45.83
300074	华平股份	59.47	1301	62.32	75.73	37.50
300075	数字政通	61.54	1062	59.89	80.56	45.83
300076	GQY视讯	54.86	1817	50.75	80.45	37.50
300077	国民技术	65.08	663	63.36	79.44	54.17
300078	中瑞思创	60.34	1208	55.97	79.44	50.00
300079	数码视讯	64.35	740	69.39	72.78	45.83
300080	新大新材	58.62	1391	60.15	76.67	37.50
300081	恒信移动	62.06	996	63.75	74.89	45.83
300082	奥克股份	64.53	719	59.66	80.45	58.33
300083	劲胜精密	62.03	1003	63.98	82.67	37.50
300084	海默科技	70.00	324	79.58	75.00	45.83
300085	银之杰	72.51	209	77.01	86.01	50.00
300086	康芝药业	55.62	1744	57.49	65.83	41.67
300087	荃银高科	69.91	331	72.51	80.45	54.17
300088	长信科技	60.88	1146	61.62	82.78	37.50
300089	长城集团	68.62	417	82.57	76.01	33.33
300090	盛运环保	58.52	1406	57.10	78.23	41.67
300091	金通灵	60.48	1193	58.87	78.33	45.83
300092	科新机电	58.36	1420	57.56	72.50	45.83
300093	金刚玻璃	59.26	1325	63.65	80.56	29.17

续表

股票代码	证券简称	综合质量评分（分）	排名	分项评分(分)		
				价值创造能力	价值管理能力	价值分配能力
300094	国联水产	64.92	680	77.11	80.45	25.00
300095	华伍股份	62.32	968	66.22	79.34	37.50
300096	易联众	63.15	874	64.27	78.23	45.83
300097	智云股份	54.46	1863	52.99	74.34	37.50
300098	高新兴	56.98	1584	58.59	81.56	29.17
300099	尤洛卡	63.34	850	65.61	80.45	41.67
300100	双林股份	67.48	485	62.79	86.01	58.33
300101	振芯科技	62.41	953	68.07	76.01	37.50
300102	乾照光电	61.97	1011	59.82	78.23	50.00
300103	达刚路机	62.09	991	58.48	77.22	54.17
300104	乐视网	66.97	512	59.91	77.22	70.83
300105	龙源技术	60.12	1236	62.38	78.23	37.50
300106	西部牧业	63.69	808	64.19	80.56	45.83
300107	建新股份	65.02	667	66.89	80.45	45.83
300108	双龙股份	60.46	1195	68.28	76.11	29.17
300109	新开源	67.81	462	72.06	77.12	50.00
300110	华仁药业	59.58	1287	61.86	77.12	37.50
300111	向日葵	54.75	1834	56.78	80.45	25.00
300112	万讯自控	65.40	633	75.29	73.51	37.50
300113	顺网科技	64.45	730	65.75	80.45	45.83
300114	中航电测	63.81	797	64.42	80.56	45.83
300115	长盈精密	62.48	942	63.71	85.00	37.50
300116	坚瑞消防	59.45	1302	55.76	80.45	45.83
300117	嘉寓股份	57.85	1483	61.68	70.56	37.50
300118	东方日升	56.45	1654	52.34	79.44	41.67
300119	瑞普生物	57.44	1534	53.83	80.45	41.67

附 录 2015年A股上市公司质量速查表

续表

股票代码	证券简称	综合质量评分（分）	排名	分项评分（分）		
				价值创造能力	价值管理能力	价值分配能力
300120	经纬电材	61.94	1014	56.43	84.89	50.00
300121	阳谷华泰	64.51	722	66.39	79.44	45.83
300122	智飞生物	59.55	1290	58.00	80.56	41.67
300123	太阳鸟	60.14	1234	61.87	79.34	37.50
300124	汇川技术	71.69	243	66.99	86.11	66.67
300125	易世达	55.52	1756	48.44	79.34	45.83
300126	锐奇股份	61.11	1119	57.97	74.34	54.17
300127	银河磁体	62.94	902	62.82	76.11	50.00
300128	锦富新材	58.69	1384	57.98	72.95	45.83
300129	泰胜风能	59.85	1259	57.62	78.33	45.83
300130	新国都	72.64	204	82.69	79.34	45.83
300131	英唐智控	57.18	1560	47.05	84.62	50.00
300132	青松股份	60.93	1137	63.58	74.89	41.67
300133	华策影视	61.56	1057	64.70	79.34	37.50
300134	大富科技	68.28	437	75.45	80.56	41.67
300135	宝利沥青	65.55	617	70.00	80.56	41.67
300136	信维通信	65.35	635	66.40	82.78	45.83
300137	先河环保	63.63	817	65.23	78.23	45.83
300138	晨光生物	74.42	126	86.76	78.33	45.83
300139	福星晓程	64.71	708	67.40	78.23	45.83
300140	启源装备	62.94	901	64.41	77.12	45.83
300141	和顺电气	56.88	1592	52.29	77.12	45.83
300142	沃森生物	57.46	1533	53.03	77.95	45.83
300143	星河生物	56.10	1689	55.87	79.34	33.33
300144	宋城演艺	62.44	948	63.07	86.11	37.50
300145	南方泵业	67.75	468	70.08	85.00	45.83

239

续表

股票代码	证券简称	综合质量评分（分）	排名	分项评分(分)		
				价值创造能力	价值管理能力	价值分配能力
300146	汤臣倍健	69.92	330	76.83	76.01	50.00
300147	香雪制药	62.54	940	57.08	86.01	50.00
300148	天舟文化	63.28	856	68.69	78.23	37.50
300149	量子高科	74.19	139	90.93	69.06	45.83
300150	世纪瑞尔	60.17	1227	56.18	78.33	50.00
300151	昌红科技	67.56	479	69.89	80.45	50.00
300152	燃控科技	56.77	1608	48.72	83.78	45.83
300153	科泰电源	63.74	802	66.98	79.34	41.67
300154	瑞凌股份	60.16	1230	59.21	80.56	41.67
300155	安居宝	67.47	486	64.17	91.56	50.00
300156	神雾环保	50.86	2126	46.03	73.89	37.50
300157	恒泰艾普	62.60	933	67.33	78.23	37.50
300158	振东制药	56.50	1644	55.13	78.23	37.50
300159	新研股份	61.29	1096	58.05	79.06	50.00
300160	秀强股份	73.92	150	86.32	77.22	45.83
300161	华中数控	62.07	995	62.11	78.23	45.83
300162	雷曼光电	64.03	773	63.90	78.33	50.00
300163	先锋新材	72.69	198	83.29	78.33	45.83
300164	通源石油	63.81	795	71.24	66.94	45.83
300165	天瑞仪器	66.19	567	64.66	77.12	58.33
300166	东方国信	67.82	460	66.61	83.89	54.17
300167	迪威视讯	46.72	2297	40.59	76.56	29.17
300168	万达信息	59.34	1314	59.70	80.45	37.50
300169	天晟新材	74.79	109	89.64	78.23	41.67
300170	汉得信息	61.29	1097	64.99	86.01	29.17
300171	东富龙	73.07	179	82.31	86.01	41.67

续表

股票代码	证券简称	综合质量评分（分）	排名	分项评分（分）		
				价值创造能力	价值管理能力	价值分配能力
300172	中电环保	64.96	674	66.78	80.45	45.83
300173	松德股份	64.20	758	69.43	80.45	37.50
300174	元力股份	69.74	345	64.49	75.00	75.00
300175	朗源股份	69.85	336	80.16	81.56	37.50
300176	鸿特精密	53.18	1979	51.55	80.45	29.17
300177	中海达	65.86	593	70.75	76.11	45.83
300178	腾邦国际	66.18	569	71.16	84.89	37.50
300179	四方达	68.51	426	59.23	80.56	75.00
300180	华峰超纤	76.85	62	94.72	80.45	37.50
300181	佐力药业	67.12	500	59.02	83.78	66.67
300182	捷成股份	64.05	772	63.37	79.44	50.00
300183	东软载波	70.99	270	77.86	78.23	50.00
300184	力源信息	64.00	778	63.33	79.34	50.00
300185	通裕重工	57.87	1478	54.62	80.56	41.67
300186	大华农	60.79	1150	62.70	76.11	41.67
300187	永清环保	59.33	1318	58.01	83.78	37.50
300188	美亚柏科	69.25	375	73.70	83.78	45.83
300189	神农大丰	58.50	1410	57.97	80.56	37.50
300190	维尔利	66.81	522	67.52	90.56	41.67
300191	潜能恒信	62.89	905	59.81	86.11	45.83
300192	科斯伍德	62.23	978	61.26	80.56	45.83
300193	佳士科技	63.74	803	63.31	78.33	50.00
300194	福安药业	64.87	684	63.34	82.78	50.00
300195	长荣股份	69.08	392	74.83	85.00	41.67
300196	长海股份	78.56	30	94.47	79.44	45.83
300197	铁汉生态	62.74	915	64.57	76.01	45.83

续表

股票代码	证券简称	综合质量评分（分）	排名	分项评分(分)		
				价值创造能力	价值管理能力	价值分配能力
300198	纳川股份	69.80	341	59.79	80.45	79.17
300199	翰宇药业	69.02	394	74.84	80.56	45.83
300200	高盟新材	66.66	529	72.77	79.44	41.67
300201	海伦哲	59.09	1347	60.81	77.22	37.50
300202	聚龙股份	74.08	144	94.97	77.22	29.17
300203	聚光科技	63.41	839	68.35	79.44	37.50
300204	舒泰神	62.00	1007	68.72	77.22	33.33
300205	天喻信息	57.57	1519	64.16	64.44	37.50
300206	理邦仪器	70.63	288	76.53	79.44	50.00
300207	欣旺达	63.50	829	72.15	80.56	29.17
300208	恒顺众昇	59.25	1326	63.64	80.56	29.17
300209	天泽信息	60.97	1132	62.91	80.56	37.50
300210	森远股份	64.94	676	68.41	77.12	45.83
300211	亿通科技	58.96	1362	55.75	70.17	54.17
300212	易华录	56.67	1625	59.58	70.00	37.50
300213	佳讯飞鸿	66.17	571	70.25	78.33	45.83
300214	日科化学	64.19	759	67.96	75.00	45.83
300215	电科院	61.03	1126	55.68	82.78	50.00
300216	千山药机	74.42	128	82.86	86.11	45.83
300217	东方电热	63.91	787	65.19	79.44	45.83
300218	安利股份	76.47	69	90.29	79.44	45.83
300219	鸿利光电	63.56	822	62.32	83.78	45.83
300220	金运激光	62.36	961	62.08	79.44	45.83
300221	银禧科技	77.25	52	93.26	85.00	37.50
300222	科大智能	63.12	877	64.72	77.22	45.83
300223	北京君正	57.23	1555	56.53	78.33	37.50

附　录　2015年A股上市公司质量速查表

续表

股票代码	证券简称	综合质量评分（分）	排名	分项评分(分)		
				价值创造能力	价值管理能力	价值分配能力
300224	正海磁材	69.10	388	80.85	77.22	37.50
300225	金力泰	61.56	1058	63.67	77.22	41.67
300226	上海钢联	56.47	1648	53.92	80.56	37.50
300227	光韵达	58.17	1436	57.36	80.45	37.50
300228	富瑞特装	61.49	1070	61.45	77.22	45.83
300229	拓尔思	65.52	622	72.00	80.56	37.50
300230	永利带业	72.71	196	82.77	79.44	45.83
300231	银信科技	57.55	1521	56.12	76.28	41.67
300232	洲明科技	58.38	1419	55.51	85.00	37.50
300233	金城医药	63.87	791	69.27	79.44	37.50
300234	开尔新材	68.82	403	74.44	80.56	45.83
300235	方直科技	56.66	1626	54.91	79.34	37.50
300236	上海新阳	66.18	570	72.91	77.22	41.67
300237	美晨科技	59.29	1322	68.43	79.44	20.83
300238	冠昊生物	76.51	68	93.98	80.56	37.50
300239	东宝生物	60.89	1143	57.06	79.44	50.00
300240	飞力达	65.05	666	69.96	82.78	37.50
300241	瑞丰光电	58.28	1426	54.47	78.33	45.83
300242	明家科技	60.21	1224	59.44	76.11	45.83
300243	瑞丰高材	61.63	1048	64.29	80.45	37.50
300244	迪安诊断	65.22	651	64.47	86.11	45.83
300245	天玑科技	60.54	1186	55.11	86.11	45.83
300246	宝莱特	69.79	342	85.27	71.11	37.50
300247	桑乐金	55.96	1708	50.39	77.22	45.83
300248	新开普	67.73	469	59.76	80.56	70.83
300249	依米康	76.60	66	90.56	79.44	45.83

续表

股票代码	证券简称	综合质量评分（分）	排名	分项评分(分)		
				价值创造能力	价值管理能力	价值分配能力
300250	初灵信息	59.86	1258	57.63	78.33	45.83
300251	光线传媒	54.82	1824	51.73	78.33	37.50
300252	金信诺	67.81	461	74.24	76.94	45.83
300253	卫宁软件	72.71	195	77.65	77.22	58.33
300254	仟源医药	59.65	1282	58.88	75.00	45.83
300255	常山药业	63.22	866	62.68	81.67	45.83
300256	星星科技	61.00	1130	64.23	90.56	25.00
300257	开山股份	61.26	1101	66.13	79.44	33.33
300258	精锻科技	63.37	848	67.72	80.56	37.50
300259	新天科技	70.76	281	67.50	77.22	70.83
300260	新莱应材	57.12	1568	51.60	79.44	45.83
300261	雅本化学	69.44	365	75.55	85.00	41.67
300262	巴安水务	61.78	1028	66.21	77.22	37.50
300263	隆华节能	61.71	1035	61.34	78.33	45.83
300264	佳创视讯	62.79	910	64.06	77.22	45.83
300265	通光线缆	55.44	1763	51.90	80.45	37.50
300266	兴源环境	64.96	673	65.12	83.78	45.83
300267	尔康制药	67.52	482	72.45	79.34	45.83
300268	万福生科	60.68	1170	70.25	77.22	25.00
300269	联建光电	62.18	984	59.13	80.45	50.00
300270	中威电子	61.19	1109	59.79	79.34	45.83
300271	华宇软件	67.55	480	73.02	78.33	45.83
300272	开能环保	64.29	749	64.69	86.11	41.67
300273	和佳股份	74.39	130	83.49	80.56	50.00
300274	阳光电源	58.27	1427	59.18	77.22	37.50
300275	梅安森	66.69	528	67.97	85.00	45.83

续表

股票代码	证券简称	综合质量评分（分）	排名	分项评分(分)		
				价值创造能力	价值管理能力	价值分配能力
300276	三丰智能	59.80	1265	61.17	79.34	37.50
300277	海联讯	55.58	1749	55.05	78.89	33.33
300278	华昌达	67.17	498	75.86	79.44	37.50
300279	和晶科技	62.03	1004	62.53	77.22	45.83
300280	南通锻压	59.36	1310	55.53	80.56	45.83
300281	金明精机	63.55	823	63.36	81.67	45.83
300282	汇冠股份	59.06	1350	63.31	80.45	29.17
300283	温州宏丰	65.84	595	67.11	75.00	54.17
300284	苏交科	67.10	502	65.78	82.67	54.17
300285	国瓷材料	69.65	353	80.27	80.56	37.50
300286	安科瑞	72.64	202	84.72	79.44	41.67
300287	飞利信	61.35	1088	59.51	80.56	45.83
300288	朗玛信息	64.98	670	71.48	79.44	37.50
300289	利德曼	60.04	1243	62.77	77.12	37.50
300290	荣科科技	62.56	938	63.59	77.22	45.83
300291	华录百纳	53.14	1984	48.36	78.33	37.50
300292	吴通通讯	65.73	605	66.24	80.45	50.00
300293	蓝英装备	53.08	1992	47.14	80.56	37.50
300294	博雅生物	62.36	960	65.33	77.12	41.67
300295	三六五网	63.42	838	67.46	77.12	41.67
300296	利亚德	62.78	912	60.33	80.45	50.00
300297	蓝盾股份	62.94	900	63.30	79.34	45.83
300298	三诺生物	76.35	73	85.25	84.89	50.00
300299	富春通信	56.90	1589	45.48	78.33	58.33
300300	汉鼎股份	57.98	1469	52.82	80.45	45.83
300301	长方照明	62.09	990	62.99	76.56	45.83

续表

股票代码	证券简称	综合质量评分（分）	排名	分项评分(分)		
				价值创造能力	价值管理能力	价值分配能力
300302	同有科技	60.34	1209	58.04	79.44	45.83
300303	聚飞光电	70.84	278	68.91	87.22	58.33
300304	云意电气	53.84	1915	47.19	79.34	41.67
300305	裕兴股份	76.14	80	89.64	79.44	45.83
300306	远方光电	66.50	541	74.59	79.34	37.50
300307	慈星股份	50.71	2137	49.94	77.95	25.00
300308	中际装备	61.34	1091	64.25	79.34	37.50
300309	吉艾科技	60.91	1141	60.56	85.00	37.50
300310	宜通世纪	58.80	1378	58.58	80.56	37.50
300311	任子行	54.98	1806	49.87	82.67	37.50
300312	邦讯技术	57.43	1537	56.93	78.33	37.50
300313	天山生物	58.03	1460	59.02	72.39	41.67
300314	戴维医疗	73.21	173	81.76	79.34	50.00
300315	掌趣科技	64.71	709	64.69	79.44	50.00
300316	晶盛机电	72.32	220	84.14	79.34	41.67
300317	珈伟股份	51.74	2074	49.18	79.44	29.17
300318	博晖创新	71.98	233	83.54	75.00	45.83
300319	麦捷科技	55.37	1769	51.34	77.12	41.67
300320	海达股份	73.79	153	86.06	77.22	45.83
300321	同大股份	70.68	285	92.34	68.89	29.17
300322	硕贝德	63.16	872	65.25	80.45	41.67
300323	华灿光电	55.99	1706	49.34	79.44	45.83
300324	旋极信息	66.39	552	64.78	86.01	50.00
300325	德威新材	70.44	298	81.85	80.56	37.50
300326	凯利泰	69.29	374	77.53	80.45	41.67
300327	中颖电子	67.11	501	74.82	77.12	41.67

续表

股票代码	证券简称	综合质量评分（分）	排名	分项评分(分)		
				价值创造能力	价值管理能力	价值分配能力
300328	宜安科技	72.66	200	78.44	83.78	50.00
300329	海伦钢琴	75.72	91	88.80	79.44	45.83
300330	华虹计通	55.06	1800	44.90	80.45	50.00
300331	苏大维格	63.25	859	63.37	80.45	45.83
300332	天壕节能	63.21	867	67.95	79.44	37.50
300333	兆日科技	58.18	1434	55.29	80.45	41.67
300334	津膜科技	59.85	1261	61.78	78.33	37.50
300335	迪森股份	62.35	963	61.65	76.11	50.00
300336	新文化	51.46	2093	43.52	77.12	41.67
300337	银邦股份	76.05	81	89.52	79.34	45.83
300338	开元仪器	66.94	515	71.98	73.78	50.00
300339	润和软件	57.77	1490	56.16	77.12	41.67
300340	科恒股份	51.57	2086	45.55	77.67	37.50
300341	麦迪电气	54.57	1851	51.28	78.23	37.50
300342	天银机电	63.98	780	68.02	78.23	41.67
300343	联创节能	56.63	1633	54.84	79.34	37.50
300344	太空板业	60.48	1192	63.04	78.33	37.50
300345	红宇新材	69.88	334	75.60	78.33	50.00
300346	南大光电	67.96	455	71.80	78.23	50.00
300347	泰格医药	67.93	456	70.64	80.45	50.00
300348	长亮科技	70.42	301	78.80	78.23	45.83
300349	金卡股份	56.80	1605	59.90	78.23	29.17
300350	华鹏飞	59.35	1311	61.95	76.01	37.50
300351	永贵电器	69.97	327	75.28	79.34	50.00
300352	北信源	66.18	568	66.44	86.01	45.83
300353	东土科技	61.70	1036	64.38	80.56	37.50

续表

股票代码	证券简称	综合质量评分（分）	排名	分项评分(分)		
				价值创造能力	价值管理能力	价值分配能力
300354	东华测试	64.33	741	68.72	78.23	41.67
300355	蒙草抗旱	62.47	945	61.74	80.56	45.83
300356	光一科技	63.89	788	70.48	77.12	37.50
600004	白云机场	66.51	540	65.80	76.11	58.33
600005	武钢股份	70.44	296	87.14	78.33	29.17
600006	东风汽车	60.54	1187	49.55	80.56	62.50
600007	中国国贸	54.52	1856	54.18	80.56	29.17
600008	首创股份	54.33	1872	48.66	78.33	41.67
600009	上海机场	52.37	2038	49.19	73.61	37.50
600010	包钢股份	64.91	682	71.34	79.44	37.50
600011	华能国际	60.96	1133	51.65	82.22	58.33
600012	皖通高速	61.76	1030	51.99	88.89	54.17
600017	日照港	60.07	1240	46.67	76.11	70.83
600018	上港集团	56.24	1674	55.54	80.56	33.33
600019	宝钢股份	78.48	31	92.38	91.67	37.50
600020	中原高速	53.83	1916	49.74	78.33	37.50
600021	上海电力	61.39	1085	53.89	79.44	58.33
600022	山东钢铁	64.96	675	77.83	79.17	25.00
600023	浙能电力	55.58	1748	56.86	79.44	29.17
600026	中海发展	57.76	1494	42.32	79.72	66.67
600027	华电国际	69.33	371	61.57	83.33	70.83
600028	中国石化	63.48	832	59.60	88.89	45.83
600029	南方航空	61.68	1042	47.66	88.89	62.50
600031	三一重工	58.02	1463	61.18	80.56	29.17
600033	福建高速	55.72	1734	49.36	78.33	45.83
600035	楚天高速	49.77	2193	45.79	78.33	29.17

续表

股票代码	证券简称	综合质量评分（分）	排名	分项评分(分)		
				价值创造能力	价值管理能力	价值分配能力
600037	歌华有线	62.95	898	51.31	78.33	70.83
600038	中直股份	52.93	2000	50.02	78.33	33.33
600039	四川路桥	54.09	1890	44.99	80.56	45.83
600048	保利地产	69.96	328	65.62	86.11	62.50
600050	中国联通	58.11	1445	51.50	83.61	45.83
600051	宁波联合	59.33	1317	60.18	79.44	37.50
600052	浙江广厦	57.61	1513	45.63	85.00	54.17
600053	中江地产	53.76	1925	53.22	79.44	29.17
600054	黄山旅游	53.85	1913	54.51	77.22	29.17
600055	华润万东	82.76	7	93.99	80.56	62.50
600056	中国医药	58.26	1428	49.44	71.67	62.50
600057	象屿股份	57.13	1564	62.59	78.33	25.00
600058	五矿发展	64.55	717	60.91	73.89	62.50
600059	古越龙山	60.45	1197	55.49	85.00	45.83
600060	海信电器	63.73	805	64.26	80.56	45.83
600061	中纺投资	72.16	224	90.56	78.33	29.17
600062	华润双鹤	60.90	1142	53.05	75.00	62.50
600063	皖维高新	77.95	38	90.89	71.67	58.33
600064	南京高科	67.55	481	68.43	79.17	54.17
600066	宇通客车	74.97	106	78.28	85.00	58.33
600067	冠城大通	67.32	491	75.07	81.67	37.50
600068	葛洲坝	70.08	319	67.24	91.67	54.17
600069	*ST银鸽	62.03	1002	71.29	80.56	25.00
600070	浙江富润	69.47	361	86.72	79.44	25.00
600071	凤凰光学	65.46	628	73.98	80.56	33.33
600072	*ST钢构	49.77	2194	50.09	73.89	25.00

续表

股票代码	证券简称	综合质量评分（分）	排名	分项评分(分)		
				价值创造能力	价值管理能力	价值分配能力
600073	上海梅林	59.95	1251	62.96	80.56	33.33
600074	中达股份	63.38	847	71.26	86.01	25.00
600075	新疆天业	53.76	1927	58.07	73.89	25.00
600076	青鸟华光	50.50	2153	46.27	76.11	33.33
600077	宋都股份	57.57	1518	56.66	79.44	37.50
600078	澄星股份	51.93	2066	38.16	77.22	54.17
600079	人福医药	60.41	1200	62.35	79.44	37.50
600080	金花股份	56.64	1631	58.43	80.56	29.17
600081	东风科技	65.15	655	71.28	80.56	37.50
600082	海泰发展	43.24	2357	34.25	79.44	25.00
600083	博信股份	50.61	2143	52.60	80.56	16.67
600084	中葡股份	44.96	2338	39.51	75.83	25.00
600085	同仁堂	64.06	771	57.02	71.39	70.83
600086	东方金钰	65.55	616	70.61	79.34	41.67
600088	中视传媒	49.70	2197	40.36	80.56	37.50
600089	特变电工	58.83	1374	64.06	78.06	29.17
600090	啤酒花	42.78	2365	38.06	78.33	16.67
600091	ST明科	40.76	2390	34.16	78.06	16.67
600093	禾嘉股份	51.50	2089	62.86	63.61	16.67
600094	大名城	62.70	921	59.15	78.33	54.17
600095	哈高科	59.34	1313	68.13	76.11	25.00
600096	云天化	56.04	1701	46.52	72.78	58.33
600097	开创国际	53.06	1993	49.87	75.00	37.50
600098	广州发展	64.10	765	63.61	91.67	37.50
600099	林海股份	74.72	112	90.28	76.67	41.67
600100	同方股份	61.17	1111	59.70	79.44	45.83

续表

股票代码	证券简称	综合质量评分（分）	排名	分项评分(分)		
				价值创造能力	价值管理能力	价值分配能力
600101	明星电力	54.31	1876	49.59	80.56	37.50
600103	青山纸业	72.09	227	77.51	75.00	58.33
600104	上汽集团	62.77	913	64.43	80.56	41.67
600105	永鼎股份	63.05	886	65.00	80.56	41.67
600106	重庆路桥	57.49	1530	56.51	79.44	37.50
600107	美尔雅	52.41	2032	61.50	78.33	8.33
600108	亚盛集团	53.87	1912	49.41	70.83	45.83
600110	中科英华	50.46	2155	48.98	70.56	33.33
600111	北方稀土	68.69	413	80.98	79.44	33.33
600112	天成控股	49.26	2214	43.67	80.56	29.17
600113	浙江东日	56.88	1593	46.95	79.44	54.17
600114	东睦股份	75.56	96	91.26	78.06	41.67
600115	东方航空	65.46	629	61.47	80.56	58.33
600116	三峡水利	53.14	1985	52.66	73.89	33.33
600117	西宁特钢	61.73	1033	76.25	73.61	20.83
600118	中国卫星	69.98	326	67.04	75.00	70.83
600119	长江投资	63.07	883	69.19	80.56	33.33
600120	浙江东方	57.01	1578	55.55	79.44	37.50
600121	郑州煤电	53.24	1972	61.07	78.33	12.50
600122	宏图高科	59.43	1303	60.12	88.33	29.17
600123	兰花科创	56.60	1636	59.44	78.33	29.17
600125	铁龙物流	60.79	1151	59.50	78.33	45.83
600126	杭钢股份	73.98	147	90.05	78.33	37.50
600127	金健米业	66.21	564	80.20	79.44	25.00
600128	弘业股份	60.86	1147	63.02	71.56	45.83
600129	太极集团	45.34	2328	41.98	72.39	25.00

续表

股票代码	证券简称	综合质量评分（分）	排名	分项评分(分)		
				价值创造能力	价值管理能力	价值分配能力
600130	波导股份	49.20	2218	50.35	79.44	16.67
600131	岷江水电	58.13	1439	57.24	80.56	37.50
600132	重庆啤酒	53.47	1958	53.33	78.06	29.17
600133	东湖高新	48.93	2234	46.19	78.33	25.00
600135	乐凯胶片	53.59	1942	55.11	75.00	29.17
600136	道博股份	43.17	2360	43.00	78.33	8.33
600137	浪莎股份	66.03	578	77.35	76.11	33.33
600138	中青旅	62.41	954	66.34	79.44	37.50
600139	西部资源	51.47	2091	46.69	79.17	33.33
600141	兴发集团	69.09	390	64.15	77.22	70.83
600143	金发科技	78.20	36	89.74	91.67	41.67
600145	*ST国创	40.28	2394	42.65	59.17	16.67
600146	大元股份	33.01	2414	32.28	59.17	8.33
600148	长春一东	53.26	1969	51.66	80.56	29.17
600149	廊坊发展	47.48	2276	44.68	75.56	25.00
600150	中国船舶	50.70	2138	47.09	79.44	29.17
600151	航天机电	59.79	1266	51.25	78.33	58.33
600152	维科精华	57.11	1570	65.19	77.22	20.83
600153	建发股份	60.94	1134	61.19	83.89	37.50
600155	宝硕股份	50.12	2173	58.01	67.78	16.67
600156	华升股份	62.95	899	75.06	76.67	25.00
600157	永泰能源	55.03	1803	47.55	75.00	50.00
600158	中体产业	55.81	1726	48.14	72.78	54.17
600159	大龙地产	55.94	1710	56.04	78.33	33.33
600160	巨化股份	71.55	249	65.17	85.00	70.83
600161	天坛生物	57.43	1536	54.85	78.33	41.67

续表

股票代码	证券简称	综合质量评分（分）	排名	分项评分(分)		
				价值创造能力	价值管理能力	价值分配能力
600162	香江控股	53.30	1967	51.73	80.56	29.17
600163	*ST 南纸	69.30	373	80.26	75.00	41.67
600165	新日恒力	45.16	2332	42.27	79.44	16.67
600166	福田汽车	64.39	734	63.92	83.89	45.83
600167	联美控股	46.09	2311	45.10	73.33	20.83
600168	武汉控股	49.90	2183	46.04	70.00	37.50
600169	太原重工	57.72	1498	61.69	78.33	29.17
600170	上海建工	62.42	951	58.18	75.00	58.33
600171	上海贝岭	56.85	1594	45.51	73.89	62.50
600172	黄河旋风	58.42	1416	61.98	80.56	29.17
600173	卧龙地产	54.66	1843	54.46	80.56	29.17
600175	美都能源	57.29	1549	51.81	88.06	37.50
600176	中国巨石	79.24	23	90.84	72.78	62.50
600177	雅戈尔	69.69	348	82.43	80.56	33.33
600178	*ST 东安	52.75	2014	49.68	78.33	33.33
600179	黑化股份	57.12	1566	66.19	79.44	16.67
600180	瑞茂通	53.12	1986	51.39	80.56	29.17
600182	S 佳通	63.25	861	69.13	77.22	37.50
600183	生益科技	66.34	555	61.28	76.11	66.67
600184	光电股份	54.72	1836	59.71	74.44	25.00
600185	格力地产	49.35	2210	39.67	80.56	37.50
600186	莲花味精	39.55	2398	38.13	65.28	16.67
600187	国中水务	60.20	1226	61.51	76.11	41.67
600188	兖州煤业	65.13	659	57.89	82.22	62.50
600189	吉林森工	72.79	191	84.47	80.56	41.67
600190	锦州港	57.01	1581	53.87	82.78	37.50

续表

股票代码	证券简称	综合质量评分（分）	排名	分项评分(分)		
				价值创造能力	价值管理能力	价值分配能力
600191	华资实业	53.98	1900	59.50	67.78	29.17
600192	长城电工	53.98	1901	53.38	71.67	37.50
600193	创兴资源	31.80	2415	18.46	73.61	16.67
600195	中牧股份	66.59	535	66.94	78.33	54.17
600196	复星医药	68.37	430	66.59	77.78	62.50
600197	伊力特	53.58	1945	47.85	76.94	41.67
600198	大唐电信	52.41	2033	54.83	75.00	25.00
600199	金种子酒	56.06	1696	58.93	77.22	29.17
600200	江苏吴中	60.31	1216	58.11	79.17	45.83
600201	金宇集团	57.70	1501	60.54	80.56	29.17
600202	哈空调	50.82	2128	47.20	71.39	37.50
600203	福日电子	56.70	1621	59.23	75.00	33.33
600206	有研新材	69.71	347	76.91	75.00	50.00
600207	安彩高科	54.02	1895	56.93	77.22	25.00
600208	新湖中宝	61.43	1078	65.77	85.00	29.17
600209	罗顿发展	44.84	2342	38.16	73.89	29.17
600210	紫江企业	72.70	197	90.54	80.56	29.17
600211	西藏药业	51.43	2097	60.63	59.44	25.00
600212	江泉实业	47.36	2279	49.44	73.89	16.67
600213	亚星客车	45.65	2320	41.99	73.61	25.00
600215	长春经开	59.49	1297	59.95	80.56	37.50
600216	浙江医药	60.76	1155	63.05	79.44	37.50
600217	*ST秦岭	40.65	2392	38.10	69.72	16.67
600218	全柴动力	63.13	876	57.09	75.83	62.50
600219	南山铝业	69.05	393	80.46	69.44	45.83
600220	江苏阳光	65.59	613	83.26	79.17	16.67

续表

股票代码	证券简称	综合质量评分（分）	排名	分项评分(分)		
				价值创造能力	价值管理能力	价值分配能力
600221	海南航空	56.06	1695	57.27	80.56	29.17
600222	太龙药业	49.58	2203	45.41	78.33	29.17
600223	鲁商置业	64.41	733	59.93	79.44	58.33
600225	天津松江	45.42	2327	38.76	79.17	25.00
600226	升华拜克	56.72	1616	54.97	79.44	37.50
600227	赤天化	53.98	1902	44.81	80.45	45.83
600228	昌九生化	40.69	2391	38.73	68.61	16.67
600229	青岛碱业	52.37	2037	54.75	75.00	25.00
600230	沧州大化	44.91	2340	39.19	80.45	20.83
600231	凌钢股份	67.71	470	82.23	77.22	29.17
600232	金鹰股份	69.40	366	80.34	79.44	37.50
600233	大杨创世	64.33	743	82.54	71.39	20.83
600234	山水文化	35.90	2411	34.17	50.28	25.00
600235	民丰特纸	61.05	1124	76.83	73.89	16.67
600236	桂冠电力	53.47	1956	52.50	71.39	37.50
600237	铜峰电子	50.95	2121	50.79	77.22	25.00
600238	海南椰岛	50.48	2154	49.98	76.94	25.00
600239	云南城投	52.66	2023	46.84	79.44	37.50
600240	华业地产	55.83	1721	62.21	73.89	25.00
600241	时代万恒	52.17	2052	52.26	75.00	29.17
600242	中昌海运	38.87	2401	30.23	78.33	16.67
600243	青海华鼎	51.10	2110	54.98	77.78	16.67
600246	万通地产	48.49	2245	50.45	80.56	12.50
600247	*ST 成城	31.44	2416	29.40	50.28	16.67
600248	延长化建	59.32	1319	63.36	77.22	33.33
600249	两面针	59.18	1333	59.33	80.56	37.50

255

续表

股票代码	证券简称	综合质量评分（分）	排名	分项评分(分)		
				价值创造能力	价值管理能力	价值分配能力
600250	南纺股份	51.08	2112	56.18	66.94	25.00
600251	冠农股份	69.40	367	78.79	78.33	41.67
600252	中恒集团	64.81	692	59.21	78.33	62.50
600255	鑫科材料	66.38	553	73.32	77.22	41.67
600256	广汇能源	63.55	824	63.07	90.56	37.50
600257	大湖股份	48.80	2237	40.51	85.00	29.17
600258	首旅酒店	55.31	1772	48.55	78.33	45.83
600259	广晟有色	58.03	1461	48.83	76.11	58.33
600260	凯乐科技	62.42	950	64.71	82.78	37.50
600261	阳光照明	57.00	1582	56.07	82.50	33.33
600262	北方股份	53.21	1974	51.14	77.22	33.33
600265	ST景谷	38.12	2404	27.35	72.78	25.00
600266	北京城建	58.12	1441	49.44	79.44	54.17
600267	海正药业	63.14	875	59.48	79.44	54.17
600268	国电南自	60.34	1210	57.48	80.56	45.83
600269	赣粤高速	73.89	151	72.65	79.44	70.83
600270	外运发展	64.66	711	61.96	80.56	54.17
600271	航天信息	66.37	554	56.92	85.00	66.67
600272	开开实业	55.63	1743	48.06	80.56	45.83
600273	嘉化能源	62.77	914	72.81	80.45	25.00
600275	武昌鱼	48.15	2258	49.96	76.01	16.67
600276	恒瑞医药	63.92	785	78.82	77.22	20.83
600277	亿利能源	55.96	1709	54.00	78.33	37.50
600278	东方创业	53.59	1944	52.31	80.56	29.17
600279	重庆港九	54.34	1871	48.82	73.89	45.83
600280	中央商场	57.74	1495	55.61	78.06	41.67

续表

股票代码	证券简称	综合质量评分（分）	排名	分项评分（分）		
				价值创造能力	价值管理能力	价值分配能力
600281	太化股份	49.67	2199	51.83	78.33	16.67
600282	南钢股份	70.19	311	79.55	71.67	50.00
600283	钱江水利	46.41	2306	40.59	79.44	25.00
600284	浦东建设	60.93	1135	52.00	77.22	62.50
600285	羚锐制药	57.25	1553	53.94	87.78	33.33
600287	江苏舜天	56.10	1690	55.53	75.83	37.50
600288	大恒科技	55.21	1784	40.00	78.33	62.50
600289	亿阳信通	57.12	1565	57.72	83.89	29.17
600290	华仪电气	47.85	2266	41.40	79.44	29.17
600291	西水股份	63.40	840	80.97	75.00	16.67
600292	中电远达	56.48	1646	50.32	79.44	45.83
600293	三峡新材	56.15	1685	64.11	71.39	25.00
600295	鄂尔多斯	70.22	308	77.24	80.56	45.83
600297	美罗药业	48.40	2248	45.27	73.89	29.17
600298	安琪酵母	79.87	17	84.60	79.44	70.83
600299	蓝星新材	49.63	2201	54.82	80.56	8.33
600300	维维股份	50.29	2166	47.80	80.56	25.00
600301	*ST南化	46.22	2310	40.91	78.06	25.00
600302	标准股份	48.68	2241	46.29	77.12	25.00
600303	曙光股份	51.75	2073	48.50	72.50	37.50
600305	恒顺醋业	61.51	1067	62.19	75.83	45.83
600306	商业城	55.72	1733	57.14	83.61	25.00
600307	酒钢宏兴	69.53	359	79.35	73.61	45.83
600308	华泰股份	74.03	145	89.03	80.56	37.50
600309	万华化学	64.78	696	60.12	80.56	58.33
600310	桂东电力	52.49	2030	47.89	72.50	41.67

续表

股票代码	证券简称	综合质量评分（分）	排名	分项评分(分)		
				价值创造能力	价值管理能力	价值分配能力
600311	荣华实业	44.86	2341	41.11	80.56	16.67
600312	平高电气	64.52	720	70.00	80.56	37.50
600313	农发种业	62.92	903	60.28	72.78	58.33
600315	上海家化	63.47	833	68.62	83.33	33.33
600316	洪都航空	48.83	2236	42.80	80.56	29.17
600317	营口港	51.38	2098	47.54	77.12	33.33
600318	巢东股份	50.07	2176	51.16	77.12	20.83
600319	亚星化学	46.82	2292	42.11	78.06	25.00
600320	振华重工	50.52	2152	48.31	80.45	25.00
600321	国栋建设	51.24	2105	44.69	73.89	41.67
600322	天房发展	62.33	967	56.05	74.72	62.50
600323	瀚蓝环境	64.18	760	71.55	76.11	37.50
600325	华发股份	59.55	1292	49.51	85.00	54.17
600326	西藏天路	51.88	2067	45.85	78.33	37.50
600327	大东方	57.22	1557	59.85	71.67	37.50
600328	兰太实业	48.18	2257	41.50	80.56	29.17
600329	中新药业	65.59	614	57.57	80.56	66.67
600330	天通股份	48.97	2230	49.89	79.44	16.67
600331	宏达股份	62.05	998	76.60	78.33	16.67
600332	白云山	62.82	908	51.33	77.78	70.83
600333	长春燃气	67.13	499	75.79	79.44	37.50
600335	国机汽车	56.62	1634	54.77	79.44	37.50
600336	澳柯玛	52.78	2012	46.80	75.83	41.67
600337	美克家居	82.66	8	93.52	89.44	54.17
600338	西藏珠峰	53.03	1995	60.51	74.44	16.67
600339	天利高新	53.89	1909	48.47	76.94	41.67

续表

股票代码	证券简称	综合质量评分（分）	排名	分项评分(分)		
				价值创造能力	价值管理能力	价值分配能力
600340	华夏幸福	56.85	1595	55.79	78.33	37.50
600343	航天动力	55.54	1752	55.94	72.78	37.50
600345	长江通信	50.21	2169	46.68	78.33	29.17
600346	大橡塑	46.42	2305	44.79	79.44	16.67
600348	阳泉煤业	49.59	2202	49.03	79.44	20.83
600350	山东高速	55.53	1753	52.04	80.56	37.50
600351	亚宝药业	55.50	1757	55.17	78.33	33.33
600352	浙江龙盛	70.86	277	63.80	85.00	70.83
600353	旭光股份	55.28	1774	57.92	76.11	29.17
600354	敦煌种业	46.80	2294	40.81	80.56	25.00
600355	精伦电子	57.64	1508	55.28	78.33	41.67
600356	恒丰纸业	75.81	88	88.43	80.56	45.83
600358	国旅联合	44.54	2346	36.91	79.34	25.00
600359	新农开发	53.39	1964	57.34	73.89	25.00
600360	华微电子	58.52	1408	59.68	77.22	37.50
600361	华联综超	46.80	2293	44.01	78.33	20.83
600362	江西铜业	76.67	65	80.43	83.33	62.50
600363	联创光电	49.95	2179	46.15	78.33	29.17
600365	通葡股份	34.90	2412	23.41	76.11	16.67
600366	宁波韵升	53.81	1918	57.20	71.67	29.17
600367	红星发展	61.06	1123	56.44	77.22	54.17
600368	五洲交通	56.76	1610	63.93	61.67	37.50
600370	三房巷	66.82	520	87.40	71.67	20.83
600371	万向德农	50.32	2165	46.89	78.33	29.17
600372	中航电子	64.43	732	62.61	78.33	54.17
600373	中文传媒	59.03	1355	57.50	83.61	37.50

续表

股票代码	证券简称	综合质量评分（分）	排名	分项评分(分)		
				价值创造能力	价值管理能力	价值分配能力
600375	华菱星马	53.71	1931	52.14	77.22	33.33
600376	首开股份	61.55	1061	62.40	83.89	37.50
600377	宁沪高速	61.54	1063	46.01	83.33	70.83
600378	天科股份	56.21	1679	56.59	78.33	33.33
600379	宝光股份	56.92	1587	59.53	79.44	29.17
600380	健康元	60.22	1223	68.36	75.00	29.17
600381	贤成矿业	52.30	2043	52.43	71.01	33.33
600382	广东明珠	43.82	2350	36.39	73.33	29.17
600383	金地集团	72.29	221	66.10	86.11	70.83
600385	ST金泰	42.06	2375	40.24	62.78	25.00
600386	北巴传媒	50.38	2160	43.54	72.78	41.67
600387	海越股份	61.24	1105	59.83	79.44	45.83
600388	龙净环保	57.06	1576	64.53	70.00	29.17
600389	江山股份	64.49	726	61.63	80.56	54.17
600390	金瑞科技	56.20	1681	64.89	78.33	16.67
600391	成发科技	51.66	2078	45.40	78.33	37.50
600392	盛和资源	69.53	360	77.95	80.56	41.67
600393	东华实业	52.99	1996	51.87	79.06	29.17
600395	盘江股份	53.56	1946	46.01	80.56	41.67
600396	金山股份	65.48	627	60.12	79.17	62.50
600397	安源煤业	51.18	2108	47.07	77.22	33.33
600398	海澜之家	67.88	458	76.37	77.12	41.67
600399	抚顺特钢	68.09	447	79.38	76.11	37.50
600400	红豆股份	70.94	272	83.13	88.33	29.17
600401	*ST海润	52.14	2055	52.76	78.06	25.00
600403	大有能源	45.55	2324	53.60	54.17	20.83

续表

股票代码	证券简称	综合质量评分（分）	排名	分项评分(分)		
				价值创造能力	价值管理能力	价值分配能力
600405	动力源	54.93	1810	50.83	80.56	37.50
600406	国电南瑞	63.89	790	62.50	80.56	50.00
600408	安泰集团	50.55	2148	57.22	62.78	25.00
600409	三友化工	56.22	1678	52.16	74.72	45.83
600410	华胜天成	51.93	2064	43.17	83.89	37.50
600415	小商品城	60.59	1180	62.16	80.56	37.50
600416	湘电股份	74.09	142	85.68	79.17	45.83
600418	江淮汽车	57.59	1516	66.15	77.22	20.83
600419	天润乳业	56.91	1588	69.65	71.67	16.67
600420	现代制药	59.15	1339	63.16	76.94	33.33
600421	仰帆控股	47.83	2268	48.30	78.06	16.67
600422	昆药集团	64.94	677	60.15	89.44	50.00
600423	柳化股份	60.59	1181	57.84	72.50	54.17
600425	青松建化	49.88	2185	42.81	80.56	33.33
600426	华鲁恒升	59.56	1289	60.08	72.22	45.83
600428	中远航运	61.38	1087	51.92	75.00	66.67
600429	三元股份	50.79	2132	55.75	75.00	16.67
600432	吉恩镍业	53.14	1983	56.84	78.06	20.83
600433	冠豪高新	71.37	257	89.97	72.22	33.33
600435	北方导航	55.69	1738	52.35	80.56	37.50
600436	片仔癀	55.93	1711	51.87	78.33	41.67
600438	通威股份	71.74	238	92.93	76.11	25.00
600439	瑞贝卡	78.74	26	84.71	74.72	70.83
600444	*ST国通	64.54	718	77.42	78.33	25.00
600446	金证股份	65.26	644	70.67	73.89	45.83
600448	华纺股份	66.10	573	76.64	86.11	25.00

续表

股票代码	证券简称	综合质量评分（分）	排名	分项评分（分）		
				价值创造能力	价值管理能力	价值分配能力
600449	宁夏建材	51.61	2081	46.15	85.00	29.17
600452	涪陵电力	54.17	1882	52.08	79.17	33.33
600455	博通股份	53.20	1975	54.88	78.06	25.00
600456	宝钛股份	73.00	182	79.19	79.44	54.17
600458	时代新材	68.88	400	82.89	80.56	29.17
600459	贵研铂业	68.18	444	80.12	75.00	37.50
600460	士兰微	70.15	314	66.54	85.00	62.50
600461	洪城水业	56.65	1629	49.98	76.67	50.00
600462	石岘纸业	58.64	1388	62.55	76.11	33.33
600463	空港股份	52.91	2001	35.41	78.33	62.50
600466	蓝光发展	46.85	2291	44.26	73.89	25.00
600467	好当家	53.18	1980	54.27	75.00	29.17
600468	百利电气	67.63	475	57.48	80.56	75.00
600469	风神股份	71.69	241	84.36	80.56	37.50
600470	六国化工	47.39	2278	47.14	70.28	25.00
600475	华光股份	65.84	596	74.32	77.22	37.50
600476	湘邮科技	52.78	2011	52.51	72.78	33.33
600477	杭萧钢构	59.37	1308	57.49	85.00	37.50
600478	科力远	54.04	1893	57.94	83.61	16.67
600479	千金药业	54.73	1835	49.46	78.33	41.67
600480	凌云股份	53.65	1936	52.44	80.56	29.17
600481	双良节能	54.14	1884	53.01	77.22	33.33
600482	风帆股份	62.04	1001	58.80	80.56	50.00
600483	福能股份	79.33	22	82.97	80.56	70.83
600485	信威集团	61.23	1106	70.79	78.33	25.00
600486	扬农化工	56.31	1665	63.59	77.22	20.83

续表

股票代码	证券简称	综合质量评分（分）	排名	分项评分(分)		
				价值创造能力	价值管理能力	价值分配能力
600487	亨通光电	60.12	1237	61.90	79.17	37.50
600488	天药股份	52.85	2003	47.78	78.33	37.50
600489	中金黄金	53.51	1954	48.68	79.17	37.50
600490	鹏欣资源	56.72	1617	57.60	78.33	33.33
600491	龙元建设	56.38	1659	53.72	80.56	37.50
600493	凤竹纺织	70.86	276	79.92	69.44	54.17
600495	晋西车轴	59.84	1262	48.84	79.17	62.50
600496	精工钢构	61.50	1068	68.83	79.17	29.17
600497	驰宏锌锗	52.22	2050	48.19	79.17	33.33
600498	烽火通信	60.76	1158	65.68	78.33	33.33
600499	科达洁能	57.85	1485	59.58	74.72	37.50
600500	中化国际	54.52	1857	58.34	80.56	20.83
600501	航天晨光	54.42	1866	52.59	75.00	37.50
600502	安徽水利	52.84	2004	36.51	75.83	62.50
600503	华丽家族	47.58	2274	44.47	72.22	29.17
600505	西昌电力	61.67	1043	56.54	79.44	54.17
600506	香梨股份	46.05	2312	44.60	78.33	16.67
600507	方大特钢	76.01	82	88.41	77.22	50.00
600508	上海能源	65.00	668	58.46	80.56	62.50
600509	天富能源	56.27	1673	56.29	79.17	33.33
600510	黑牡丹	71.16	262	72.46	77.22	62.50
600511	国药股份	67.17	495	66.98	80.56	54.17
600512	腾达建设	52.66	2022	46.85	79.44	37.50
600513	联环药业	50.77	2134	44.18	77.22	37.50
600515	海岛建设	46.92	2289	44.96	72.78	25.00
600516	方大炭素	71.99	232	85.66	79.17	37.50

续表

股票代码	证券简称	综合质量评分（分）	排名	价值创造能力	价值管理能力	价值分配能力
600517	置信电气	62.71	919	57.36	86.11	50.00
600518	康美药业	47.63	2273	42.61	76.11	29.17
600519	贵州茅台	62.54	939	65.37	86.11	33.33
600520	中发科技	43.18	2358	43.03	78.33	8.33
600521	华海药业	65.10	661	68.26	90.56	33.33
600522	中天科技	61.34	1092	62.53	82.78	37.50
600523	贵航股份	47.12	2285	43.27	72.78	29.17
600525	长园集团	65.51	623	65.60	85.00	45.83
600526	菲达环保	61.58	1054	60.51	79.44	45.83
600527	江南高纤	69.39	369	82.53	79.17	33.33
600528	中铁二局	64.28	751	57.03	80.56	62.50
600529	山东药玻	70.08	318	83.91	75.00	37.50
600530	交大昂立	56.68	1623	60.59	80.56	25.00
600531	豫光金铅	60.64	1173	62.53	71.67	45.83
600532	宏达矿业	50.18	2171	45.51	80.56	29.17
600533	栖霞建设	49.98	2178	44.12	78.33	33.33
600535	天士力	64.33	742	55.60	79.44	66.67
600536	中国软件	61.62	1049	61.99	85.00	37.50
600537	亿晶光电	54.60	1849	51.42	78.06	37.50
600538	国发股份	48.73	2239	45.23	79.44	25.00
600539	*ST狮头	37.04	2408	22.28	70.28	33.33
600540	新赛股份	52.27	2045	48.57	70.28	41.67
600543	莫高股份	49.23	2216	46.37	75.00	29.17
600545	新疆城建	54.62	1848	53.41	74.17	37.50
600546	山煤国际	54.31	1875	58.49	71.11	29.17
600547	山东黄金	53.42	1961	52.18	76.01	33.33

续表

股票代码	证券简称	综合质量评分（分）	排名	分项评分(分)		
				价值创造能力	价值管理能力	价值分配能力
600548	深高速	63.27	857	51.54	83.33	66.67
600549	厦门钨业	81.52	9	84.29	78.33	79.17
600550	保变电气	63.46	834	58.03	79.44	58.33
600551	时代出版	55.10	1795	52.85	77.22	37.50
600552	方兴科技	59.26	1324	63.65	80.56	29.17
600555	九龙山	49.91	2182	47.04	80.56	25.00
600556	慧球科技	42.32	2370	32.42	71.11	33.33
600557	康缘药业	59.78	1268	65.39	79.17	29.17
600558	大西洋	55.66	1740	54.52	76.11	37.50
600559	老白干酒	57.67	1505	51.17	78.33	50.00
600560	金自天正	60.68	1169	50.95	78.33	62.50
600561	江西长运	58.61	1392	62.78	71.39	37.50
600562	国睿科技	67.41	487	72.19	79.44	45.83
600563	法拉电子	62.78	911	65.57	78.33	41.67
600565	迪马股份	58.08	1448	61.30	80.56	29.17
600566	济川药业	60.62	1176	64.29	80.56	33.33
600567	山鹰纸业	66.59	536	82.89	71.39	29.17
600568	中珠控股	53.42	1960	47.82	80.56	37.50
600569	安阳钢铁	78.28	34	91.34	80.45	50.00
600570	恒生电子	63.44	836	73.95	72.50	33.33
600571	信雅达	66.59	534	76.11	85.00	29.17
600572	康恩贝	58.89	1370	60.69	85.00	29.17
600573	惠泉啤酒	57.01	1580	58.88	72.78	37.50
600575	皖江物流	41.60	2381	38.34	64.72	25.00
600576	万好万家	40.94	2387	33.28	80.56	16.67
600577	精达股份	58.10	1446	63.01	77.22	29.17

续表

股票代码	证券简称	综合质量评分（分）	排名	分项评分(分)		
				价值创造能力	价值管理能力	价值分配能力
600578	京能电力	67.76	466	67.18	78.33	58.33
600579	天华院	53.66	1934	51.76	86.11	25.00
600580	卧龙电气	57.94	1472	61.71	79.17	29.17
600581	八一钢铁	51.54	2088	59.33	75.00	12.50
600582	天地科技	62.22	981	66.10	79.17	37.50
600583	海油工程	72.11	226	74.63	76.67	62.50
600584	长电科技	57.70	1502	64.98	71.67	29.17
600585	海螺水泥	62.74	916	60.07	76.67	54.17
600586	金晶科技	47.81	2269	50.35	73.89	16.67
600587	新华医疗	74.46	123	92.67	75.00	37.50
600588	用友网络	72.36	213	64.17	86.11	75.00
600589	广东榕泰	51.28	2103	49.92	76.11	29.17
600590	泰豪科技	59.71	1277	58.18	85.00	37.50
600592	龙溪股份	65.36	634	68.63	78.33	45.83
600593	大连圣亚	52.13	2057	49.95	79.44	29.17
600594	益佰制药	60.73	1164	63.27	87.22	29.17
600595	中孚实业	64.72	707	87.49	71.39	12.50
600596	新安股份	58.97	1360	64.19	78.33	29.17
600597	光明乳业	69.66	352	71.26	86.11	50.00
600598	北大荒	59.40	1305	65.33	73.61	33.33
600599	熊猫金控	41.88	2376	33.63	79.44	20.83
600600	青岛啤酒	64.76	699	66.33	88.89	37.50
600601	方正科技	50.01	2177	50.70	69.44	29.17
600602	仪电电子	54.40	1867	60.20	80.56	16.67
600603	大洲兴业	49.29	2211	50.67	79.17	16.67
600604	市北高新	56.07	1693	44.08	73.61	62.50

续表

股票代码	证券简称	综合质量评分（分）	排名	分项评分（分）		
				价值创造能力	价值管理能力	价值分配能力
600605	汇通能源	55.27	1776	54.29	75.00	37.50
600606	金丰投资	49.79	2191	48.88	80.56	20.83
600608	上海科技	51.85	2070	56.19	78.33	16.67
600609	金杯汽车	45.81	2317	41.06	76.11	25.00
600610	*ST中毅	44.35	2347	44.44	76.01	12.50
600611	大众交通	51.57	2085	52.45	80.56	20.83
600612	老凤祥	70.06	320	87.62	71.67	33.33
600613	神奇制药	51.72	2076	50.67	72.22	33.33
600614	鼎立股份	54.50	1859	55.81	77.22	29.17
600615	丰华股份	55.74	1731	59.26	79.44	25.00
600616	金枫酒业	67.71	471	72.91	79.17	45.83
600617	国新能源	53.54	1949	50.13	80.56	33.33
600618	氯碱化工	60.33	1213	59.54	80.56	41.67
600619	海立股份	76.34	74	93.66	80.56	37.50
600620	天宸股份	53.65	1935	50.36	80.56	33.33
600621	华鑫股份	50.35	2162	43.33	77.22	37.50
600622	嘉宝集团	51.64	2079	50.79	75.83	29.17
600623	双钱股份	85.72	2	93.66	80.56	75.00
600624	复旦复华	63.11	880	67.19	80.56	37.50
600626	申达股份	64.82	690	70.61	80.56	37.50
600628	新世界	55.71	1735	59.33	75.00	29.17
600629	棱光实业	50.53	2151	54.11	68.89	25.00
600630	龙头股份	61.68	1041	72.67	76.39	25.00
600633	浙报传媒	58.76	1381	52.81	71.11	58.33
600634	中技控股	66.19	566	71.55	88.33	33.33
600635	大众公用	56.12	1688	57.39	80.56	29.17

续表

股票代码	证券简称	综合质量评分（分）	排名	分项评分(分)		
				价值创造能力	价值管理能力	价值分配能力
600636	三爱富	51.47	2092	52.24	72.22	29.17
600637	百视通	55.16	1791	51.30	80.56	37.50
600638	新黄浦	53.76	1926	54.05	86.11	20.83
600639	浦东金桥	66.04	577	60.55	80.56	62.50
600640	号百控股	51.34	2101	48.93	78.33	29.17
600641	万业企业	58.55	1400	60.43	75.83	37.50
600642	申能股份	60.55	1183	62.76	75.00	41.67
600644	*ST乐电	51.02	2115	42.72	76.94	41.67
600645	中源协和	58.34	1423	70.84	75.00	16.67
600647	同达创业	48.96	2232	47.22	80.56	20.83
600648	外高桥	61.40	1082	59.32	72.78	54.17
600649	城投控股	63.89	789	56.26	80.56	62.50
600650	锦江投资	55.71	1736	56.55	80.56	29.17
600651	飞乐音响	61.84	1021	63.27	75.00	45.83
600652	游久游戏	54.50	1860	54.13	80.56	29.17
600653	申华控股	52.41	2034	53.71	77.22	25.00
600654	中安消	56.99	1583	61.21	80.56	25.00
600655	豫园商城	60.72	1166	56.86	75.00	54.17
600656	*ST博元	37.98	2405	30.19	66.56	25.00
600657	信达地产	57.12	1567	42.71	80.56	62.50
600658	电子城	65.59	611	54.52	78.33	75.00
600660	福耀玻璃	85.93	1	92.69	83.33	75.00
600661	新南洋	57.88	1477	65.77	75.00	25.00
600662	强生控股	57.64	1507	58.20	76.67	37.50
600663	陆家嘴	64.85	686	60.95	75.00	62.50
600664	哈药股份	49.83	2188	50.09	78.33	20.83

续表

股票代码	证券简称	综合质量评分（分）	排名	分项评分(分)		
				价值创造能力	价值管理能力	价值分配能力
600665	天地源	54.92	1811	52.48	77.22	37.50
600666	西南药业	54.10	1889	49.72	79.44	37.50
600667	太极实业	56.56	1639	58.53	71.67	37.50
600668	尖峰集团	61.16	1114	66.62	73.89	37.50
600671	天目药业	33.54	2413	30.55	56.39	16.67
600673	东阳光科	71.69	242	93.24	79.44	20.83
600674	川投能源	61.93	1015	65.39	79.44	37.50
600675	中华企业	56.23	1675	53.44	80.56	37.50
600676	交运股份	63.51	828	70.76	75.00	37.50
600677	航天通信	50.45	2156	56.45	59.72	29.17
600678	四川金顶	37.45	2407	27.40	78.33	16.67
600679	金山开发	62.60	932	80.06	73.61	16.67
600680	上海普天	55.35	1771	50.70	78.33	41.67
600681	万鸿集团	42.33	2369	37.17	78.33	16.67
600682	南京新百	64.86	685	76.57	77.12	29.17
600683	京投银泰	53.95	1904	45.82	78.33	45.83
600684	珠江实业	60.89	1144	60.53	85.00	37.50
600685	广船国际	64.18	761	62.93	76.67	54.17
600686	金龙汽车	49.45	2206	47.94	72.78	29.17
600687	刚泰控股	59.49	1296	65.79	77.22	29.17
600688	上海石化	63.84	793	56.85	83.33	58.33
600689	上海三毛	63.40	842	77.49	65.28	33.33
600690	青岛海尔	65.45	630	66.32	75.00	54.17
600691	*ST 阳化	47.65	2271	43.08	79.44	25.00
600692	亚通股份	49.77	2192	44.26	77.22	33.33
600693	东百集团	55.15	1793	49.88	75.00	45.83

续表

股票代码	证券简称	综合质量评分（分）	排名	分项评分(分)		
				价值创造能力	价值管理能力	价值分配能力
600694	大商股份	57.83	1488	66.21	69.72	29.17
600695	绿庭投资	52.04	2058	54.08	75.00	25.00
600696	多伦股份	48.30	2254	54.80	50.28	33.33
600697	欧亚集团	64.22	756	63.03	85.00	45.83
600698	湖南天雁	53.90	1905	58.35	65.56	33.33
600699	均胜电子	60.27	1219	56.65	86.11	41.67
600701	工大高新	56.33	1662	64.18	76.11	20.83
600702	沱牌舍得	53.80	1920	53.30	79.44	29.17
600703	三安光电	60.31	1214	68.26	83.89	20.83
600704	物产中大	66.12	572	58.49	85.00	62.50
600706	曲江文旅	43.67	2351	43.17	71.67	16.67
600707	彩虹股份	42.93	2363	41.14	72.78	16.67
600708	海博股份	58.16	1438	61.46	80.56	29.17
600710	常林股份	53.76	1924	55.02	75.83	29.17
600711	盛屯矿业	59.91	1255	48.43	76.11	66.67
600712	南宁百货	57.06	1575	58.01	74.72	37.50
600713	南京医药	49.92	2181	52.21	70.28	25.00
600714	金瑞矿业	41.07	2386	40.05	75.83	8.33
600715	*ST松辽	41.15	2385	34.24	79.44	16.67
600716	凤凰股份	60.15	1233	61.96	79.17	37.50
600717	天津港	64.36	737	62.48	78.33	54.17
600718	东软集团	65.33	637	59.13	80.56	62.50
600719	大连热电	54.81	1826	52.82	76.11	37.50
600720	祁连山	53.30	1966	55.77	72.50	29.17
600721	百花村	54.94	1809	63.78	67.22	25.00
600722	*ST金化	41.62	2380	35.74	78.33	16.67

续表

股票代码	证券简称	综合质量评分（分）	排名	分项评分(分)		
				价值创造能力	价值管理能力	价值分配能力
600723	首商股份	59.76	1271	57.44	78.33	45.83
600724	宁波富达	54.15	1883	56.36	74.72	29.17
600725	云维股份	55.00	1805	63.34	76.67	16.67
600726	华电能源	55.81	1725	58.84	80.56	25.00
600727	鲁北化工	49.75	2195	52.01	78.33	16.67
600728	佳都科技	52.75	2015	56.60	72.78	25.00
600729	重庆百货	61.15	1116	66.60	73.89	37.50
600730	中国高科	48.03	2261	49.24	72.78	20.83
600731	湖南海利	59.12	1344	61.30	80.56	33.33
600732	上海新梅	41.32	2384	41.94	60.56	20.83
600733	S前锋	49.81	2189	52.59	69.06	25.00
600734	实达集团	46.26	2309	43.36	81.67	16.67
600735	新华锦	65.05	665	75.66	83.89	25.00
600736	苏州高新	48.33	2252	41.79	80.56	29.17
600737	中粮屯河	65.09	662	78.51	78.33	25.00
600738	兰州民百	46.96	2288	44.47	73.89	25.00
600739	辽宁成大	61.66	1045	66.66	75.83	37.50
600740	山西焦化	61.55	1060	79.77	78.33	8.33
600741	华域汽车	65.54	618	60.95	86.11	54.17
600742	一汽富维	55.83	1722	52.68	80.45	37.50
600743	华远地产	56.49	1645	52.56	79.17	41.67
600744	华银电力	53.89	1908	50.56	72.78	41.67
600745	中茵股份	52.01	2059	59.57	72.22	16.67
600746	江苏索普	55.18	1788	57.87	71.67	33.33
600747	大连控股	43.50	2352	47.70	70.28	8.33
600748	上实发展	57.35	1546	62.62	75.00	29.17

续表

股票代码	证券简称	综合质量评分（分）	排名	分项评分(分)		
				价值创造能力	价值管理能力	价值分配能力
600749	西藏旅游	49.04	2225	43.77	79.44	29.17
600750	江中药业	52.66	2021	44.07	85.00	37.50
600751	天津海运	45.94	2316	45.35	68.06	25.00
600753	东方银星	45.25	2331	45.00	82.67	8.33
600754	锦江股份	63.07	882	69.19	80.56	33.33
600755	厦门国贸	57.82	1489	53.56	78.33	45.83
600756	浪潮软件	51.87	2068	49.44	79.44	29.17
600757	长江传媒	44.95	2339	40.46	73.89	25.00
600758	红阳能源	50.21	2168	41.40	80.56	37.50
600759	洲际油气	47.00	2287	37.75	75.00	37.50
600760	中航黑豹	46.03	2314	46.92	73.61	16.67
600761	安徽合力	68.52	425	64.41	82.78	62.50
600763	通策医疗	53.04	1994	53.85	79.44	25.00
600764	中电广通	51.22	2106	48.83	78.06	29.17
600765	中航重机	54.90	1814	43.55	78.33	54.17
600766	园城黄金	45.01	2337	45.34	72.67	16.67
600767	运盛实业	58.02	1465	63.81	79.44	25.00
600768	宁波富邦	47.30	2282	51.41	78.06	8.33
600769	祥龙电业	40.88	2388	34.27	78.33	16.67
600770	综艺股份	55.79	1727	54.63	84.72	29.17
600771	广誉远	45.01	2336	42.52	78.33	16.67
600773	西藏城投	56.30	1667	53.58	80.56	37.50
600774	汉商集团	53.77	1922	57.96	78.33	20.83
600775	南京熊猫	59.79	1267	56.11	81.11	45.83
600776	东方通信	54.54	1853	59.08	75.00	25.00
600777	新潮实业	47.32	2280	40.07	75.83	33.33

续表

股票代码	证券简称	综合质量评分（分）	排名	分项评分(分)		
				价值创造能力	价值管理能力	价值分配能力
600778	友好集团	57.85	1482	52.51	80.56	45.83
600779	水井坊	48.95	2233	41.23	71.67	41.67
600780	通宝能源	54.59	1850	55.57	78.06	29.17
600781	辅仁药业	41.38	2383	34.14	80.56	16.67
600782	新钢股份	74.31	133	92.24	79.44	33.33
600783	鲁信创投	58.93	1367	54.66	80.56	45.83
600784	鲁银投资	59.30	1321	60.82	78.06	37.50
600785	新华百货	58.53	1405	62.75	79.44	29.17
600787	中储股份	68.86	401	62.03	80.56	70.83
600789	鲁抗医药	52.36	2039	54.72	75.00	25.00
600790	轻纺城	57.76	1493	59.14	79.44	33.33
600791	京能置业	59.81	1263	60.59	80.56	37.50
600792	云煤能源	67.06	505	81.33	80.56	25.00
600793	ST宜纸	55.12	1794	59.00	69.17	33.33
600794	保税科技	55.54	1750	49.42	81.67	41.67
600795	国电电力	69.82	339	60.47	91.67	66.67
600796	钱江生化	51.73	2075	51.93	73.89	29.17
600797	浙大网新	47.29	2283	45.84	85.00	12.50
600798	宁波海运	58.86	1372	59.38	79.17	37.50
600800	天津磁卡	46.02	2315	47.46	72.50	16.67
600801	华新水泥	61.45	1073	63.87	80.56	37.50
600802	福建水泥	57.40	1541	44.66	69.44	70.83
600803	新奥股份	55.16	1792	65.32	73.33	16.67
600804	鹏博士	61.45	1072	61.24	85.83	37.50
600805	悦达投资	62.82	909	67.72	78.33	37.50
600806	昆明机床	57.72	1499	54.88	71.11	50.00

续表

股票代码	证券简称	综合质量评分（分）	排名	分项评分（分）		
				价值创造能力	价值管理能力	价值分配能力
600807	天业股份	56.05	1698	62.11	75.00	25.00
600808	马钢股份	68.69	411	75.58	73.61	50.00
600809	山西汾酒	66.56	537	59.51	80.56	66.67
600810	神马股份	61.39	1083	80.56	76.11	8.33
600811	东方集团	56.74	1612	59.18	79.44	29.17
600812	华北制药	52.88	2002	49.93	78.33	33.33
600814	杭州解百	53.09	1991	51.94	79.34	29.17
600815	厦工股份	56.33	1661	54.74	78.33	37.50
600817	ST宏盛	39.11	2400	29.66	80.45	16.67
600818	中路股份	70.91	274	84.88	80.56	33.33
600819	耀皮玻璃	56.81	1601	56.26	77.22	37.50
600820	隧道股份	58.42	1415	61.99	80.56	29.17
600821	津劝业	48.54	2242	48.19	72.78	25.00
600822	上海物贸	45.02	2335	45.46	72.50	16.67
600823	世茂股份	57.09	1572	58.62	73.61	37.50
600824	益民集团	58.52	1407	53.85	80.56	45.83
600825	新华传媒	49.27	2212	43.68	80.56	29.17
600826	兰生股份	51.55	2087	42.68	75.00	45.83
600827	百联股份	60.31	1215	61.59	80.56	37.50
600828	成商集团	56.18	1684	53.33	80.56	37.50
600829	人民同泰	53.10	1989	43.43	71.39	54.17
600830	香溢融通	57.40	1539	56.89	78.33	37.50
600831	广电网络	48.99	2227	43.41	71.67	37.50
600833	第一医药	51.09	2111	50.10	75.00	29.17
600834	申通地铁	53.51	1953	54.94	75.00	29.17
600835	上海机电	62.69	922	58.02	80.56	54.17

续表

股票代码	证券简称	综合质量评分（分）	排名	分项评分(分)		
				价值创造能力	价值管理能力	价值分配能力
600836	界龙实业	72.98	183	86.94	80.56	37.50
600838	上海九百	57.50	1526	55.97	80.56	37.50
600839	四川长虹	58.67	1385	46.36	79.44	62.50
600841	上柴股份	60.79	1152	62.54	80.56	37.50
600843	上工申贝	52.68	2018	50.50	84.72	25.00
600844	丹化科技	50.88	2124	53.43	71.67	25.00
600845	宝信软件	70.55	292	66.79	86.11	62.50
600846	同济科技	50.58	2146	47.97	77.22	29.17
600847	万里股份	45.69	2319	42.63	80.83	16.67
600848	自仪股份	53.27	1968	58.49	79.44	16.67
600850	华东电脑	59.17	1334	56.27	78.33	45.83
600851	海欣股份	67.17	497	79.06	77.22	33.33
600853	龙建股份	53.41	1963	48.89	78.33	37.50
600854	春兰股份	52.23	2048	53.35	77.22	25.00
600855	航天长峰	70.04	321	77.59	79.17	45.83
600856	长百集团	50.67	2141	51.89	73.89	25.00
600857	工大首创	60.54	1184	62.05	80.56	37.50
600858	银座股份	54.83	1823	51.74	78.33	37.50
600859	王府井	58.17	1437	62.03	79.44	29.17
600860	京城股份	58.94	1365	51.77	82.22	50.00
600861	北京城乡	56.75	1611	53.49	78.33	41.67
600862	南通科技	52.17	2053	48.09	75.00	37.50
600863	内蒙华电	53.17	1981	51.61	76.11	33.33
600864	哈投股份	58.24	1429	58.00	79.44	37.50
600865	百大集团	55.62	1745	61.10	79.44	20.83
600866	星湖科技	52.48	2031	52.74	79.44	25.00

续表

股票代码	证券简称	综合质量评分（分）	排名	分项评分(分)		
				价值创造能力	价值管理能力	价值分配能力
600867	通化东宝	61.01	1128	61.75	87.22	33.33
600868	梅雁吉祥	46.62	2299	49.63	70.56	16.67
600869	智慧能源	56.82	1599	51.42	82.78	41.67
600870	厦华电子	41.64	2379	44.26	61.39	16.67
600871	石化油服	61.16	1115	54.03	86.56	50.00
600872	中炬高新	64.51	723	61.38	72.78	62.50
600873	梅花生物	61.69	1039	55.18	69.72	66.67
600874	创业环保	67.24	492	61.55	83.33	62.50
600875	东方电气	77.46	49	89.51	76.67	54.17
600876	洛阳玻璃	45.56	2323	45.84	82.22	8.33
600877	中国嘉陵	64.91	683	75.65	75.00	33.33
600879	航天电子	63.63	816	62.13	76.11	54.17
600880	博瑞传播	65.26	645	60.52	81.67	58.33
600881	亚泰集团	50.64	2142	47.12	79.17	29.17
600882	华联矿业	63.50	831	68.67	75.00	41.67
600883	博闻科技	56.47	1650	58.07	80.56	29.17
600884	杉杉股份	45.62	2321	32.21	80.56	37.50
600885	宏发股份	54.72	1838	51.65	78.06	37.50
600886	国投电力	56.76	1609	54.49	80.56	37.50
600887	伊利股份	60.83	1149	58.33	85.00	41.67
600888	新疆众和	59.31	1320	55.14	72.78	54.17
600889	南京化纤	67.61	476	69.53	77.22	54.17
600890	中房股份	43.35	2354	38.64	79.44	16.67
600891	秋林集团	46.73	2296	43.33	79.44	20.83
600892	宝诚股份	41.70	2378	37.00	76.11	16.67
600893	中航动力	59.05	1353	59.06	80.56	37.50

续表

股票代码	证券简称	综合质量评分（分）	排名	分项评分(分)		
				价值创造能力	价值管理能力	价值分配能力
600894	广日股份	71.45	254	69.29	80.56	66.67
600895	张江高科	60.44	1198	66.02	80.56	29.17
600896	中海海盛	54.07	1892	44.68	72.78	54.17
600897	厦门空港	65.49	625	73.06	78.33	37.50
600898	三联商社	51.06	2114	50.45	78.33	25.00
600900	长江电力	61.03	1125	65.68	79.44	33.33
600960	渤海活塞	56.23	1676	55.09	77.22	37.50
600961	株冶集团	66.64	530	77.50	78.23	33.33
600962	国投中鲁	63.31	855	72.87	78.33	29.17
600963	岳阳林纸	66.28	559	75.48	76.67	37.50
600965	福成五丰	54.76	1833	54.93	75.83	33.33
600966	博汇纸业	53.46	1959	65.95	61.11	20.83
600967	北方创业	50.60	2145	47.59	78.06	29.17
600969	郴电国际	53.53	1950	44.97	78.33	45.83
600970	中材国际	78.37	32	89.94	79.44	54.17
600971	恒源煤电	53.61	1940	51.66	73.61	37.50
600973	宝胜股份	54.53	1855	37.53	80.56	62.50
600975	新五丰	48.71	2240	47.97	69.72	29.17
600976	健民集团	63.20	868	73.35	72.78	33.33
600978	宜华木业	72.89	188	90.36	81.67	29.17
600979	广安爱众	48.26	2256	44.30	79.44	25.00
600980	北矿磁材	55.91	1713	59.04	80.56	25.00
600981	汇鸿股份	58.59	1396	59.81	77.22	37.50
600982	宁波热电	58.05	1455	47.63	74.44	62.50
600983	惠而浦	53.19	1977	44.85	77.22	45.83
600984	*ST建机	52.64	2025	54.17	77.22	25.00

续表

股票代码	证券简称	综合质量评分（分）	排名	分项评分(分)		
				价值创造能力	价值管理能力	价值分配能力
600985	雷鸣科化	50.41	2157	46.23	71.67	37.50
600986	科达股份	42.30	2371	36.13	76.11	20.83
600987	航民股份	75.60	94	77.44	85.00	62.50
600988	赤峰黄金	55.36	1770	56.34	75.45	33.33
600990	四创电子	61.79	1027	60.93	79.44	45.83
600992	贵绳股份	55.82	1724	61.50	79.44	20.83
600993	马应龙	55.50	1758	59.33	78.33	25.00
600995	文山电力	66.60	532	57.51	80.56	70.83
600997	开滦股份	69.64	354	77.20	78.33	45.83
600998	九州通	57.22	1556	64.86	78.33	20.83
601000	唐山港	57.72	1496	52.81	79.44	45.83
601001	大同煤业	53.70	1932	53.09	79.44	29.17
601002	晋亿实业	55.76	1729	50.96	79.44	41.67
601003	柳钢股份	61.79	1025	74.00	61.67	37.50
601005	重庆钢铁	71.11	266	67.77	82.22	66.67
601006	大秦铁路	60.74	1163	56.19	80.56	50.00
601007	金陵饭店	70.21	310	70.55	77.22	62.50
601008	连云港	51.26	2104	44.19	75.00	41.67
601010	文峰股份	59.59	1285	62.79	79.44	33.33
601011	宝泰隆	66.60	533	80.42	80.56	25.00
601012	隆基股份	76.30	76	90.79	86.11	37.50
601018	宁波港	70.73	283	56.74	86.11	83.33
601028	玉龙股份	62.64	928	58.89	82.78	50.00
601038	一拖股份	61.75	1031	51.14	82.22	62.50
601058	赛轮金宇	78.80	25	93.30	86.94	41.67
601088	中国神华	65.98	585	54.87	83.33	70.83

续表

股票代码	证券简称	综合质量评分（分）	排名	分项评分(分)		
				价值创造能力	价值管理能力	价值分配能力
601098	中南传媒	54.65	1846	46.11	80.56	45.83
601100	恒立油缸	57.60	1514	56.45	75.83	41.67
601101	昊华能源	56.54	1641	54.05	80.56	37.50
601106	中国一重	52.34	2040	45.65	80.56	37.50
601107	四川成渝	62.52	941	49.91	87.78	62.50
601111	中国国航	64.22	757	57.47	79.44	62.50
601113	华鼎股份	68.98	396	83.10	80.56	29.17
601116	三江购物	54.40	1868	56.58	79.44	25.00
601117	中国化学	59.14	1341	61.19	68.33	45.83
601118	海南橡胶	56.48	1647	50.87	78.33	45.83
601126	四方股份	70.30	306	70.60	81.67	58.33
601137	博威合金	65.78	602	77.25	79.44	29.17
601139	深圳燃气	58.12	1443	50.97	80.56	50.00
601158	重庆水务	56.27	1672	51.43	80.56	41.67
601168	西部矿业	54.00	1898	53.13	80.56	29.17
601177	杭齿前进	58.86	1371	62.02	73.89	37.50
601179	中国西电	55.76	1730	50.40	80.56	41.67
601186	中国铁建	64.38	735	56.53	81.94	62.50
601188	龙江交通	54.66	1844	51.96	77.22	37.50
601199	江南水务	57.51	1524	61.82	77.22	29.17
601208	东材科技	65.24	649	75.75	76.11	33.33
601216	内蒙君正	56.66	1628	60.40	85.00	20.83
601218	吉鑫科技	71.91	234	88.54	77.22	33.33
601222	林洋电子	73.24	172	88.84	86.11	29.17
601231	环旭电子	61.61	1050	55.85	80.56	54.17
601233	桐昆股份	73.38	166	93.14	78.06	29.17

续表

股票代码	证券简称	综合质量评分（分）	排名	分项评分(分)		
				价值创造能力	价值管理能力	价值分配能力
601238	广汽集团	71.72	240	70.52	83.33	62.50
601258	庞大集团	58.92	1368	56.73	80.56	41.67
601311	骆驼股份	63.32	852	65.95	83.89	37.50
601313	江南嘉捷	66.42	548	58.12	82.78	66.67
601333	广深铁路	58.06	1452	48.07	81.94	54.17
601339	百隆东方	74.18	140	89.90	79.44	37.50
601369	陕鼓动力	69.89	332	65.07	82.78	66.67
601388	怡球资源	62.00	1006	72.48	73.89	29.17
601390	中国中铁	68.55	423	66.95	77.78	62.50
601515	东风股份	80.33	15	88.71	77.22	66.67
601518	吉林高速	54.02	1896	48.09	78.23	41.67
601519	大智慧	59.34	1315	57.56	80.56	41.67
601558	*ST锐电	48.40	2249	54.02	60.56	25.00
601566	九牧王	76.52	67	90.27	83.89	41.67
601567	三星电气	71.65	244	86.36	80.56	33.33
601588	北辰实业	64.29	750	51.49	83.33	70.83
601599	鹿港科技	73.16	175	89.01	77.12	37.50
601600	中国铝业	68.76	407	68.78	79.17	58.33
601607	上海医药	74.24	136	72.79	88.89	62.50
601608	中信重工	58.95	1364	57.06	67.50	54.17
601616	广电电气	52.58	2027	55.71	73.89	25.00
601618	中国中冶	67.84	459	62.77	83.33	62.50
601633	长城汽车	72.13	225	74.12	81.94	58.33
601636	旗滨集团	63.40	843	66.79	82.50	37.50
601666	平煤股份	51.50	2090	50.35	76.11	29.17
601668	中国建筑	66.33	556	69.53	80.45	45.83

续表

股票代码	证券简称	综合质量评分（分）	排名	分项评分(分)		
				价值创造能力	价值管理能力	价值分配能力
601669	中国电建	54.10	1888	53.07	72.78	37.50
601677	明泰铝业	70.35	303	82.92	78.06	37.50
601678	滨化股份	60.20	1225	59.98	75.00	45.83
601699	潞安环能	65.59	612	56.04	79.44	70.83
601700	风范股份	72.34	217	87.73	72.22	41.67
601717	郑煤机	61.72	1034	58.85	83.33	45.83
601718	际华集团	79.73	19	92.09	80.56	54.17
601727	上海电气	79.84	18	86.76	83.33	62.50
601766	中国南车	72.80	190	72.69	83.33	62.50
601777	力帆股份	63.54	826	63.75	85.00	41.67
601789	宁波建工	61.35	1089	60.06	79.44	45.83
601798	蓝科高新	58.78	1380	62.70	80.56	29.17
601799	星宇股份	60.55	1182	59.58	81.39	41.67
601800	中国交建	64.08	769	52.46	88.89	62.50
601801	皖新传媒	50.96	2119	47.33	71.67	37.50
601808	中海油服	69.67	351	71.97	88.89	45.83
601857	中国石油	55.27	1775	50.69	82.22	37.50
601866	中海集运	59.78	1269	54.00	81.11	50.00
601872	招商轮船	48.38	2250	42.46	79.44	29.17
601877	正泰电器	58.36	1421	64.49	79.44	25.00
601880	大连港	54.70	1840	53.14	83.33	29.17
601886	江河创建	64.82	691	66.72	71.67	54.17
601888	中国国旅	59.55	1293	62.84	75.00	37.50
601890	亚星锚链	62.56	937	63.60	77.22	45.83
601898	中煤能源	63.50	830	49.92	83.33	70.83
601899	紫金矿业	69.21	380	63.42	87.50	62.50

续表

股票代码	证券简称	综合质量评分（分）	排名	分项评分(分)		
				价值创造能力	价值管理能力	价值分配能力
601908	京运通	65.67	608	76.47	80.56	29.17
601918	国投新集	44.62	2345	36.61	76.11	29.17
601919	中国远洋	52.32	2042	55.33	73.61	25.00
601928	凤凰传媒	62.46	946	59.93	80.00	50.00
601929	吉视传媒	49.52	2204	43.49	73.61	37.50
601933	永辉超市	60.36	1205	64.89	78.33	33.33
601958	金钼股份	59.58	1288	48.33	75.00	66.67
601965	中国汽研	51.81	2072	43.77	73.89	45.83
601989	中国重工	56.71	1618	57.17	75.00	37.50
601991	大唐发电	67.33	489	62.43	77.78	66.67
601992	金隅股份	59.69	1279	46.52	83.23	62.50
601996	丰林集团	68.77	406	79.06	79.44	37.50
601999	出版传媒	49.35	2209	43.84	80.56	29.17
603000	人民网	55.28	1773	49.45	80.56	41.67
603001	奥康国际	75.23	103	91.29	85.00	33.33
603002	宏昌电子	50.34	2163	50.00	80.56	20.83
603003	龙宇燃油	59.19	1331	64.21	79.17	29.17
603008	喜临门	74.03	146	95.13	76.67	29.17
603077	和邦股份	52.29	2044	54.72	70.56	29.17
603123	翠微股份	55.59	1747	52.84	79.17	37.50
603128	华贸物流	52.80	2008	49.91	73.89	37.50
603167	渤海轮渡	62.30	972	58.62	86.11	45.83
603333	明星电缆	52.33	2041	50.48	79.17	29.17
603366	日出东方	55.70	1737	61.11	67.22	33.33
603399	新华龙	65.19	653	75.52	80.56	29.17
603766	隆鑫通用	72.85	189	85.14	83.61	37.50
603993	洛阳钼业	64.02	777	53.04	83.33	66.67
平均得分		60.41	—	61.69	78.47	39.80

免责声明

本书是基于作者认为可靠的已公开信息,但作者不保证信息的准确性或完整性。书中所载的资料、工具、意见及推测只提供给读者作参考之用,并非作为或被视为出售或购买证券或其他投资标的的邀请或向他人作出邀请。在任何情况下,本书中的信息或所表述的意见并不构成对任何人的投资建议。在任何情况下,本书作者不对任何人因使用本书中的任何内容所引致的任何损失负任何责任。

本书法律顾问:北京观韬(上海)律师事务所执业律师 刘文超

图书在版编目(CIP)数据

中国上市公司质量评价报告.2015~2016/张跃文,王力主编.
—北京:社会科学文献出版社,2015.12
ISBN 978-7-5097-8237-8

Ⅰ.①中… Ⅱ.①张… ②王… Ⅲ.①上市公司-企业管理-研究报告-中国-2015~2016 Ⅳ.①F279.246

中国版本图书馆CIP数据核字(2015)第250775号

中国上市公司质量评价报告(2015~2016)

主　　编/张跃文　王　力
副 主 编/姚　云　于换军

出 版 人/谢寿光
项目统筹/恽　薇　王楠楠
责任编辑/王楠楠

出　　版/社会科学文献出版社·经济与管理出版分社 (010)59367226
　　　　　地址:北京市北三环中路甲29号院华龙大厦　邮编:100029
　　　　　网址:www.ssap.com.cn
发　　行/市场营销中心 (010)59367081　59367090
　　　　　读者服务中心 (010)59367028
印　　装/三河市东方印刷有限公司
规　　格/开　本:787mm×1092mm　1/16
　　　　　印　张:18.5　字　数:214千字
版　　次/2015年12月第1版　2015年12月第1次印刷
书　　号/ISBN 978-7-5097-8237-8
定　　价/79.00元

本书如有破损、缺页、装订错误,请与本社读者服务中心联系更换
▲ 版权所有 翻印必究